勝者爲王

資治通鑑大講堂，讀古今之變，一解成敗之謎

張國剛

目次

歷史自古分分合合。三家分晉的歷史告訴我們，一個領導者的基本素質和領導能力是帶好隊伍，不光自己要謙虛謹慎地處理國務政務，而且要讓人願意跟你走，願意為你做事。同時，一個真正優秀的人才，應該比別人更加謙卑。有擔當、有事業、有未來的人，尤其將來可以成為領袖的人物，應該比別人更自律。

世界上的許多事情，不是完全靠主觀努力就能夠解決的，如果不能因勢利導，隨機應變，很可能就要碰壁。所以既要目標堅定，又要步履穩妥，這是成事者應有的風度。

【第二講】商鞅變法 45

商鞅變法在中國歷史上的意義，怎麼估計也不會過高。它不但奠定了秦國統一的制度根基，而且對之後兩千多年中國的政治、社會都產生了深遠的影響。譚嗣同說過：「兩千年來之政，秦政也。」毛澤東也講：「百代都行秦政法。」

商鞅變法提倡的價值觀，即不斷地努力工作就能改變自己身分的觀念，把大家的欲望都釋放出來了，對成功的欲望，對財富的欲望等。如何掌控這種欲望，就成了賈誼〈過秦論〉及後世執政者一直在探討的根本要旨。

一　去魏投秦 47

二　立信變法 49

三　商鞅之死 54

【第三講】縱橫捭闔 63

秦統一六國的過程中，至少有兩點特別值得注意：一是著名的遠交近攻，二是不拘一格延攬人才。秦王嬴政啟用了很多從六國投奔來的人才，這些人才能夠真正把握到六國的命脈所在，讓秦國統一大戰略得以順利展開。

戰略的制定是一方面，戰略能不能落地起作用，還要看領導層是否賢明，同時對方君主是否「配合」。六國領導層比較昏庸，往往「配合默契」地幫助秦國實施其謀略。

一　南取巴蜀 65

【第四講】千古一帝　83

【第五講】亡秦必楚　105

前，劉邦擁有什麼呢？一是一支獨立的軍隊，二是仁義甲天下的江湖聲譽。

整個戰爭，項羽都在自己打，誰也打不過他；而劉邦卻自始至終在下一盤棋。劉邦最大的本事，在於他會用人，這是他成功的關鍵。

【第六講】楚漢之爭　125

在與項羽的對抗中，劉邦實際的工作是建立統一戰線。他一直在爭取團結所有跟項羽不和的人、過去反對項羽的人，以及自己部下能夠跟項羽單獨作戰的人。

項羽長嘆「天之亡我，我何渡為」，看上去是英雄氣概、殺身成仁，但從領導者素質的角度講，這是在逃避責任、逃避奮鬥。

【第七講】西漢開國　145

劉邦建國後，花了相當大的氣力來解決功臣問題。對異姓諸侯王，劉邦未必一定要在肉體上消滅他們，但首先要考慮的是他們不能危及國家安全。劉邦封賞功臣昭示了兩個問題，一是開始重視文治，二是塑造以忠誠為第一的價值觀。

漢承秦制立國，但沒有用苛嚴的秦政，而是與民休息，無為而治，盡量為百姓創造自由寬鬆的環境，讓他們去創造財富，是為「文景之治」。

一　漢承秦制　146
二　兔死狗烹　152
三　封賞功臣　157
四　諸呂之亂　163
五　文景之治　168

【第八講】漢武大帝　175

漢武帝對內加強中央集權，對外開疆拓土，儒外法內，王霸雜用。他一方面「罷黜百家，獨尊儒術」，另一方面在實際選拔人才中，又不拘一格，注重實際幹才。

漢武帝熟諳權變之道。原則、制度是不變的，而社會和世事是不斷變化的，兩者之間難免會有不契合之處，採取變通的措施和做法，以權變之道來處理，是最好的選擇。

【第九講】昭宣中興　

從昭帝霍光輔政到宣帝親政，其間的四十年，史稱「昭宣中興」。霍光沒有文化，沒有戰功，僅依靠謹慎、機敏爬到了人臣權力的巔峰，體現了他的政治魄力。但當他的權力大到沒有什麼可以制約的時候，自我膨脹使他聽不進任何人的建議，自己不知進退，又疏於對家人的約束，最後滿盤皆輸。

【第十六講】曹魏國運 295

與曹操的格局相比，曹丕實在相去甚遠。繼位之前發生的瑣屑小摩擦，曹丕卻在繼位後用帝王的權力來實施報復，其格局可見一斑。

曹魏政權，從曹丕到曹叡，片面接受東漢末年的教訓，把權力集中於祕書，依靠祕書治國，導致了大權旁落，江山不保。在集權時代，領袖人物的才能和智慧，對國家安全和治理，起著非常重要的作用。

【第十七講】西晉亂局 315

東漢之後，國家分裂了近兩百年才重現統一。司馬昭之子司馬炎作為西晉的開國皇帝，有統一之功。可是為什麼統一之後只有三四十年，這個王朝就滅亡了呢？

制度是否符合當前社會發展需要是一個問題，有沒有能力強、合適的人來執行制度，是另外一個問題。在帝制時代，一個政權能不能找到優秀的接班人，對於王朝興衰，非常重要。

【第十八講】隋唐霸業 325

從東漢末年董卓進京到楊堅統一南北，結束了中國歷史長達四百餘年的分裂。從入宮輔政到當上皇帝，楊堅只用了幾個月的時間，難怪清代史學家趙翼說：「古來得天下之易，未有如隋文帝者。」但古來失天下之快，也未有如楊隋者。短短三十幾年時間，楊隋就被李唐取代。罷黜高熲、廢黜太子楊勇改立楊廣，是隋文帝政治由明到昏的轉折點。

隋末起兵的各個勢力中，李密和李淵是最有實力的兩隊人馬。開始是李密占優勢，而最後卻是李淵得天下。為什麼呢？

【第十九講】治世明君

從馬背到龍椅，唐太宗李世民認識到文治教化才能真正幫助他征服天下。他能知人識人，用人如器，各取所長而不求全責備，起用了大批人才輔佐他治國，這是他得以開創盛世的一個重要因素。

在皇帝制度下，對皇權沒有制度化的約束機制，因此，皇帝對臣下意見的準確判斷和自我約束力，就顯得尤為重要。《貞觀政要》所討論的重點並不是如何駕馭臣下，而是如何約束皇帝及其權力，這正是李世民超邁古今帝王的所在。

【第二十講】開元治亂

開元盛世到底有多盛？在一幅欣欣向榮的盛世圖景後，有沒有藏著亂世的危機呢？

唐太宗曾擔心的守天下問題，在其曾孫李隆基身上得到了應驗。晚年的唐玄宗，不僅做不到居安思危，在任賢納諫上也犯了嚴重的錯誤，再加上對自我約束的懈怠，促使了「安史之亂」的爆發。大唐的輝煌一去不返。

勝者為王

資治通鑑大講堂，讀古今之變，一解成敗之謎

導論

中國是一個歷史悠久的國度，中國的歷史典籍浩如煙海。古希臘則是一個哲學的國度，希臘人重視哲學和科學，蘇格拉底、柏拉圖、亞里斯多德，希臘三傑名震古今。中東、北非（閃族來自北非）、南亞分別是基督教、伊斯蘭教、猶太教、佛教的誕生地。與其他國家相比，中國人最重視歷史。在汗牛充棟的歷史著作中，《資治通鑑》是最著名、最重要的作品之一。

《資治通鑑》的第一個特點是通。它是中國最大的一部編年通史，可以說是大而通。它篇幅大、字數多、年代長。全書共二百九十四卷，上起周威烈王二十三年（前四〇三）戰國初期韓、趙、魏三家分晉，下迄後周世宗顯德六年（九五九）宋太祖趙匡胤建國前夕，凡一三六二年，含周秦兩漢、魏晉南北朝、隋唐五代各朝的歷史。全書正文有三百多萬字，司馬光參考了三百多部著作，對於史料矛盾或記載不清之處，還進行了比較、考訂，撰寫《考異》三十卷。為了編撰這部書，司馬光和他的團隊（當時著名史學家劉攽、劉恕、范祖禹等）前後花了十九年時間。元祐元年（一〇八六）最終定稿，六年後刊行。現在通用的版本是中華書局出版的點校本，加入了元代史學家胡三省的「注」及有關附錄，排印出來有六百萬字。

因為「司馬光砸缸」的故事廣為流傳，這使得《資治通鑑》的總主編司馬光成為一個婦孺皆知的名人。他編纂這部書，不僅出於自己的喜好和責任感，也和北宋前期提倡文治教化、重視總結歷史經驗得失有關，所以這部書是「奉敕」編撰的。因此，《資治通鑑》這部書的第二個特點是正。不僅符合儒家正統價值觀，而且內容通於大道，取材專取事關國家興衰、民生休戚的重大事件和人物，其撰述目的是為了借鑑歷史上治理國家過程中，興衰成敗的經驗教訓，原名《通志》。神宗以該書鑑於往事，有資於治道，故賜名「資治通鑑」。

正是因為司馬光的經世情懷，鑄就了《資治通鑑》的第三個特點是經世致用。《資治通鑑》的第三個特點，就是經世致用。全書按時間先後編次史事，但往往用倒敘、插敘或總結的方式，交代史事的前因後果。重要人物逝世，重大事件的得失，作者會有一段蓋棺論定的評價，或者引據史書，或者用「臣光曰」的形式，使紛紜的歷史事實與人物，呈現出系統而明晰的頭緒。它的內容以政治史、軍事史為主，尤其對於戰爭的記述，精采紛呈，充滿了辯證法，藉以展示歷代君臣治亂、成敗、安危之跡，提供給閱史者借鑑。寫「四庫提要」的館臣評述《資治通鑑》「網羅宏富、體大思精」。曾國藩更向人推薦說：「竊以為先哲經世之書，莫善於司馬溫公《資治通鑑》。」為什麼曾國藩認為《資治通鑑》是最好的經世治國之書呢？因為這部書不光講道理，還通權變，即所謂「窮物之理、執聖之權」。一本書能講清楚道理已經難得了，除了講道理，還通權變，懂得講操作，這當然是了不得。據說朱元璋就對《資治通鑑》情有獨鍾，清朝康熙、乾隆等帝王也都閱讀通鑑學習治國之道，並作「御批」（讀書筆記）傳世。

史書的價值可以從兩個方面評價：一個是史料價值，一個是史著價值。作為歷史材料，《資治通鑑》的隋唐五代部分，具有不可替代的史料價值；作為史學著作，《資治通鑑》具有不可替代的閱讀鑑賞價值。明清之際的著名學者顧炎武在《日知錄》中評述《資治通鑑》「以一生精力成之，遂為後世不可無之書」。清代史家錢大昕說：「讀十七史，不可不兼讀《通鑑》。」錢的意思是《資治通鑑》的取材多有超出正史之外者。這是因為司馬光的史料選擇確實還參考了正史之外的幾百部著作，並為《資治通鑑》寫了《考異》，對不同的記載進行考訂。錢大昕的評價道出了《資治通鑑》蒐羅史料求博、考訂史實求真的特點。

《資治通鑑》這部書得到了後世學者、帝王的交口稱譽。王夫之寫過一本《讀通鑑論》，專門對《資治通鑑》記載的史實進行評點。王夫之認為閱讀《資治通鑑》，知歷代興衰，明人事臧否，「可以自淑，可以誨人，可以知道而樂」。自淑，就是可以提升自己；誨人，就是可以與人分享；知道而樂，就是知道治國之道、為人之道、處事之道，而感到很愉悅、很快樂。所以自淑、誨人、知道而樂，就是我們學《資治通鑑》的宗旨，也是我們讀《資治通鑑》要力爭達到的三重境界。

其實，歷史就是前人在應對各種挑戰後，給我們留下的一些經驗總結。人生、民族、國家，都會有不同的挑戰。為了應對這些不同的挑戰，人們相關應對的措施、應對的辦法、應對的智慧，所有的成敗得失的紀錄就構成歷史。讀史就像看高人下棋，他們每走一步都留下來一些歷史的印記，這就構成了一個棋譜的殘局。我們熟讀這種殘局，我們就能下棋了；我們熟讀歷史，我們對人間的這些不同的挑戰，就能做到心中有數。道理往往是抽象的，歷史是具體的。抽象的道理在具體的歷史情境當中，就能使我們明白權變的道理。

【第一講】

三家分晉

歷史自古分分合合。三家分晉的歷史告訴我們，一個領導者的基本素質和領導能力是帶好隊伍，不光自己要謙虛謹慎地處理國務政務，而且要讓人願意跟你走，願意為你做事。同時，一個真正優秀的人才，應該比別人更加謙卑。有擔當、有事業、有未來的人，尤其將來可以成為領袖的人物，應該比別人更自律。

世界上的許多事情，不是完全靠主觀努力就能夠解決的，如果不能因勢利導，隨機應變，很可能就要碰壁。所以既要目標堅定，又要步履穩妥，這是成事者應有的風度。

三家分晉是《資治通鑑》給我們講的第一個故事。《資治通鑑》的記載，是從周天子周威烈王二十三年，也就是西元前四〇三年開始的。

《資治通鑑》卷一，第一句是：「初命晉大夫魏斯、趙籍、韓虔為諸侯。」

魏斯、趙籍、韓虔原本是晉國的卿大夫，現在周天子下令，他們三人升格成為諸侯了，魏、趙、韓正式建國。司馬光在這句後面配了一個一千多字的評論，說周天子自己壞了規矩，怎麼能任命大夫作為諸侯呢？其實，從大夫升級為諸侯，並不是什麼新鮮事，這以前早就有了。周平王東遷那會兒，秦的先祖西陲大夫，不就是因為幫助周平王東遷有功，由大夫提拔為諸侯的嗎？有此先例，為什麼魏、趙、韓就不能升為諸侯呢？大夫變成諸侯，是西周分封時常見的事。姜太公被分封為諸侯，建齊國；周公的長子伯禽，也被封為諸侯，建魯國。

問題是，現在這件事，壞就壞在周天子是被迫作出的分封決定。三家實際上已經把晉國給瓜分了，周天子屈服於壓力，不得不對既成事實作出認定。禮儀名分沒有了，就壞了規矩。這個規矩就是周朝的秩序。規矩壞了，周朝的權威沒有了，周朝作為一個時代，也就結束了。所以司馬光把它作為故事的起點。

為了交代「三家分晉」事情的原委，司馬光把鏡頭拉回到了五十年前，即西元前四五三年，從趙、魏、韓三家聯合起來消滅智氏家族的事情說起。

春秋時期晉文公稱霸後，晉國出現了趙、魏、韓、智、范、中行等世襲卿族，稱為晉國六卿。六卿共主國政，專擅晉權。春秋末期，范氏、中行氏被誅滅，掌握晉國大權的就只剩智、趙、魏、韓四卿。其中智家最為顯赫，在當時掌控著晉國的大權。趙、魏、韓三家是怎麼聯合起來把智氏家族消滅的呢？司馬光從智氏家族選拔接班人講起。

「初，智宣子將以瑤為後」，就是智氏家族要選嗣卿，尋找將來繼任「卿」職位的人選。智氏家族的老大智宣子，想選一個接班人來培養，他就選嫡長子智瑤為嗣卿，繼承他的卿位。卿也是世襲的，跟國君一樣。他們家族一個叫智果的，出來反對，說：「你家大兒子智瑤雖然身有『五賢』，但是他有個大弱點。」

所謂「五賢」指智瑤的五個優點，第一個，長得帥，「美鬢長大」；第二個，武藝高強，騎射兼通；第三個，多才多藝，才藝超群；第四個，善辯能文；第五個，「強毅果敢」。那麼他最大弱點是什麼呢？就是不仁。智瑤沒有仁德之心，為人刻薄寡恩，損人利己，不懂得籠絡人心。人若不仁，當領導就沒有人擁戴；大家不追隨擁戴，這個領導怎麼當呢？所以智果的這一反對意見，是有道理的。可是，智宣子沒有採納。

另外一家趙家，也在選嗣卿。

趙簡子，本名趙鞅，他是「趙氏孤兒」中的「孤兒」趙武之孫，也是寓言故事《東郭先生與狼》中，那個將中山狼追得鑽進東郭先生口袋裡的英雄趙簡子。在真實歷史中，他是位智勇雙全的政治家、軍事家。

趙簡子有兩個兒子，大兒子伯魯，二兒子無恤，究竟該立誰為繼呢？他把兩支寫著訓誡之辭——就是修身自持之類警句格言——的竹簡，給每個兒子一支，讓他們好好記住，好好保管。過了三年，趙簡子突然問兩個兒子，你們還記得竹簡上寫著什麼嗎？大兒子伯魯忘得精光，竹簡也找不到了；二兒子無恤，卻背得滾瓜爛熟，竹簡也好好地保藏著，隨身攜帶。趙簡子覺得老二無恤「賢」，就立他為嗣。趙無恤，謙謹謙卑，處事細心，受到父親的青睞，所以被立為接班人。他就是趙襄子。

後來兩家老人都去世了。智瑤，就是所謂智伯，又稱智襄子，繼位了；趙無恤，趙襄子也繼位了。智伯主持晉國的國政，處事強霸，跟這幾家相處，往往對別人很不客氣。有一次在藍台的酒宴上，智伯輕侮韓康子和他的大臣段規，別人懷恨在心，他卻不以為意。後來智伯假借國君之命去打越國，並以籌措軍費的名義，逼迫其他三家各交出一座城邑。

智伯首先向韓氏開刀，韓康子當然不同意。他的輔臣段規卻建議，不妨滿足智伯的要求，把禍水外引。段規說智伯如果得寸進尺，一定還把矛頭再指向別的人，這樣我們就可以靜觀其變。韓康子覺得有道理，就答應送給智伯一萬戶人家的封邑。

智伯果然獅子大開口，又向魏桓子索地。魏桓子覺得毫無道理，本想予以拒絕，輔臣任章卻建議說，不妨採取「將欲敗之，必姑輔之；將欲取之，必姑與之」的驕兵之策。「將欲敗之，必姑輔之；將欲取之，必姑與之」，這段話是已經散佚的《周書》裡面的，現在通行的《老子》裡面也有類似的表達。任章引用此話的意思是說，要打敗對方就要先麻痹對手，同時暗中結交利益攸關的盟友，來共同對付智伯。如果魏家挑頭，單獨成為智氏的打擊目標，沒有什麼好處。畢竟魏家跟智家比，勢不均、力不敵。魏桓子明白了任章的道理——禍水外引，不要單挑！我們這些被欺負的人，利害一致，就能團結起來；智伯屢屢得手，覺得我們都怕他，就會狂妄自大。我們團結起來一致對外，共同對付狂妄驕傲的智伯，「智氏之命必不長矣」。於是，魏桓子痛快地給了智家一座有一萬戶的封邑。

最後，志得意滿的智伯，再次把手伸向趙氏，而且指定要蔡、皋狼之地，遭到了趙襄子堅決拒絕：我先祖的遺產，先祖的封地，怎麼能隨便割讓給他人？一怒之下，智伯不假思索，馬上糾集韓、魏的軍隊，聯合起來攻打趙氏。

面對氣勢洶洶的智氏聯軍，趙襄子有三個戰略要地可選：邯鄲、長子或晉陽。長子是今天的山西長治，邯鄲是今天的河北邯鄲，晉陽即山西太原。長子的優勢是城高池深，邯鄲的優勢是糧草豐足，而趙襄子都不去，他選擇去晉陽。他認為，城高池深，是因為老百姓的徭役繁重；糧草豐足，說明老百姓的賦稅沉重！這些有什麼可依恃的？讓老百姓去築城挖池，大肆徵收老百姓的賦稅糧草，現在又讓那些人把命拿出來，跟你一塊守城守池，老百姓肯定不幹。他說：「咱們去晉陽吧，先父在世之日告訴我，尹鐸當初治理晉陽，輕徭薄賦深得民心，這才是最可依賴的。」所以他選擇去了晉陽。

司馬光在給我們講道理：設備——城池固然重要，物資——糧倉也很重要，但是人心才是最重要的。

果然，當趙襄子逃回晉陽的時候，智伯率領三家聯軍緊追，把晉陽圍得水泄不通，掘城灌水圍了兩年，晉陽軍民同仇敵愾毫不動搖。「城不浸者三版，沉灶產蛙，民無叛意」，水高到差一點就要漫過城牆了，灶間都是青蛙鑽來游去的，但是老百姓都不動搖，堅定支持抗敵。

一　智伯覆亡

在這個時候，智伯犯了兩個致命的錯誤：第一，剛愎自用，霸氣逼人；第二，輕視對手，一意孤行。《資治通鑑》通過兩件事，來表達智伯的狂妄，一個是他做的，一個是他說的。

智伯乘車去巡視攻城情況，他坐在車上，另外兩位也在車上，不過位置不一樣。春秋戰國時期，車可以同時乘坐三人：尊者坐在左邊；保安陪同叫驂乘，坐在右邊——這跟我們現在不一樣，現在坐汽車後排右邊是尊者；中間是御（駕車的意思，就是車夫）。智伯坐在最尊貴的左邊，魏桓子駕車坐在中間，是他的車夫，韓康子驂乘，拿著武器護衛他。都是卿大夫，但這麼不平等。智伯說了一句話，不無輕佻：我今日才知道，大水可以亡人國的。霸氣十足呀。可是這個霸氣的外露，引起了兩個盟友的擔心。擔心什麼呢？汾水可以灌安邑，絳水可以灌平陽也。安邑是魏國國都，平陽是韓國國都。

兩位盟友的心思很快被智伯身邊謀士絺疵注意到了，因為韓、魏的憂慮，可能在臉色上、在行為上表現出來了，這個絺疵就觀察到了。他提醒自己的主公：「韓、魏必反。」智伯問：「子何以知之？」你怎麼知道的？絺疵回答：「從人情事理就可推知。晉陽城亡在即，這兩位不但沒有高興的樣子，反而憂心忡忡，不就是擔心脣亡齒寒嘛。如果趙完了，韓、魏擔心它是下一個。」智伯就問韓康子和魏桓子：「有人說你們要謀反了。」兩人矢口否認：「哪有的事，這一定是奸人為趙氏充當說客，想讓您懷疑我們，從而放鬆對趙氏的進攻，我們都期盼著早日分享趙氏的田土，怎麼會這麼做呢？我們完全不可能冒犯您吶！」智伯居然相信了這兩個人的辯解，毫不懷疑。為什麼呢？因為他根本不相信魏、韓有膽量反叛他。所以魏、韓當初的驕兵之策，已經起到作用了。事後，絺疵質問智伯：「主公您怎麼把我的話告訴韓康子、魏桓子呢？」智伯問：「子何以知之？」你怎麼知道的？絺疵說：「剛才我進來的時候，看見這兩位狠盯了我一眼，就趕緊離去了，我猜一定是他們知道我說的話，知道我讀懂了他們的心思。」智伯完全不理會絺疵的分析。絺疵害怕了，找了個機會出使齊國，溜了。

被圍困在晉陽的趙襄子，決定反擊了，他祕密地派人出城，遊說韓、魏兩家，說脣亡齒寒，我完了，下面就輪到你們了。這兩人心中憂慮的正是這個，當下雙方一拍即合，約定第二天採取聯合行動，反攻智伯。就在約定的時候，趙襄子突然對岸上的軍隊發動襲擊，掘開水壩倒灌入智伯軍隊營地，智伯軍隊一下子就亂了。韓、魏兩家乘機從側翼進攻，趙襄子從正面攻擊，大敗智氏軍隊。智伯被殺，智氏家族被滅，三家盡分晉地。

五十年之後，就出現了《資治通鑑》開篇所講到的，周天子正式封魏、趙、韓為諸侯的事。

司馬光在這裡有很長的一段評論——「臣光曰」。什麼才是最重要的？有才有德是聖人，無才無德是愚人，德勝於才是君子，才勝於德是小人。他說如果得不到聖人，得不到君子，與其得一個小人，還不如得一個愚人呢。為什麼呢？因為小人本事太大了，他一使起壞，那可讓人受不了；愚人沒什麼本事，想幹壞事也幹不成。他意思是說，智伯是才勝於德，是小人，所以他當領導以後，就出事了。

這段評論裡有司馬光對他那個時代，也就是王安石變法事件的影射，他甚至有激憤之詞。人性到底是惡還是善，孟子和荀子都爭論不清楚。就今天的角度來看，與領導者的個人道德相比，制度對權力的約束更根本。但是在制度對權力的約束下，選擇什麼人當接班人，人品高下還是重要的。

司馬光對領導者修煉有很系統的看法。

他曾經跟宋神宗談到，人君即領導者，領導素質有三個標準：仁、明、武。什麼是仁？仁就是懂政治，善於把政治理想濡化為社會的共識，同時還得發展生產、重視民生、育萬物、養百姓，這樣才能得到老百姓的真心擁戴。智伯行事，考慮的只有自己的私利，剛愎自用，不仁之名當之無愧。

但是我們要進一步問，是不是魏、趙、韓三家就不貪婪，就比智氏更有德呢？恐怕也不盡然。可是我們有一點是看得出來的，趙襄子懂得城池固然重要，物資重要，但是人心的擁戴才是最重要的。這說明，趙襄子比智伯更懂政治。

智伯的問題，其實在他被選為接班人的時候，就暴露出來了。因為智伯那五個優點，都是匹夫之能，都不是領導應有的能耐，以「官人」為能，安排正確的人做正確的事，這是領導者的能耐。從今天的角度來講，智伯的能耐是做事的本事，不是當領導的本事。領導不比具體做事的本事，領導比的是，你能不能有本事讓別人為你去幹事，今天把這個本事叫作領導力。智伯恰恰缺乏領導力。領導力最重要的體現是人們願意跟你幹，願意跟你走。可是智伯不行，智伯狂妄霸道，而且誤判形勢，輕視對手，決策上不明是非，不能聽絺疵的正確諫言，這都是領導者的大忌。與智伯相反，趙襄子在被父親選為接班人的時候，就表現出過人的機敏和細緻。

當然智伯犯的錯誤，不光包括戰略層面，還有戰術層面的。說話不謹慎，行為太張狂，招來另外兩家，曾經是自己盟友的韓、魏的疑忌。這個臨時統一戰線解體以後，本來是三對一的優勢，變成了一對三的劣勢，智伯焉得不敗？其實，智伯也曾立有赫赫戰功，為智氏家族威望的確立，也曾立下過汗馬功勞，他最終的覆亡結局，與狂妄自大很有關係。

總之，智伯的故事告訴我們：一個領導者應有的素質和領導能力是帶好隊伍，不光自己要謙虛謹慎地處理國務政務，而且要讓手下的人願意跟你走，願意為你做事。《資治通鑑》之所以從智伯開始，固然跟三家分晉的時代有關係，同時，也要看到，因為《資治通鑑》是給皇帝看的書，尤其需要提醒皇帝：怎麼帶隊伍，怎麼管理他的這個團隊。智伯就是一個很典型的反面例證。對於皇帝來說，他一定要看到這麼一個前車之鑑，讓他覺得我必須提醒自己，不能再重蹈智伯的覆轍。

二　魏國崛起

戰國初期，最先崛起的是魏國。戰國時期的魏國曾經是歷史上很重要的國家。所以我們發現在秦朝以後，很多政權國號稱「魏」：曹魏、北魏、東魏、西魏等，還有冉魏——冉閔建立的那個魏。

魏國崛起的原因是多方面的，最重要的是人和。從天時來說，當時的周邊國家，秦國還在沉睡，齊、楚兩國的國君，都還不是很有作為的，有的還處於內亂，魏國則四周無強敵；從地利優勢來說，魏國的國都，在今天的山西夏縣，屬於運城地區，魏國橫跨黃河河東河西，大體是今天的山西南部、河南北部，以及河北和陝西的部分地方，都是當時經濟文化最發達的地區；最重要的因素是人和，魏文侯、魏武侯父子兩代國君，在開國之後數十年，積極有為，勵精圖治，講信修睦，使魏國成為強勢大國。

那我們先講講魏國人和的條件。

首先是外部的人和，在外交政策上，魏文侯致力於三晉結盟，共同化解周邊其他國家對他們的壓力。韓國借師要打趙國，趙國也來借師打韓國，魏文侯採取和事佬態度，對韓國說趙國是我的兄弟之國，我怎麼能跟你一起打趙國呢；又對趙國說韓國是我的兄弟之國，我怎麼能跟你一起打韓國呢？這兩個國家都很生氣，你不幫助我。後來他們明白了，原來魏文侯目的是想讓兩家結盟修好，所以都尊魏文侯為盟主。魏文侯初年，三家結盟，「諸侯莫能與之爭」，《資治通鑑》卷一這樣記載。

其次是內部改革達成的人和。化解內部矛盾，注意在意識形態上儒法並用、不拘一格地招攬人才，同時調解各方面的利益關係。

戰國是個改革的時代，而改革的發軔就在三晉。魏文侯首用李克（又名李悝），他的變法宗旨就是：盡地力之教，鼓勵農耕。他頒布了《法經》，主要是維護財產秩序和社會秩序。《法經》曾經是商鞅在秦國改革的一個起點。李克很務實，儒法兼修，可能跟子夏學習過一段時間。我們知道子夏是孔子的學生，叫卜商，子夏是他的字，也有人稱他卜子夏，據說他參與編纂了《論語》。

《資治通鑑》和《史記》中都曾津津樂道李克的一件軼事。有一天魏文侯向李克請教國相的人選，說：「先生總跟我講『家貧思良妻，國亂思良相』。我現在選相，魏成和翟璜這兩個人選，你看哪一個更合適呢？」李克說：「我的地位比他們低，而且身處宮門之外，怎麼能談論朝堂之上相國的人選呢？」魏文侯說：「先生臨事勿讓。」你就不要推辭了。於是李克授人以漁，教了魏文侯一個選人的方法，並沒具體說某個人選。他說：「我們選人，通常看五個方面：平常看這個人跟什麼人來往，富貴的時候看他跟什麼人結交，顯赫的時候看他保薦什麼人，困頓、官運不濟的時候看他哪些事情不做，貧窮時看他哪些不謀取。通過觀察他的行為，看他的為人。按照這個去選人，您就知道該選誰了。」魏文侯明白了，說：「先生你回家吧，我知道該選誰了。」

其實這五條標準，在春秋戰國時代，有各種不同版本，後來的《貞觀政要》裡面，唐太宗和魏徵也談到這事。所以中國歷史上，很多人講過這話，李克不是第一個講也不是最後一個講。

李克一出門就碰到翟璜了，他可是翟璜推薦給魏文侯的，所以翟璜笑眯眯地問：「聽說今天國君為拜相一事，徵求您的意見，不知道結果怎麼樣啊？」李克當初幸好沒有指出張三李四，否則人家馬上就知道了，沒有瞞得住的事。翟璜心想：你是我推薦的，你肯定為我說話了。李克說：「我猜國君會選魏成的。」翟璜聽後馬上就變臉了，憤憤不平地說：「我哪一點比不上魏成？」言下之意是說，你還是我推薦的呢。

那麼，魏成和翟璜，他們的差別在哪兒呢？據史書上記載：魏成把自己大部分的俸祿都用來蒐羅人才，他給國君推薦的最主要的幾個人才——卜子夏、段幹木和田子方，這幾個人都是大名鼎鼎的儒門高手。卜子夏是孔子的得意門生，是孔子學生裡面年紀比較小卻非常優秀的學生，據說他以文學見長，很多人認為，《論語》就是他率領其門人編纂的。子夏在魏國講學，建立西河學派，在西河設帳授徒，其中不乏經世之才。魏文侯跟著子夏學習經國之道，向隱居的段幹木請教治國之方，而且還聘請田子方為自己的客卿。田子方是子貢的學生，子貢就是端木賜，也是孔子的愛徒。魏文侯向這些大儒學習，引起當時諸侯震動，魏文侯名聲盛於一時。

司馬遷在《史記・魏世家》中曾經記載，當時秦人想攻打魏國，有人勸秦國放棄，說魏的國君仁愛國人，重用賢士，上下和睦，不能打他的主意。魏文侯重用這些重要的儒門高手，在當時的戰國時代，是非常引人矚目的，讓諸侯覺得，不能對他打主意。

翟璜也向國君推薦了一些人才。比如說西河郡守名將吳起，鄴地的治國能臣西門豹——西門豹治鄴，我們小時候也學過這個故事。又比如說，攻下中山國的大將樂羊，在中山擔任首相的李克，以及太子老師屈侯鮒。文臣武將，各有所長。魏文侯治國用兩類人才，一類是卜子夏、段幹木、田子方，這樣的有道德操守，有廣闊視野，追求修身、齊家、治國、平天下的人，他們是帝王之師。而李克、吳起、樂羊這些人，在不同崗位上，各司其職，他們也是非常優秀的幹才。

所以李克就跟翟璜講：「不錯，你和魏成都推薦過很多人才，可是魏成推薦的人才，我們國君都拿來做老師，如田子方、段幹木、卜子夏；你推薦的人才，我們國君都拿來做大臣，讓他們去做事，你的眼界還是比人家差一點。」翟璜認同了李克的說法，為先前的魯莽向李克道歉。

其實治國理政需要各種人才。「五常異稟，百行殊軌，能有兼偏，知有長短。」李克的話告訴我們：國君不僅需要各行各業的幹才，比如西河郡守吳起、攻打中山的樂羊、變法治國的李克等，但是更需要能幫助他提升境界格局的人才。

下面的兩則故事，也說明這一點。

有一次魏文侯宴請田子方，欣賞音樂。魏文侯說音樂好像不太對稱，「鐘聲不比，左高」，就是編鐘的左右兩邊聲音不對稱，好像左邊聲音高一點。田子方就笑了，沒吱聲。魏文侯很迷惑，問：「你笑什麼，難道不是這樣的嗎？」田子方說：「君明樂官，不明樂音。今君審於音，臣恐其聾於官也。」就是說，為國君的應該致力辨別官員，就是你需要明察擔任官職的這個人是否稱職，而不是親自干預這個官職的具體業務。現在以你對聲音的評論，我擔心你對官員也是如此。他的意思是說什麼呢，為君之道無非是用人、任事，你用人、他任事，你的重點是用人是否合適，不應該做機械式的品頭論足。這個事情應該由考核部門來做。你這樣直接插手他的工作的話，第一未必能有好的效果——你能插手是因為你的權力而不是你的能力，第二影響他的執行力。田子方不愧是子貢的高徒，他不是個書呆子，他深諳領導之術。

還有一個故事。魏文侯的嗣子，就是太子魏擊，在路上碰到田子方，趕緊下車向田先生施禮，田子方沒有還禮，揚長而去。魏擊就不高興了，他衝著田子方大喊：「富貴者驕人乎？貧賤者驕人乎？」是富貴者值得高傲還是貧賤者值得高傲呢？這個太子，向有知識的前輩表示謙卑，這是有教養的表現，但他並不覺得你怎麼樣，並不覺得你如何高貴，而是覺得這只是一個形式，所以一旦沒有得到還禮，他就罵起來。「富貴者驕人乎？貧賤者驕人乎？」言下之意，就是說我給你施禮是看得起你，你還不理我，在我面前，你有什麼可以高傲的呢？

田子方回答：「當然貧賤者值得高傲了，你富貴者怎麼能高傲？你是諸侯，高傲失其國；你是大夫，傲慢失其家。你的封地都沒了，高傲個什麼呢？權位這東西，失去容易得到難吶！我貧賤之人，言不聽計不從，穿著鞋拔腿就走，到哪兒不是貧賤呢？」魏擊就是後來的魏武侯，好像被當頭棒喝了一下，趕緊向田子方謝罪。後來他父親告訴他，田先生是在用這個方法教育你呢。

田子方的道理告訴我們：真正優秀的人才，應該比別人更加謙卑。有擔當、有事業、有未來的人，或者將來可以成為領袖的人物，應該比別人更自律。

在羅馬元老院裡，有一次凱撒演講，他說：位高權重者發脾氣，人家會說他很狂妄；普通人發脾氣，別人會說這個人脾氣怎麼這麼大呢？位高權重者做事低調，大家會說這麼位高權重還謙卑低調，美德呀美德；普通一無所有的人如果低調，大家會說他一無所有，不低調又能如何？一個成功的人士，一個對未來有期待有前途的人，謙卑、低調是他人生的通行證。相反，倒是那些芸芸眾生，謙卑不謙卑，反倒無所謂的。所以，田子方實際上是在教育這位太子。

無論是跟魏文侯講「君明樂官，不明樂音」，還是跟魏擊講富貴與貧賤者誰能「驕人」，田子方都在境界格局上幫助國君，而不是在操作層面為國君把什麼事做成。

所以這就是李克講的，為什麼魏成要比翟璜眼光更高一籌的道理。

三　吳起悲劇

吳起，生於富家，早年為求官耗盡家產，遭人恥笑，他一怒之下殺三十餘人後逃出。與母親訣別時他說：「不為卿相，誓不回衛國。」之後跟隨曾申（曾參之子）學習儒術。因母病逝拒絕奔喪，曾申怒其不孝，斷絕師生關係。於是吳起棄儒學兵，成為戰國名將，跟春秋時代的孫武（《孫子兵法》作者）齊名。《史記》中的《孫吳列傳》，就是孫武和吳起的合傳。

吳起出生於衛國。那時候的衛國已經衰落了，是魏國的附庸。吳起的一生是個悲劇，在家鄉的時候，他是個憤青；在魯國的時候被視為小人，見利忘義；在魏國他是很能幹的一個政治家、軍事家，卻遭人排擠；在楚國卻由於改革而死於非命。其實，吳起這一生的悲劇，在青少年時代就埋下了種子。

吳起的家族應該是一個沒有什麼政治身分的商民家庭，可能有錢，但是沒有政治身分。春秋戰國時，貴族世襲尊位的制度，開始被打破，得有本事才能上位。在這個變革時代，吳起想有所作為，也想做官，於是遊仕求官，耗盡了家財，可是他官沒做成，還遭人恥笑。一怒之下，他殺了那些嘲笑他的人，逃離了家鄉。臨行之前，吳起跟母親說：「不為卿相，誓不回衛國。」頗有一點不達目的，絕不罷休的架勢。

吳起最早來到魯國。魯國跟衛國關係比較密切，孔子的學生，出身魯國、衛國、宋國的也比較多。吳起求學於曾申。《資治通鑑》寫的是「曾參」，實際上不是曾參，曾參是曾申的父親，錢穆《先秦諸子繫年》裡對此有考訂。後來吳起的母親去世了，吳起因為這時候還沒有混出名堂來，更不是卿相，他就不回去奔喪。因為他跟母親說過，不為卿相誓不回國。但這是小信，小的信用。曾申是什麼人？曾申是大儒，是曾參的兒子啊！據說《孝經》這部書，就是他父親曾參編的。曾申怒吳起不孝，不奔母喪，於是和他斷絕了師生關係。

吳起轉而學兵家，並在魯國就業。周威烈王十四年（前四一二），齊國來攻打魯國，「魯人患之」，不知道怎麼辦。魯國想要吳起帶兵抗敵，但因為吳起的老婆是齊國人，魯國擔心吳起抹不開這個親情的面子來保衛魯國。吳起為了表明自己的決心，居然殺妻求將，最後率領魯國軍隊，大敗強大的齊國。這時，就有嫉妒吳起的人，以衛道士的身分，出來說話了，他們跟魯國的國君說，吳起這個人缺德，是個小人，母死不奔喪，曾申不認他這個學生了；現在又殺妻以求為君之將，殘忍之極呀；魯國是個區區小國，卻有戰勝大國的名聲，其他諸侯一定會算計我們呀。魯國國君受到蠱惑，居然免去了吳起的職務。

吳起黯然離開魯國。儘管有赫赫戰功在身，因有嫉妒的人在領導面前說他壞話，領導就相信了。凡是有人向領導說壞話的，不外乎有兩個特點：一半是真的，一半是假的。沒有真的，不足以讓人相信；沒有假的，不足以把你置於死地。吳起確實有缺點，殺妻求將，母死不奔喪，道德有欠缺。但是說吳起帶著弱小的魯國軍隊，打敗了強大的齊國，會使得諸侯來討伐魯國，這個話就似是而非了。

吳起的問題，出在什麼地方呢？他不知道，建功立業也是需要環境的，魯國是孔子的故鄉，道德至上，你在這個地方建功立業，不講道德，那你就待不下去了。

吳起的第二份工作是在魏國。魏文侯用人不拘一格，他向李克了解吳起是什麼人，李克說，這個人的軍事才能，不亞於春秋名將司馬穰苴。於是，魏文侯就讓吳起帶兵了。司馬穰苴治軍法令嚴明，而且跟士卒同甘共苦，關心士卒的生活，所以司馬穰苴能夠讓士兵為他去衝鋒陷陣，並取得勝利。吳起在魏國帶兵，就對司馬穰苴進行了活學活用：他與最低下的士卒同飲食，夜不睡專門的床席，行不坐車乘；親自帶著乾糧，和士兵一塊兒行軍；有的士卒生了膿瘡，吳起親自為其吮瘡，把膿血擠出來給他治好，三軍將士無不感激。可是這位士兵的母親，聽了以後卻不禁垂淚了。鄰居們就問：「吳將軍這麼關懷您家當兵的兒子，您應該感到欣慰啊，您怎麼難過起來了？」這位媽媽傷心地說：「你不知道，當年他父親也在吳起手下當兵，吳將軍也親自吮其膿瘡，孩子父親衝鋒在前，戰不還家，死在疆場上了；如今吳將軍又為我兒子吮膿血治膿瘡，我擔心這個孩子，將來也會為吳將軍一股勁地往前衝，最後死在疆場上。」吳起是懂帶隊伍的人，知道怎麼贏得人心，比較我們前面講的智伯不仁，完全是另外一個類型。吳起帶兵不但講政治，而且講制度。據《尉繚子》裡面記載：吳起出兵，有一個十分勇敢的士兵，在沒有下達進攻命令的時候，就衝出去了，斬獲了敵人兩個首級，吳起為了嚴肅軍紀，以違抗軍令處死了這個士兵。吳起還加強軍事訓練，他訓練的「武卒」（特種兵），有嚴格的體能標準，戰鬥力特別強。吳起曾用訓練有素的五萬武卒，打敗五十萬秦軍，取得西河之地，威名遠揚。所以吳起確實是非常優秀的人才。

周安王六年（前三九六），魏文侯去世，其子魏擊魏武侯即位。當時相位空缺，大家都看好吳起，認為他是最好的人選，可是結果卻任命了田文為相。這個田文跟戰國後期孟嘗君那個田文不是一回事。吳起很不高興，他找田文來問：「我想跟你比比功勞，帶兵打仗你能跟我比嗎？治國安邦你能跟我比嗎？鎮守一方你能跟我比嗎？」田文回答說：「我都比不上。」於是吳起就問：「既然你什麼都不如我，為什麼你的職位卻在我之上呢？」此時田文平靜地說：「如今主少國疑，大臣未服，百姓不信，在這種情況下，是由我出來任相合適還是你出來任相合適呢？」吳起「默然良久」，在那兒沉思很久：是啊，到底是我出來合適，還是他出來合適呢？最後他承認「屬之子」，應該是你出來任相職。

吳起是個自視甚高的人，究竟是什麼原因使他認為平庸的田文應該超越自己，出來主持國政呢？也許他知道，自己本事大、業績高，能力超群，招人嫉妒；也許他明白，自己強硬果敢的處事風格，會讓現有既得利益格局被打破，因此得不到人的擁戴。其實我們考證，這時的魏武侯並不是少主了，並不那麼年輕，但是不管如何，事實是魏武侯沒有用吳起為相。吳起的甘居下位，甘拜下風，也沒換來他安全的生存環境，繼田文為相的是公叔痤。公叔痤娶了魏國的公主，按照後來的說法，就是駙馬了。他很忌憚吳起，覺得吳起的本事比自己大，所以他策畫把吳起擠走。

吳起怎麼被一個本事比自己小的人擠走的呢？公叔痤部下有一個門客，給他出了一個連環套的主意。他說：「你先向國君提議，吳起這個人有本事，是大牛人，你的國家小，不是大國，他未必願意一直留下來幹，你不妨試試，你把公主嫁給他，看他是不是想留——他要是想留在魏國，一定樂意娶公主；他要是不想留，他肯定就推辭。」此人接著又出主意：之後你再邀請吳起到你家去做客，你的妻子不是公主嗎，你讓你的公主妻子像母老虎一般強勢地對待你，把你不當人看，不尊重你，故意表現出「氣管炎」（妻管嚴）的樣子，吳起一看娶公主做老婆，原來這麼難受，這麼窩囊，他一定斷然拒絕魏國國君要把公主嫁給他的好意。公叔痤照門客說的這麼去做，果然，魏武侯想把公主嫁給吳起，吳起害怕公主太厲害，得不到自由，就拒絕了。這一拒絕，魏武侯就懷疑吳起的忠誠。領導懷疑你，擔心你，這是很危險的，尤其是那個時代。吳起害怕因此被殺，就含著熱淚逃離了魏國。臨行之前他說，魏國從此要走向衰落了，河西之地也很可能被日益強大的秦國奪走。這個時候秦國正處在秦獻公的時候，是商鞅變法的前夜。

吳起來到了楚國，楚悼王「久聞其賢」。什麼意思呢，過去吳起帶著魏國的軍隊，打得楚悼王滿地找牙，他找各諸侯國來幫自己的忙，才避免了狼狽，現在吳起居然來了。楚悼王不計前嫌，熱烈歡迎吳起的到來。他先讓吳起在宛（今河南南陽）當了一段地方長官，然後直接提拔為令尹，就是國相。吳起終於如願以償，少年時代擔任卿相的夢想實現了。

吳起幫助楚悼王改革。他首先向既得利益集團開刀，一針見血地提出：楚國的毛病在哪兒？就在大臣太重、封君太眾。大臣的權力太重，封君的人數太多，貴族有太多的權和利，有太多的資源被他們占用了，所以國貧兵弱。怎麼改變這個局面呢？他的改革方案提出廢除世襲特權，他規定封君過了三代，就要沒收他們原有的爵祿，用這些土地和財產，來獎勵那些有戰功的人。這一措施是為了解決分配不公，提高楚國將士對外擴張的積極性。吳起把貴族遷到邊遠地區，去墾荒開發，這樣一方面使廣闊疆域得到有效利用，另一方面也削弱了貴族的勢力。吳起的改革是抓住了要害，所以改革也見到了成效：南平百越，北卻三晉，西伐秦，重振了楚國的國威，一改被諸侯蠶食的弱勢。

但是大家發現了吧，吳起一下子就得罪了龐大的既得利益群體，削減他們的待遇，貴族下鄉皆甚苦之，「楚之貴戚多怨吳起者」。周安王二十一年（前三八一），楚悼王薨，貴戚大臣作亂，攻吳起，吳起被射死於亂箭之下，楚國的改革亦隨之夭折了。

吳起從魯到魏到楚，在哪兒都作出業績，最後不是待不住就是被殺，吳起的命運，確實引人深思。

吳起很有個性。司馬遷的用詞是「節廉而自喜名也」，司馬光的用詞是「剛勁自喜」。這種評價包括兩層意思：第一，有原則的堅守，「節廉剛勁」；第二，不大通人情，自視甚高，所謂「自喜是也」。吳起的人生目的是誓為卿相，對目標非常執拗，加上性格剛勁，這鑄就了吳起人生的悲劇。我們常說，為人處事應該剛柔兼濟。剛，是意志堅定，不一定指的是用拳頭、用武力，而是要有意志，要內剛。內剛外柔，就是你要有原則，有堅守，但外柔，即手段可以柔軟。《史記》講道家處世的長處，是「與時遷移，應物變化，立俗施事，無所不宜」，就是說人要善於變通，不要腦子一根筋。其實世界上許多事情，不是我們完全靠主觀努力就能夠解決的，如果你不能因勢利導，隨機應變，你很可能就要碰壁。所以既要目標堅定，又要步履穩妥，這是成事者應有的風度。

吳起的性格是如此，但是決定命運的不僅僅是性格。木秀風摧，行高人非，這是普遍的社會現實。吳起為公叔痤所排擠，後來白起為范睢所忌憚，英雄時舛，紅顏薄命。這時我們就該懂得，謙卑是人生的護身符。《周易》有一卦叫謙卦，這個謙卦是唯一沒有災咎的卦，天道，地道，人道，鬼神之道，都討厭狂妄自滿，而喜歡謙。謙，君子之終也。所以吳起的張揚，吳起的強悍，也是他受人忌憚的一個原因。

可是問題的複雜在於，嫉妒英雄的人並不都是狗熊，並不都是十惡不赦的壞蛋。你看看公叔痤，他後來曾極力向魏惠王推薦衛鞅；范睢輔佐秦昭王，功業卓著，遠交近攻的外交政策是他提出來的。所以複雜就複雜在這裡，往往嫉妒你的人，排擠你的人，未必是臉譜化的壞人。所以吳起的問題，有性格的問題，有環境的問題，有時代的問題。我們無法改變環境來適應我們自己，我們只能改變我們能改變的。當然，換一個角度考慮，從用人的角度來說，我們不能否定吳起是個天才，也是很有才幹的政治家，曹操就曾讚揚吳起：吳起在魏，秦人不敢東向；在楚，三晉不敢南謀。誰手下有吳起這樣的人才，誰都能建功立業，因此能否愛護、保護和用好像吳起這樣處事不足但確實有本事的能人，這對我們事業成敗至關重要，也是考驗一個領導幹部，識人用人能力的試金石。

（參見《資治通鑑》卷一）

【第二講】

商鞅變法

商鞅變法在中國歷史上的意義，怎麼估計也不會過高。它不但奠定了秦國統一的制度根基，而且對之後兩千多年中國的政治、社會都產生了深遠的影響。譚嗣同說過：「兩千年來之政，秦政也。」毛澤東也講：「百代都行秦政法。」

商鞅變法提倡的價值觀，即不斷地努力工作就能改變自己身分的觀念，把大家的欲望都釋放出來了，對成功的欲望，對財富的欲望等。如何掌控這種欲望，就成了賈誼〈過秦論〉及後世執政者一直在探討的根本要旨。

戰國時期，政治風雲變幻莫測，波譎雲詭。變法，始終是這個時代的最強音。魏國李克（李悝）的變法、楚國吳起的變法，韓國韓昭侯時代，申不害的變法，以及秦孝公時代的商鞅變法，都是在國君的支持下，力行變革現行制度的偉大事件。在這些變法中，商鞅變法的影響最為深遠，它不但奠定了秦國統一的制度根基，而且對之後兩千多年中國的政治、社會都產生了深遠的影響。

譚嗣同說過：「兩千年來之政，秦政也。」毛澤東也講：「百代都行秦政法。」秦政就是商鞅時代變法的政治。

秦國統一前的歷史，有五百五十年，有三個大的發展階段：

第一，秦襄公護送周平王東遷有功，秦始建國。周平王元年（七七〇），由於周幽王烽火戲諸侯，被戎狄所殺，他的兒子周平王東遷洛陽，西周的鎬京成了一片廢墟。秦國的祖先，本來是周王室的西陲大夫，因為護送平王東遷有功，升格為諸侯，始建秦國。可以說，秦建國是比較晚的，比晉國、齊國、燕國都晚。

第二，秦建國大約一百多年後，秦穆公稱霸。稱霸的標誌，一方面採納了原本出自西戎的一個叫由余的大臣的建議，滅掉很多戎狄小國，史稱「開地千里」；另一方面重用中原地區的蹇叔、百里奚等賢人，吸收中原文化，一躍發展成為僅次於晉國、楚國、齊國的二等強國。

第三，在秦建國四百多年之後，即周顯王十年（前三五九），秦孝公用商鞅變法。從此進入發展的快車道。

秦孝公名渠梁，是秦獻公的第二個兒子。秦獻公是一個勵精圖治的國君，他覺得大兒子不行，就把位子傳給了二兒子，也就是秦孝公。秦孝公即位時不到二十歲，非常年輕，他想恢復春秋五霸之一秦穆公時代的霸業，因此致力於國家的改革。商鞅就是這個時期來到秦國的。

一 去魏投秦

商鞅，本名衛鞅，他跟吳起都是衛國人，不過他是衛國宗室的庶出，所以又稱公孫鞅，是衛國國君的後代。最初，商鞅在魏國的公叔痤門下。公叔痤是魏武侯時候的相，就是擠走吳起的那位。商鞅在公孫痤手下當侍從官，當時叫中庶子。周顯王七年，魏惠王八年（前三六二），公孫痤曾率魏國大軍，擊敗韓、趙聯軍，魏惠王親自郊迎，公叔痤謙遜地說：「我軍的勝利不是我的功勞，全賴當年吳起培養的勇猛善戰的武卒。」這句遲到的公道話，為吳起的後人帶來二十萬畝土地的賞賜，可是對吳起本人來說，已經沒什麼意義了。

第二年，公叔痤就病逝了。「人之將死，其言也善」，公孫痤在臨死前，向魏惠王極力推薦商鞅。可是魏惠工覺得中庶子級別太低，怎麼可能讓他接手相位呢。魏惠王可能想：「這個相也不都是你家的人當的，你當相就罷了，你不在了，還讓你家門客當相，豈有此理！」這個史書上沒講，是我的猜測。因為魏惠王不肯聽公孫痤的建議，公孫痤甚至說出很極端的話：「不用之，即殺之。」因為他認為如果商鞅跑到別的國家去，將是魏國的後患。魏惠王理都懶得理，他認為公孫痤病得很重，顛三倒四，神志昏聵，一會讓重用商鞅，一會又讓殺商鞅。商鞅也沒聽從公孫痤的建議趕緊逃走，他認為魏王不會用他就不會殺他。

公孫痤死後，商鞅等於失業了，在魏國賦閒一段時間。不久，秦孝公的求賢令傳來，商鞅於是到秦國來找工作，找出路。

與秦孝公執政同一時代，東方諸國有齊威王、楚宣王、魏惠王、韓懿侯、趙成侯等，當時山東六國，即戰國六雄已經形成。楚國、韓國跟秦國接壤，魏國占有原本屬於秦國的河西之地。河西之地是哪裡呢？就是黃河拐彎處往北，再往西。河東，就是今天的運城；河西，是今天的西安往北、陝北往南的地方，吳起當初曾攻占這裡並開始治理。所以說，六國這時候已經非常強盛，他們有點欺負秦國。《資治通鑑》記載秦孝公〈求賢令〉說：「皆以夷翟遇秦，擯斥之，不得與中國之會盟。」秦國在這時候受到歧視，主要是因為秦孝公以前幾代，秦國政治上不穩定，有內亂，幾代國君享年不永，有的在政治上又很荒唐等。

商鞅聽說秦孝公要求賢，他就投奔到秦國來了，通過孝公身邊的一個寵臣景監，見到秦孝公。景監出使過魏國，在魏國公孫痤接見使臣的時候，他跟商鞅見過面，算是熟人。最初，商鞅跟秦孝公談帝道、談王道、談霸道，秦孝公都打瞌睡，幾次都是如此，得不到孝公的重視。後來，商鞅改變策略，就跟他談富國強兵之策。秦孝公大喜，兩人暢談了三天三夜。商鞅的變法主張，感動了聖心，秦孝公於是安排他與國內的保守派官員辯論變法利弊。辯論持續了很久，雖然沒說服保守派，但保守派也說服不了他。其實我想，秦孝公也是用這個辦法，建立自己的信心，讓商鞅把變法的道理講清楚。從《商君書》和《史記》的材料來看——這兩本書的記載比《資治通鑑》上寫得全面一點——秦孝公當時是主動把這些人找來，說他想變法，讓他們談談要不要變法，怎麼來變法。所以變法的主導者，其實是秦孝公。

二　立信變法

商鞅變法分兩個階段。

周顯王十年，即西元前三五九年，商鞅公布了變法的第一套改革措施，這是第一階段。

首先，是基礎制度建設。包括基層什伍保甲組織的建設，治安聯保制度的建設。其實這個制度在秦獻公時候就有了。秦獻公時代，就有對社會管控的一些基層體系，商鞅不過使它更加完善了而已。這套東西是極具中國特色的——中國國家治理結構的特色，就是保甲、鄉里、鄉村、鄉鎮。這套國家管理體系，春秋管仲是始作俑者，到商鞅時更加完善。

其次，是建立一套獎勵耕戰的激勵制度。這個制度其實就是一個產業導向、資源導向，即國家資源要往哪兒去推動，是耕還是戰。商鞅告訴大家，人一生就兩件事兒，一個是打仗，一個是種地。那麼怎麼讓大家都去打仗種地呢？那就是立功受獎。如果不幹這個，不打仗種地，而是去幹別的事兒，那就受窮受苦，官府會收你為奴。

商鞅這套制度，我覺得有幾個值得注意的地方。一方面是價值觀的提倡，就是說不斷地努力工作，打仗、種地，你就能改變自己的身分。它很早就打通了平民通向貴族的通道。西方不是這樣的，西方長時期是等級制、世襲制，近代資產階級革命要革什麼命呢，就是革貴族制度的命，要平等，而且通過各種制度要通向平等，這是資產階級革命時代的事。可是在兩千多年前，中國的商鞅就說了，血統不重要，自己有本事最重要。有什麼本事呢，一個是打仗的本事，一個是種田的本事。為此，另外一個方面，就是限制貴族的特權。貴族如果沒有軍功，那你的戶籍就不能算在國君的宗族裡面，而且一個人的所有待遇，都是靠你的爵位來決定。總共有二十等爵，爵只有通過戰爭打仗才能獲得。爵位不一樣，獲得的待遇也不一樣，包括住的房子、穿的衣服、家裡的傭人，都不一樣。因此有功的人，盡享榮華富貴；沒有功的人，有錢也沒處花。宗室沒有軍功，就不能當貴族；平民有了軍功，可以得到富貴。

十年之後，商鞅推行第二套改革，這是第二階段。

這次新的改革，秦國都城從雍遷到了咸陽。改革集中表現在行政、經濟和社會幾個層面。社會層面的改革，比如規定，孩子長到成人的年紀了，就要分家。分家析戶，也是中國特色。我們總覺得日本跟中國很類似，其實在這方面，日本、歐洲跟中國都不一樣，一個貴族怎麼能稱貴族呢？父親的東西都要傳給兒子，但是傳給兒子有一個問題要解決，有很多兒子怎麼辦呢？歐洲和日本方式是都傳給一個兒子，所以他的家業就不墜，就不會分散。中國人方式是分家，把家業分掉。一個英雄的爸爸生十個兒子，家業就分成十份了，這每個兒子再生十個，就分為一百份了。在日本和歐洲沒有這種情況。

經濟方面的改革是土地買賣制度。《漢書．食貨志》裡講，商鞅「廢井田，民得買賣」。井田制是一種土地占有制度，就是說貴族占有土地，庶民為他耕種土地，但是產權是不能轉讓的。商鞅廢除井田，民得買賣，產權可以轉移了，激發了勞動者生產的積極性。貴族之所以為貴族的第二個條件，就是土地歸貴族所有，且不得買賣、不得分家。所以，中國的貴族制被商鞅打破了。商鞅確立的這個制度一直延續到後代，是中國歷史的一個特色，這個特色是商鞅用制度的辦法確立的。

貴族因為不是職業官僚，他在經濟上有采邑的收入保障，不靠當官拿薪酬吃飯，因此它跟國君的關係就不一樣，所以國君無法集權。商鞅打破了貴族制，就為君主集權奠定了基礎。

商鞅還在賦役制度、經濟制度和度量衡的標準上，做了很多的改革，都說商鞅變法重農抑商，其實這些措施，都有利於商業的發展。

總之，商鞅兩手抓，兩手都很硬。一手抓軍事，能打勝仗，一手抓糧食生產，發展農業。「利出於地，名出於戰。」什麼意思呢？想要利益、財富，就從土地上去找；想要有名，有地位，就通過戰爭獲得。所以把一切社會資源，都驅使到耕戰方面去。

這個體制堅持實行了一百多年，一直到秦王嬴政統一了全中國。

商鞅變法從立法入手，所以信用是它最重要的一個特點。如果立法沒人遵守，就說明政府沒有信用，政府說的話不算數，所以商鞅有個「徙木立信」的典故。他把一根兩丈高的木頭放在市門之南，張榜告訴大家，誰能把這個木頭從南門搬到北門，賞賜十金。十金是多少錢呢？那時候的金不是我們今天的黃金，大概是銅，十金相當於那個時代一個中等人家的全部財產。這麼高的賞賜，這麼簡單的一份工作，所以老百姓議論紛紛，卻沒人相信。商鞅於是把賞金增加到五十金，秦民奔相走告，激動萬分，大家都說，這簡直是天上要掉餡餅了。有人就躍躍欲試，真的就把這個木頭從南門搬到北門，結果馬上被政府找去，當場兌現獎金。全國一片譁然，這個消息比什麼傳得都快，人們見面第一句話就講這件事，原來政府說話是算數的。

政府守信的觀念得到強化。商鞅於是曉諭百姓，你們別覺得失去了機會，別後悔，機會有的是。現在獎勵耕戰，你們就按照政府說的去做，機會自然就有了。

法令頒布了，那麼執行它就必須賞罰分明，否則的話，大家還是不能遵守。我們知道商鞅的這個法令，有點類似吳起在楚國的情況，法令觸犯了貴族的利益，所以自然有人出來反對。

比如說，太子老師鼓動太子犯法，給商鞅出了個難題：要是對太子下手，那主公秦孝公能願意嗎？商鞅還沒傻到這個程度。他說：「太子犯法，因為他是儲君，不可施之以刑，可是太子的老師要負責。」太子的師傅你是怎麼教太子的？於是把太子的師傅公子虔、公孫賈施以刑罰，割掉鼻子，臉上刺字。這下震懾了整個上層。而普通士兵百姓立功，立馬兌現獎賞。這個做法，該賞的賞，該罰的罰，使法律有尊嚴，所以商鞅的改革深入人心。反對派把太子抬出來，不但沒有阻礙變法，恰恰成就了商鞅。

其實商鞅變法不光有原則性，具體實施起來還有可操作性。如果只是原則的抽象的規定，那麼就很容易上下其手。商鞅不是，商鞅的變法非常具體。具體到什麼程度呢？具體到你都難以想像。

我們從《史記》《資治通鑑》和《商君書》裡面，都看不到變法的詳細情況，但是睡虎地秦墓竹簡給我們提供了一些詳細內容。

比方說，農業管理方面，從播種開始，法律就規定，種稻子每畝地用種子二又三分之二斗；麥，每畝一斗；黍，即小米，每畝三分之二斗；菽，也就是豆類，每畝半斗。政府用法律來指導農民種田，使得科學的農業技術得到推廣。政府對農田作物管理如此精細，令人歎為觀止。

法律還規定，地方政府每年要以書面形式，定期詳細彙報農作物的生長情況，包括受雨多少田畝，抽穗多少田畝，已開墾還沒耕的多少田畝，受水旱之災、病蟲害影響的田畝受損情況，都要報告。

牛是農耕之本。每年四月、七月、十月、正月，舉行一次耕牛的健美比賽，優勝者有賞，賞酒、賞乾肉，還有一些傜役上的減免待遇。如果因飼養不善耕牛變瘦了，腰圍每瘦一寸，養牛人要受到相應的處罰，比如笞刑。在鄉里層面根據考核，優勝者有賞，低劣者要抽鞭子。駕車、畜役用的牛屬官府所有，死亡要及時上報。如果十頭牛中一年死亡三頭以上，養牛人要受罰。還有，如果養了十頭母牛，而其中六頭不生小牛，那不但養牛人要受處罰，有關官吏也要受處罰。

還有軍功授爵制度，也是非常具體的，爵位直接跟戰爭業績掛鉤，十分具體細緻。比如說，士兵斬了敵人一個首級的，就可獲得爵位，獲得田宅，還有僕人。斬兩個首級的，父母妻子都可以免罪，如果妻子是奴，馬上就可以解除奴婢身分。奴婢本來是沒有戶口的，也就是說，你斬敵人兩個首級，你太太馬上就有戶口了。

在部隊裡吃飯的伙食標準也看這個。三級爵位的士兵，每天有粳米一斗，醬半升，菜羹一盤。二級爵位的士兵能吃到粗米，沒爵位的能吃飽肚子就很好了。爵位不同，士兵的伙食標準都不一樣。上等爵位的士兵，當然標準更高了。這種待遇上的差別，就是激勵士兵拚命去殺敵。所以在秦國士兵的眼裡，首級不是人頭，首級就是房子，就是醬菜，就是下次吃飯會有更高的標準。

總之，商鞅變法這些措施，內容細緻周密，具有系統性和可操作性。商鞅身亡之後，仍然能推行下去，說明它符合秦國的社會實際，具有可持續性。

三　商鞅之死

雖然如此，最後商鞅卻仍然難逃脫吳起的命運，被車裂而亡，死於非命。

《史記》裡是這樣記載的，它比《資治通鑑》細節稍多一點。秦孝公去世後，秦惠王即位。當初被商鞅處罰的公子虔等人開始報復，誣告商君要謀反，秦王就發官令去追捕商鞅。跟吳起情況相似，楚悼王去世，就是吳起的末日。

秦孝公去世，那些當初反對商鞅的人，向新君報告說商鞅要謀反。這個新君就是原來的太子駟，當初他犯法，商鞅饒了他，處罰了他的老師。秦惠王發布逮捕令，商鞅帶著家人逃跑。逃到關下，他想藏匿名姓投宿客舍。客舍前檯的工作人員說：「商君之法，沒有證件的人，住旅館是不行的，那我們得受連坐之罪，您拿出證件來吧。」商鞅如果拿出身分證件，那不正好自投羅網嘛，所以他不敢拿。最終商鞅感慨道「嗟乎，為法之敝，一至此哉！」法律到了這個程度，連我都走投無路了。這說明商鞅的法令嚴格，他自己不敢拿出證件住旅館，人家也不敢接納他。

他逃到魏國，魏國不接納他。最後他又回到秦國，被抓住，車裂而死。

在商鞅罹難前的五個月，有個叫趙良的熟人來看望他，並規勸他。商鞅說：「你跟我說說，我的功勞跟當初春秋時代秦穆公的賢相百里奚比怎麼樣？」看來商鞅還是很自負的。趙良說：「一千人對你阿諛奉承，不如有一個人跟你講真話，我希望我能給你講些真話，請你不要加害於我，行嗎？」商鞅說：「那當然，你說吧。」商鞅提到的這位百里奚，是三百多年前輔佐秦穆公的五羖大夫百里奚。百里奚曾在楚國雲夢澤作牧人，秦穆公聽說百里奚是個人才，又怕楚國不放，所以派人對楚國說，聽說這個老頭很會放牛，我給你五張公羊皮，你能不能把這個老頭送給我。因此百里奚得名五羖大夫，羖就是公羊的意思。

趙良說：「你怎麼能跟五羖大夫百里奚比呢？百里奚是楚國的普通百姓，穿著粗短的布衣服，給人家餵牛，秦穆公把他選拔上來，在萬人之上。在秦國為上卿的六七年間，不但建功立業，而且實行德化。他擔任秦國的卿大夫，平常不坐車，夏天不張華蓋，足跡遍布國中，無須警車開道，無須武裝防衛，功垂史冊，德澤廣布。五羖大夫死的時候，秦國男女老少，沒有不懷念的，孩子們都不唱歌謠了。但是你呢，是通過秦孝公的寵臣景監的門路上來的，你執掌秦國的國政這麼多年，本應該造福百姓，你卻大攬公權，上加害於太子的老師，下施酷法於黎民百姓，招致很多怨恨，所以你每次出門，總得很多衛士保護你，沒有軍隊護送，你就不敢出門，你的危險像早晨的露珠那樣。」趙良勸商鞅放下已得的爵位，放下財富，趕緊給自己找個退路。

商鞅沒有聽進趙良的勸告，五個月後，果然被殺了。

商鞅變法在中國歷史上的意義，怎麼評價也不會過高。其實我們看看那個時代的西方，希臘羅馬時期，特別是希臘時代的改革，與商鞅具有可比性的主要是雅典城邦的梭倫改革和伯利克里改革。

梭倫改革和伯利克里改革，都比商鞅變法要早一些，他們之間的可比性還是很強的。梭倫改革和伯利克里改革，注重工商業的發展；商鞅注重戰爭動員能力的提升和農業的發展。雅典改革的基本方向，在於權力的制衡，公民權利的保障；商鞅變法，注重中央權力的集中，社會管控能力的提升，不是制衡，是管控。但有一點是相同的，無論是西方的改革，還是東方的改革，都是打破貴族血統制，不按血統來。

梭倫改革突出的是按社會財富劃分等級，就是說按照財產劃等級。商鞅的二十等爵，是按照軍功劃分政治社會地位，商鞅改革鼓勵去打仗，鼓勵立軍功，提升自己的社會政治地位。希臘人承認私有財產，鼓勵私有財產，鼓勵人民去創造財富。秦朝人被引導去埋首農田，政府獎勵耕戰。

梭倫改革規定，第一等級可以擔任執政官、司庫、財務官，比如財務大臣、財務部長這樣的公職，以及其他的公職。第二等級，因為你的財產相對少，你不能擔任司庫，但可以擔任其他公職，說明管財稅的司庫，對個人財產要求是比較高的。第三等級，還可以擔任一般的公職，第四等級就不能擔任公職了，你最多可以當個陪審員。你看，西方的社會以財富來劃分地位，古今一體，雖然今天表面上不這樣講，實際上社會是這麼運作的。

客卿是秦國的一大亮點，是一道風景線。商鞅改革之後，從外來普通移民躋身卿相的客卿，就史不絕書，除他本人以外，張儀、范睢、蔡澤、呂不韋、李斯都是。秦國之所以成功，跟客卿有關係，平民通向政治的道路，似乎秦國比雅典更徹底。平民化的政治，導致的是沒有任何勢力，可以挑戰君主的權力、君主的權威，它強化的就是中央君主的權威、君主的力量。所以這是中國的歷史，社會都平民化了，沒有人能夠挑戰君主社會。

可是在西方，雅典改革的平民化過程當中，它側重於另外一個方面，即權力的制約和制衡。我們都知道貝殼投票法，就是說如果你這個執政官，在雅典權力太大了，大家可以通過貝殼投票，把你流放。沒有任何理由，只是你的權力太大了，你的威信太高了，沒有制約了。所以權力制約始終是西方念茲在茲，幾千年政治理論和實踐所追求的目標。所以它的平民化，從希臘時代改革起，直到近代以後，都是跟權力制約連在一起的。

中國的平民化，實際上恰恰是強化了中央的權威。由於平民化，大家沒有權威，只有不斷強化中央的權威，才能夠阻遏混亂，才能維護社會的安定穩定，這是中西改革的不同。

是什麼差別造成這種不同呢？如果從歷史上分析，不鋪開去討論，可以找到兩點差別。

首先是產業的差別。地處關隴的秦國，是純粹的農業為主，兼及畜牧業的國家，但實際上還是以農業為主。而雅典，希臘城邦則是面向海洋的，工商立國的，因此對各自產業發展思路不一樣，重點也不一樣。

還有人口和民眾的差別。秦國的老百姓安土重遷，父祖相傳，是世世代代住在那裡的居民。而且西元前五〇〇年左右，雅典的人口，和秦國人口沒法比，秦國的人口總數是五百萬左右，那雅典最多的時候，成年男性公民有三萬多人。而且跟秦國是本土居民不一樣，雅典大多是伯羅奔尼薩半島和北邊來的移民。

這是兩點差異，使得秦國與雅典城邦的改革重點就不一樣，一個是重在發展農業，一個致力於發展工商業。一個更加集權，儘管也是打破貴族血統，平民化，按照你的軍功，你的戰功，來決定你的政治身分；一個是制約，權力平衡，打破貴族血統，按照財產來決定政治權利，出任公職的資格。

所以漢朝人講，非功臣不侯，沒有功，沒有軍功的話，不能封侯，這實際上是秦朝的老規矩。

商鞅變法對秦以後中國歷史的發展有巨大影響。中國的歷史，之所以跟西方發展不一樣，商鞅變法是一個關鍵。當然商鞅變法不是無源之水，無本之木，它是從商周以來歷史發展演變的結果，歷史的涓涓溪流，到這個時候，塑造成一個制度的河床。特別是春秋戰國以來的許多變化，集中表現為一種法律的形式，以持久地、依靠國家力量推動的方式展開，然後進一步通過秦的統一和漢承秦制推廣開來。

我們剛才把商鞅變法，跟古希臘雅典城邦的伯利克里改革，或者跟梭倫改革進行了比較。你看伯利克里改革或梭倫改革，它表面上跟商鞅一樣，都是打破血統，打破貴族制。但是希臘的改革，它打破血統後按什麼來分配社會權力呢？按照財富。它的幾個等級，是按照財富來分，財產最多的人，可以當執政官，其次可以擔任其他重要崗位。再其次呢，各種基層幹部，然後最下面的，只能做陪審員。按照財產分配政權權利。他的財產是以工商業為基礎，所以他獎勵工商業，每家都得有一個人要學手藝。

而商鞅不是這樣，商鞅宣稱打破血統是靠本事。這本事是什麼呢？耕戰。耕是農業，戰是軍事。這兩個國家的情況不一樣，環境不一樣，結果也不一樣：秦最後是滅了六國，而雅典是被別的國家滅了。

還有一點，在希臘羅馬崩潰以後，封建時代長達千年，貴族制一直到近代才被打破。而商鞅以後呢，中國順勢而下，所謂「百代都行秦政法」，就是這個意思，沒有進入像西方對希臘羅馬的反動。希臘羅馬不是貴族制了，但是隨後的封建制是個貴族制，近代搞文藝復興，就是想回到希臘羅馬，打破貴族制。可中國商鞅變法，早早地打破了貴族制以後，就使中國社會的垂直流動特別激烈、特別頻繁，「王侯將相，寧有種乎？」

因此，中國人的奮鬥精神和不服輸的精神特別強烈。因為社會的現實、法律的現實告訴你，徙木立信告訴你，只要去努力，愛拚就能贏。但是在中國以外其他國家的歷史不是這樣，他們是比較安貧樂道的。

歐洲人，像馬克斯·韋伯指出的，有新教倫理，提倡奮鬥，新教徒以積極入世、勤勉勞動為榮耀上帝的行為，從而促進了資本主義精神的發展。但是在歐洲新教倫理以外的人，確實真是安貧樂道的。為什麼呢？貴族是貴族，平民是平民，這種觀念長期影響根深蒂固，限制了階級的流動性。

而中國社會階層的開放性流動，則帶來了完全不同的效果和影響。這種極度競爭，需要非常複雜的管理模式，來實現對人的行為的規範，對社會秩序的管理。在沒有宗教約束的情況下，中國的禮教文化，「禮、義、廉、恥」的四維，從管仲到賈誼〈過秦論〉中一直講的，都是如何建立、完善這一套複雜的社會管理體系。

官僚的選拔方式，從軍功到察舉、征辟、九品中正制、科舉，這一套制約因素不斷地完善，其中所蘊含的思想是盡量讓它客觀化，不要帶主觀色彩。科舉考試客觀化，為官員選拔確立了一套較為完備的制度體系，這都是中國要規範人的垂直流動以及人心世道的方式。

在經濟領域也是如此，《漢書·食貨志》就講「除井田，民得買賣」。商鞅變法說是要遏制工商業，好像有那樣子的條文，其實他是想讓大家把資源集中到農業方面去。但是土地買賣，是給市場經濟、商品經濟帶來的最大動力。土地可以買賣，奮鬥不光有了政治目標，還有了經濟目標。社會上的東西都市場化了，都可以到市場上面去買了。同時職業官僚及軍隊等等，也能從市場獲得所需要的物資和服務了。

因此在整個中世紀，西方是自然經濟的時候，中國的情況根本不能用自然經濟這個詞來完全描述。越到後來越不是自然經濟，因為賦稅都貨幣化了，就是每家都要把東西拿出去，而每家都不能完全靠自己的生產實現自給自足，而要去市場上交換。最重要的是土地買賣，由於土地自由買賣，使中國社會的流動非常大。而如何對世道人心和現實秩序進行管控，也對統治者提出了挑戰。所以中國有一系列複雜的管理制度。

到近代，我們把儒家推行的這套禮教，管控人心和行為的禮教，說是封建枷鎖，要破掉。但是你想想，有比宗教更像枷鎖的嗎？宗教的枷鎖重還是禮教的枷鎖重？但是西方就通過不斷改革的方式，從宗教裁判所這種極端的方式，漸進到現代的宗教，已經比較人性化了。我們是無所置之，把禮教當作封建枷鎖，把它去掉。

所以你看，禮教這套東西，好像跟商鞅變法沒關係：一個是法，一個是儒，怎麼會有關係呢？但是商鞅變法把大家的欲望給釋放出來了，對成功的欲望、對財富的欲望等。那麼欲望和需求怎麼管理呢？這就是賈誼〈過秦論〉及後世統治者不斷探討和歸納的根本要旨。

因此，中國的國家治理結構特色，如果是從制度上尋找起源，那就是商鞅變法。

（參見《資治通鑑》卷二）

【第三講】

縱橫捭闔

秦統一六國的過程中，至少有兩點特別值得注意：一是著名的遠交近攻，二是不拘一格延攬人才。秦王嬴政啟用了很多從六國投奔來的人才，這些人才能夠真正把握到六國的命脈所在，讓秦國統一大戰略得以順利展開。

戰略的制定是一方面，戰略能不能落地起作用，還要看領導層是否賢明，同時對方君主是否「配合」。六國領導層比較昏庸，往往「配合默契」地幫助秦國實施其謀略。

商鞅變法為秦國奠定了政治制度基礎，包括法律制度、行政管理制度、郡縣制、基層鄉里制度、軍功爵制度、激勵機制，以及各項經濟制度。但是儘管如此，制度再好，如果沒有高超的對外發展戰略，沒有切實的發展路徑，要以西北一隅之地，單打獨鬥之力，吞併脣齒相依的山東六國，也不是那麼容易的。

六國合縱抗秦，對於崛起中的秦國，構成了巨大的威脅。怎麼化解這些威脅呢？秦國有個外交戰略，叫作連橫。這就是歷史上著名的合縱連橫。合縱，是山東六國聯合起來，對付秦國；連橫呢，是秦破解合縱的方法。據說著名縱橫家張儀，就是連橫政策的首創者，他曾經用一些忽悠的手段來欺騙楚懷王，破壞了齊楚之間的結盟。但是連橫只能破壞對方的結盟，六國並不會因此就消失，最後還是要靠軍事力量來消滅六國。但是，如何選擇打擊的重點，打擊的次序和策略又該怎樣設計呢？這是秦國在連橫政策之外，必須要解決的問題。

《資治通鑑》給我們展現了秦國對外戰略的一個發展的路徑，即他如何處理跟六國關係，如何選擇打擊重點等，這個戰略有三次大的階段性變化。

第一個階段是秦惠文王時期，採取避重就輕，攻滅巴蜀的策略，鞏固好戰略後方，不事張揚地發展自己的勢力。

第二個階段是秦昭襄王時期，實行遠交近攻，不斷地蠶食諸侯的策略。

第三個階段就是秦王政了，即後世的秦始皇，他用收買、暗殺、離間等手段破壞六國人才，然後再實行各個擊破的策略。

一　南取巴蜀

我們先講第一個階段：避重就輕，因勢制宜。

這個策略是在秦孝公死後，太子駟即位，即秦惠文王時期實行的。周顯王三十一年（前三三八），秦孝公去世，年僅十九歲的太子駟即位，史稱秦惠文王。秦惠文王在其老師公子虔等的煽動下，車裂商鞅，但是商鞅的變法依然繼續推行。之前我們討論過，在秦國人看來，這個變法不是商鞅創始的，而是秦獻公、秦孝公以來一貫的政策，商鞅只是一個具有創新性的踐行者。所以秦孝公死後，秦惠文王繼續推行對內修明政治，對外蠶食諸侯的發展路徑。秦惠文王用魏國人張儀為相、司馬錯為將（司馬錯是司馬遷的八世祖），連連攻打魏國、韓國，取得了一系列的勝利。秦國咄咄逼人，使六國陷入恐慌。

周慎靚王三年（前三一八），韓、魏、趙、燕、楚五國合縱伐秦，齊沒有參加，它實際上是躲在了背後。齊是那個時期山東六國中最強大的國家。

就在這個時候，發生了一件事情，史籍上是這麼記載的：「巴蜀相攻擊，俱告急於秦。」巴蜀就是今天的成都平原附近，如果具體說，就是以成都為中心的四川、重慶這一帶地方，巴是巴國，蜀是蜀國。這兩個都是很古老的國家，但是由於偏遠，中原的華夏諸族把他們稱為夷狄——但是他們是夷狄之長。不但巴蜀打起來，蜀國國王還和他兄弟內訌。我們知道，秦這時候是離他們比較近的一個大國，他們都向秦告狀，爭取秦的支持。於是秦國內部就出現一個爭論：是不是乘機把巴蜀給拿下來。司馬錯的想法是乘機拿下。張儀主張不如伐韓。到底是東向繼續在中原攻伐韓、周，還是往西南方向去打巴蜀，張儀和司馬錯發生了激烈爭執。這不是兩個人的意氣之爭，而是（周王室在洛陽）秦國的發展戰略問題。所以秦王說，你們談談你們各自的理由。

張儀陳述的理由如下：秦國在外交上應該親魏、善楚、下兵三川。三川是指韓國內郡，以該地有黃河、洛水、伊水三大水域而得名。親魏、善楚，什麼意思呢？就是跟魏搞好關係，跟楚搞好關係，來打韓國，攻它的新城宜陽這個地方，「以臨二周之郊」。「二周」，就是西周、東周在洛陽這個地方有兩個被分封的周王室，一個是西周公，一個是東周公。巴掌大的地方，卻還把它分封了，叫二周。二周是周天子所在，有九鼎。九鼎是指天子的權力象徵，兵臨周室，就可以挾天子以令天下，天下不敢不聽。張儀認為「此王業也」。就是說外交上，要跟魏、楚連橫，在軍事上要攻打韓國的心臟地帶，政治上威脅周王室，這樣就可以挾天子以令諸侯，這是王者大業。他認為這種大動作，是秦國發展應該採取的戰略。

張儀認為「爭名者於朝，爭利者於市」。就是說，如果你要想有名，你要在哪兒爭呢？你要在朝堂上爭。你在小偏旮旯裡的巴蜀那裡爭，也不會出名。你要是爭利呢，就要在市場上競爭。現在韓國的三川，周室所在的洛陽，就是天下之朝、天下之市，要爭就爭這裡，而不是去爭夷狄之地，去那裡爭，「去王業遠也」，離開王者事業更遠了。

司馬錯斷然反對，他講出另外一番道理：「欲富國者，務廣其地。欲強兵者，務富其民。欲王者，務博其德。三資者備而王隨之。」什麼意思呢？要富國，則要擴張土地；要強兵，則要富裕百姓；要統治天下，則廣布恩德。三者俱備，那自然就是王了。可是你現在呢，土地小，勢力弱，你要先從容易的事做起，不要急於去中原核心地帶，搞出那麼多響動。相反，攻打巴蜀不一樣，巴蜀雖然僻居一隅，戎狄之中卻是老大，它現在君昏政亂，兄弟相爭，以秦國的力量去攻打，就像豺狼到羊群裡去一樣，很輕易就能得到。得到了這塊土地，足以擴大我們的版圖，足以富裕我們的人民。把它打下了，我們不需要費多大勁，不需要用多大兵力，這是何等的好事呢？攻打下一個國家，天下不覺得你貪，不覺得你殘暴。相反，如果說是去打韓國，去問周鼎之輕重，弄得響動很大，不僅惡名遠揚，還得不到實際好處。而且你打的地方，是天下不願意看到的，誰願意看到你去吞併韓國，甚至去吞併宗周呢。周是什麼？周是天下的宗室，齊是韓國的盟友。如果周室和韓國知道要丟掉自己的版圖，他們會通過齊、趙來跟楚、魏講和，你不是想跟楚、魏來搞好外交關係嗎，但這樣反而促進他們六國之間合作，這就危險了。

我們發現司馬錯講的道理，其實就是悶著頭發財，就是在你實力還不夠強大的時候，你要避免成為眾矢之的，你不宜攻擊那個最引人注目的地方。

你看，這不是兩種發展路徑嗎？張儀的道理是，我們要成就王業，要抓關鍵的地方，宗周地區很關鍵。司馬錯的理由是，我們現在實力還不夠，去打這麼關鍵的地方，弄得響動很大，還得不到什麼好處，但巴蜀不一樣，我們拿下它還不招人嫉恨，能得到很大的實惠。

比較兩個人的方案，從秦國當時的情況來說，司馬錯的方針是對的。

這使我想起中國古代一些講謀略的書。特別是唐朝有個四川人叫趙蕤，是李白的朋友，他有本書叫《長短經》。他特別強調一個道理、一個方案，沒有什麼對不對的，關鍵是看在什麼時候、在什麼情況下使用。我們平常說「得饒人處且饒人」「退一步海闊天空」，有道理吧？我們平時還說「狹路相逢勇者勝」「宜將剩勇追窮寇」，也有道理吧？那麼到底是「得饒人處且饒人」「退一步海闊天空」呢，還是「狹路相逢勇者勝」「宜將剩勇追窮寇」呢？這就必須根據具體的實施條件來確定了。

秦國在發展過程當中，到底是直取宗周，問二周之郊，還只是悶頭發財，先把巴蜀拿下？顯然司馬錯的方案，更切合當時秦國的實際情況。

《資治通鑑》載：「王從錯計。」錯，就是司馬錯。秦王聽從了司馬錯的建議，在周慎靚王五年（前三一六），就派人去打巴蜀了。不過帶兵將領裡除了司馬錯，還有張儀，他們拿下了巴蜀。巴蜀屬秦以後，秦國就更加強大了。吞併巴蜀鞏固了秦國的戰略後方，富庶了秦國的國力，拓展了秦國的疆土，使秦國的國勢，更上了一個臺階。

二　遠交近攻

第二個階段：遠交近攻，各個擊破。

提出這個策略的，是秦昭襄王時候的范雎。繼惠文王繼位的秦武王是個有神力的人，天生力氣很大。有一次，他與著名大力士孟賁跑到二周之郊去搞舉重比賽，問鼎之輕重。他去舉那個鼎，雖然舉起來了，但鼎太沉，他舉著舉著就舉不動了，跌倒被鼎砸傷了腿，回家不久就死了。死時年僅二十三歲。秦武王沒有兒子，秦國的王位空虛，幾個兄弟就爭起來。

這時候趙武靈王用計把當時秦國在燕國做人質的公子嬴稷接回來，通過趙國送回秦國去。公子嬴稷就是秦昭襄王，繼位時年十八歲。

嬴稷的母后是宣太后，她本來是秦惠文王的妾妃。秦惠文王的王后支持別的公子，被昭襄王的支持者打敗了。昭襄王的支持者是誰呢？就是他母后同母異父的弟弟魏冉。魏冉當時在秦國掌兵權。魏冉輔政期間，推薦並重用了名將白起。白起是戰國的第一名將，東征六國，頗建功勳。秦國的國事蒸蒸日上，接連獲得軍事上的勝利。史學家呂思勉在《先秦史》中說：「秦之滅六國，蓋始於魏冉。」司馬遷在《史記》卷七十二《穰侯列傳》裡也說：秦之所以能夠東向擴張，削弱諸侯，甚至稱帝於天下，「穰侯之功也」。穰侯，就是魏冉。

范雎就是在這種背景下登場的。魏冉主持秦國的國政長達三十六年，此時秦昭襄王年逾五十了，可國政還掌握在母后宣太后和舅舅魏冉等手裡，所以儘管魏冉功勞很大，秦昭襄王心裡也不是滋味。范雎抓住了這個機會。

范雎，本是魏國人，曾經跟隨須賈出使齊國。齊襄王非常器重他，甚至想留下他做客卿，但被他拒絕了。須賈作為一個使者，不受重視，但他的隨從反被齊國國王器重，他心裡不痛快，懷疑范雎出賣了軍情機密，要不然齊國怎麼對他那麼好呢？所以回去跟魏國相魏齊說這件事。魏齊也小肚雞腸，他想：你出使齊國，齊王覺得你是國士，那你在魏國將來不就威脅我的相位嗎？所以把范睢打得半死，扔到廁所裡。范睢收買了看守他的人，裝死逃脫。秦昭王三十六年（前二七一），范睢化名張祿，在好友鄭安平的幫助下，隨秦國使節王稽入秦，到了咸陽。

范睢到咸陽以後，發現穰侯魏冉正在籌畫著派兵打齊國的剛、壽。剛，是今天山東泰安市的寧陽縣；壽，在今天山東省聊城市下面的陽穀縣。秦國在陝西，齊國在山東，中間還隔著楚、魏、趙、韓等國。跑那麼遠去打齊國，為的是什麼呢？為的就是擴大魏冉的封邑——陶邑。魏冉的封邑在今天的山東定陶，這頗有以國家的名義出兵自肥之嫌。

所以范睢就抓住了這個機會，上書秦昭襄王求見。求見途中，遇到了秦王的車馬，秦昭襄王當時要去永巷。永巷是一個僻靜的通道，是宮女犯罪所囚禁的地方，是離宮的禁苑，是不能隨意進入的。范睢故意往那去，永巷的人跟范睢說：「秦王馬上來了，你趕緊避開。」范睢說：「秦國只有穰侯，只有太后，哪有什麼秦王？」這話擊中秦昭襄王的要害，所以范睢就被召入了離宮。

我們看得出來，范睢其實是通過故作驚人之語引起秦昭襄王重視。後來從司馬光對這件事的評價，看出司馬光對此頗有點不以為然。

范睢跟秦昭襄王講，穰侯越過韓、魏，去打齊國的剛、壽地區，這不是什麼好主意。你看看當初齊閔王，南攻楚，破軍殺將，闢地千里，得不到尺寸之地。為什麼呢？太遠了，鞭長莫及。范睢接著講，當初齊國去打楚，楚離他很遠，最後齊國得不到楚國的土地，而肥了韓、魏。你今天去打齊國的剛、壽，拿下來又怎麼樣？那麼遠，能得到嗎？所以這不是一個好主意，是相國有私心。「今王不如遠交而近攻，得寸則王之寸也，得尺亦王之尺也。」得一寸，有一寸，得一尺，有一尺，這樣地蠶食各國，秦國就會一天天地壯大。以秦國現在的實力，六國沒有能抗衡的，可為什麼這麼多年來，都沒什麼進步呢？就是因為戰略有問題。如果遠而交之，近而攻之，我們就能逐漸地蠶食中原地區，因為韓、魏就處在天下的中心，你要想霸有天下，必須首先控制天下的中樞，就是韓、魏。然後呢，楚國強，我們就以趙來對付楚；趙國強，我們就以楚來對付趙。楚、趙都掌控了，齊就一定在我們掌握之中。齊被掌握，那麼韓、魏還有什麼機會呢？那我們就可以把它吞併了。

這其實是個交替的戰略：把近處控制住，然後威脅遠處；遠處受到威脅不敢援助，近處就被吞併了。對付近和遠，在手法上是互相交替的。秦昭襄王說：「善。」以范雎為客卿，讓他來參與掌兵事，這是西元前二七一年的事。這個時候穰侯逐漸被排擠出去了，不久就鬱悶而死。

我們要指出的是，仔細研究一下《資治通鑑》對魏冉主政這三十多年的記載，仔細看看《史記》的《穰侯列傳》，就會發現，其實魏冉主持秦國國政的時候，他的東擴政策，並不是完全沒有章法的，所以司馬遷在《穰侯列傳》中說「一夫開說，身折勢奪而以憂死」，有點兒同情他。

范雎提出的遠交近攻政策，在魏冉主政時期，已經在不同程度地踐行著。魏冉主政三十多年，即秦昭襄王執政的前面三十多年，是秦國東擴非常有成效的三十多年。范雎利用魏冉主政強霸，秦昭襄王對他專政不滿，用離間計取代了魏冉。然後把遠交近攻的策略更明晰化。而魏冉只是在踐行同樣的策略時，忽視了秦昭襄王的感受。

總之，范睢的策略，是交替運用剛柔兩手，交替制服遠近鄰國，近的韓、魏，遠的燕、趙、齊、楚。分三步走。

第一步，蠶食三晉，控制魏、韓。這不僅壯大了秦國的聲勢，而且解決了東擴的基地問題，解決了後顧之憂。趙、楚，這個時候已經跟秦接壤了，趙在北邊，楚在南邊。真正不跟秦接壤的，是燕和齊。可以這樣講，韓、魏最近，趙、楚次之，燕、齊最遠，而且齊是最強大的，也是最遠的。

范睢說，我們先掌控了韓、魏，就為進一步制服趙、楚提供了跳板。就以韓、魏為基地，聯趙擊楚，聯楚擊趙，控制了秦和齊之間廣袤的土地，為進一步對付齊，這個最強大、也最遙遠的國家創造條件，這是第二步。

第三步，制服齊國，使之對秦的蠶食行動不敢介入，再反過來鞏固對韓、魏及趙、楚的蠶食結果，乃至最後把他們消滅，達到統一天下的目的。

總之，這不是簡單的遠而交之近而攻之，而是用交替的兩手，就是說既打又拉，各個擊破。這個策略在秦王嬴政時期，在李斯的輔佐下，又有了新的發展。李斯提出了一個收買對方、離間對方的管理團隊、領導團隊，破壞對方的人才的策略，這實際上是對范睢策略的進一步提升。

三　逐客風波

我們知道秦昭襄王在位五十六年，去世時已七十五歲，是中國歷史上在位最長的國君之一。可以這樣講，在康熙之前沒有人在位時間超過他。他去世以後，他的兒子，秦孝文王，正式即位只有三天就死了，因為昭襄王在位的時間實在太長了。秦孝文王的兒子秦莊襄王，就是秦王嬴政的父親，主政三年也去世了。三年以後，秦王嬴政繼位。

就在秦王嬴政即位的那一年，李斯風塵僕僕地來到了咸陽。李斯是楚國人，年輕時在地方做基層小吏，覺得生活清苦，工作壓力很大，又沒什麼油水，就想換工作。他念過書，所以就跑到齊國稷下學宮，向荀子學帝王之術。他的同學中有著名的韓非。學成以後他不想回楚國，因為他覺得楚王很昏庸，而其他國家呢，沒什麼機會，只有秦國有發展前景，於是就到秦國去了。

我們看看前面提到的商鞅，本來什麼也不是，去了秦國，封為上卿；范睢，一介平民，到了秦國，成為國相。所以李斯也去了。李斯去的時候，是秦莊襄王三年（前二四七）。他先投奔呂不韋門下，不久，秦王嬴政即位了。李斯剛開始在呂不韋門下當門客，後來呂不韋覺得這個人很有本事，李斯也處處表現自己，就慢慢地提升為客卿，當過郎官，當過長史。這時候秦國的大權掌握在呂不韋手裡。這時嬴政已二十多歲了，為了不讓他掌權，趙太后和呂不韋一直拖著不給他行冠禮。

始皇九年（前二三八），二十二歲的嬴政終於加冠親政。他首先拿掉了嫪毒，清除了嫪毒勢力。嫪毒是他母親趙太后的情人。然後他又除掉呂不韋，逼迫母后放下了權力。嬴政掌實權了。

秦王嬴政即位後不久，曾發生了一件事。韓國的一個水利工程師，名叫鄭國，被發現是個間諜。韓國離秦國最近，秦國老去攻打它，每次韓國被攻打後就割讓土地。韓國受不了了，有人就給韓桓惠王出了個主意，派水利工程師鄭國到咸陽去，說秦國的關中水利條件這麼好，但是還經常有旱災、水災，是因為缺乏水利設施，勸秦國興修水利，告訴秦自己就是水利專家，可以幫他修渠。秦國當初攻取巴蜀以後，曾經興修了都江堰工程。都江堰工程使成都平原成為糧倉，是世界水利史上的著名工程，是秦國的蜀郡守李冰父子主持的。修渠的好處，秦國人是知道的，所以就在關中修渠。這是嬴政即位轉年的事情。每年發動數以十萬的民夫修渠，耗費大量的人力物力，這拖住了秦國東進的步伐。修了幾年後，鄭國的真實目的被發現了，原來他是借興修水利之名，行「疲秦」之計，意在阻止秦國東征六國。他是一個間諜，秦國上下一片譁然。

這件間諜案被鬧出來，好像是偶然的，其實也有其必然性。為什麼呢？因為秦國這個時候，已經是非常強大了。秦國的強大離不開客卿的貢獻，過去這些人確實有本事，也帶來秦國的發展和輝煌，現在秦國已經發展到一定程度了，好像這些人的重要性也就不那麼顯著了。加上外來人才對秦國本土官員的利益有擠壓作用，雙方矛盾就更尖銳了。

秦王雖然容許了鄭國繼續修渠，可是這件事對於秦國對外來人才的政策不能沒有影響，因此，在呂不韋退休、秦王嬴政主持朝政後，大約是在本土官員的強烈要求下，嬴政發布了一個

〈逐客令〉，解去所有在秦國任職的六國客卿的職務，將他們驅逐出境，李斯也在其列。在這個情況下，李斯就寫了著名的《諫逐客書》。

《諫逐客書》是非常有說服力的一篇文章，李斯在文中歷數秦穆公以來秦國重用客卿所取得的成就，特別是秦孝公以來，商鞅、張儀、范睢等輔佐秦君，變法圖強的歷史經驗。認為「不問可否，不論曲直，非秦者去，為客者逐」，這不是把人才往敵國推嗎？不是讓這些客卿，到敵國那去就業嗎？對秦國有什麼好處呢？這不就像授敵以兵器，資盜賊以糧物嗎？秦王嬴政讀到這篇《諫逐客書》，他幡然醒悟，馬上召回李斯，取消〈逐客令〉。

秦王嬴政審時度勢，知錯就改，收回成命，很有領導風範，李斯也由此得到重用。

四　破壞人才

很有意思的是，李斯一方面力諫秦王，挽留六國人才，另一方面，在輔佐秦王兼併六國的戰爭中，他的戰略核心卻是重點打擊對方的人才。

《史記．李斯列傳》是這麼講的：「陰遣謀士，齎持金玉以遊說諸侯，諸侯名士可下以財者，厚遺結之，不肯者，利劍刺之，離其君臣之計。」什麼意思呢？首先重金收買，收買不成，派刺客暗殺，暗殺也不行，就用離間的辦法，破壞對方君臣的關係，等敵國人才被破壞了，然後就派重兵收拾對方。

這只是理論上的嗎？不是，我們看幾個實例吧。

先看一個最經典的例子。秦王政十八年（前二二九），秦王派王翦帶兵，準備一舉攻下趙國，卻遭遇趙國名將李牧和司馬尚的抵禦。王翦採用反間計，用重金賄賂趙王寵臣郭開，賄賂趙國派往秦國的使節，使之詆毀李牧和司馬尚，最終除掉了李牧。李牧死後，王翦勢如破竹，大敗趙軍，並殺了趙軍主將趙蔥，攻下趙國的東陽，俘虜趙王遷。趙國原來的各處土地，入為秦地，成為秦郡。李牧是戰國時期最優秀的將領之一，一般認為，戰國有四大名將，秦國兩個，白起和王翦，趙國兩個，廉頗和李牧。廉頗被離間計陷害，出走魏國，客死在楚國；李牧也是被離間計陷害，而且是一而再、再而三地被陷害。李牧拒絕交兵權，趙王派人把李牧取代了；李牧不服，趙王又派人把他抓起來殺了，把司馬尚職務也撤了。

再舉一個齊國的例子。齊襄王的遺孀，叫作君王后，她是齊襄王在民間——在莒（今山東莒縣）給人家做傭工的時候認識齊襄王的，她覺得這個小夥子不是一般人，就跟他確定了戀愛關係。後來，齊襄王繼位為王，所以她也當了王后。歷史記載，君王后在她丈夫齊襄王死了以後，主持國政。她去世後她弟弟后勝輔政，輔佐齊國的末代國王田建。秦國收買、賄賂后勝及其身邊的人。他們被收買後，不但故意勸說齊王放棄強軍備戰，故意不發展軍備，而且對秦國吞併六國的戰爭，採取隔岸觀火、不聞不問的態度。等到六國先後滅亡，秦國就把屠刀轉向了齊國。這個時候五國都被滅了，齊國孤立無援，再想抵抗，為時已晚了。

我們發現，破壞對方人才的策略，不僅僅是李斯的主意，也是秦國的一個長期的政策。

我們前面講范睢，就曾經使用離間計，成功地讓趙國撤掉老將廉頗，而找紙上談兵的趙括取而代之，導致趙國在長平之戰中大敗，元氣大傷。秦莊襄王時期，還用重金收買魏國的大將晉鄙的門客，讓他離間魏安釐王跟他的兄弟信陵君的關係，使得信陵君再次被剝奪了兵權。

如果說，以前的這些例子，是偶爾為之的話，那麼在李斯輔佐秦王時，用收買離間乃至暗殺的手段搞掉對方的人才團隊，就已經被定為與秦國對外戰爭相輔相成的一個國策了。

當然這種國策、這種策略能夠實行，使得六國的人才凋敝，能人下、庸人上，不光是秦國的戰略成功，還需要六國國君本身的昏庸才能做到。

總之，秦國的統一戰爭，不光是有制度建設基礎，有強大的軍隊和充足的經濟條件，還和它的對外戰略有密切關係。對外戰略如果失誤，國家再強大也無濟於事，至少是事倍功半。

秦國在發展過程當中，隨時調整自己的戰略，在選擇戰略目標的先後重點上，能夠根據情況的變化、本國形勢和國際形勢的變化，隨機應變，所以能最終取得成功。

歸納起來說，秦國的對外統一戰略有三：

第一，把握時機，選擇準確的打擊對象，避免六國過早地聯合起來對付自己，就是在自己不很強大的時候，要鞏固好後方，練好內功；

第二，分化瓦解，遠交近攻，交替運用剛柔兩手，對遠的和近的進行掌控，在近攻時，有外交和軍事兩手，「拒止介入」，防止遠處的強敵介入，逐漸壯大自己，削弱對方；

第三，重點打擊對方的人才，與此同時，瓦解敵國的執政團隊，為最後軍事上消滅對手掃清障礙。那麼當對方的執政團隊被消滅以後，人才沒了，最後要收拾對方，找個藉口就行了。

《史記》記載秦王嬴政統一天下之後，解釋說為什麼消滅六國呢？——《資治通鑑》裡也有記載，只是不如《史記》裡清晰。他說——這聽起來就很好笑，都是藉口嘛——當初韓王說好的，交土地，交玉璽，請為藩臣，卻背約了，反而與趙、魏合縱對付我們，所以我出兵把它滅了；趙王派他的相國李牧前來約盟，我把他的質子歸還給他，但他背棄盟約，還攻打我太原，所以我派兵把他抓了，之後他的公子嘉居然自立為王，所以我把他滅了；魏王約好的要入我大秦，最後居然跟趙、韓聯合起來攻打我大秦，背信棄義，所以我派大兵把他滅了；楚王說好了獻上青陽以西的國土，但背棄承諾，反而侵犯我的邊疆，所以我發兵把它滅了；燕王昏亂，他派荊軻來刺殺我，所以我把他滅了；齊王聽執政大臣的主意，斷絕跟秦國的來使，想作亂，所以我把它滅了。你看看，這就是霸權。

因為人才沒了，六國已經不再是秦國的對手，所以要把它滅掉，去找個藉口就是，隨便說你答應了要服從我，然後又不服從，那我就把你給滅了。你看，所有的託詞都是一樣的。

秦國的統一，一般都從商鞅變法算起。「六世之余烈」，秦孝公、秦惠文王、秦武王、秦昭襄王、秦孝文王、秦莊襄王，正好是六世，到秦王嬴政，統一天下。

在這個過程當中，除了商鞅變法帶來的制度紅利，我們看到，以都江堰、鄭國渠為代表的水利，在秦公大墓裡發現的鐵制農具，都反映了秦國的經濟生產力在當時有很高的水準。還有，我們看到的兵馬俑所體現的它的軍事實力。這些都是硬實力，實實在在的。

那麼它軟實力方面，比如說對外發展戰略，對外交往上，至少有兩點特別值得注意：一個就是著名的遠交近攻的戰略，第二個是不拘一格的延攬人才。

從現在國際關係角度看，秦國在地緣政治環境當中比較好地把握了它的優勢。從地理位置來說，秦國其實並不是處於中原。但是事實上秦國正是把握了這樣一種地緣上的特色，早期的時候，和中原各國之間的接觸並不是那麼密切的情況下，它先發展大後方，先擴展自己的實力，擴大自己的勢力範圍。然後在獲得話語權之後，再來展開地緣政治的外交。這種外交，就是遠交近攻，就是和地理位置比較遠的國家建立起一個比較平穩的關係，然後在這個基礎上，能夠一步一步地向地理位置比較靠近的這些國家展開博弈。在這些博弈當中，逐漸蠶食它們的領土。

另外一個就是它的同盟戰略。遠交近攻也好，合縱連橫也好，都是用來拆散六國聯盟的，至少在秦國吞併戰爭中，能有效阻止他國干預。首先，所有瓦解六國同盟的舉措當中，很重要的是要爭取齊國，即使不與秦結盟，至少要保持中立。

秦國統一六國的過程當中，這種大戰略的發展思路，是非常清晰的。當然這也非常得益於他所用的從六國過來的人才。這些人給他提供了很好的戰略視角。因為六國的這些人才，對六國內部情況，有比較清楚的把握，在為秦國獻言建策的時候，能夠真正把握到六國的命脈所在，讓秦國的統一大戰略得以順利地展開。

進一步說，《孫子兵法》講：上兵伐謀，其次伐交，其次伐兵，其下攻城。秦國，儘管它生產力水準高、經濟發達，與齊國不分伯仲，儘管它軍事上很強大，有白起、王翦兩名大將，但如果真正鑾幹、以一敵六的話，這肯定是一件非常艱苦的事情。

但是，從六國來的一些人才，給秦王策畫戰略走向，使他能知己知彼。所以一開始就在外交上和謀略上比較用心。一個重要的原則，就是他一定要防止六國聯合起來，這是一個重心。六國聯合的苗頭一出現，他就分層次的破壞他們之間的關係。

第二個就是他一定要破壞對方的重要人才。李斯寫《諫逐客書》、秦王嬴政收回逐客令之後，《資治通鑑》裡有一句話就講，李斯獻策以重金去收買六國的人才，不能用財收買的，那就用刺客，然後如果還不行，就施離間計，最後再以良將隨其後，滅掉對手。打擊對方的人才，把對方的人才收買、驅逐、消滅，讓這些人不能在自己崗位上，為他們的國家效力。

這個做法很厲害，李牧、廉頗這類頂級軍事人才，逃的逃、殺的殺。還有齊國也是，齊王身邊的人都被收買了。總之，用了防止對方結盟、破壞對方人才這樣兩個戰略。

為什麼別人不懂這些戰略呢？六國的謀臣也懂。你可以打散我的「合縱」，為什麼我不可以破壞你的「連橫」呢？六國也有人張羅類似的事：你可以打我的人才，我也可以打你人才。所以第三個條件，這兩個戰略要發揮作用，還要六國自己國家的領導層比較昏庸，秦國的這些謀略才能真正起作用。

魏安釐王就聽讒言把信陵君排擠走了。可見，只有六國的領導人昏庸，這樣秦國的計謀才能起作用，你不昏庸，他的計謀也不起作用。所以在君主時代，領導人本身的素質過硬很重要。而這時候秦國相對來說，它運氣也很好，秦孝公以來的國君，雖然有壽命很短的，但基本上都是明君。

秦王嬴政在打天下的時候，能夠採納各種諫言。秦孝文王、秦武王在位時間短，秦孝公、惠文王、昭襄王、莊襄王都是賢明的君主。離間信陵君就是莊襄王在位時。秦國的領導層，這一百多年來，總體上是比較精明的。再看魏冉，在秦昭襄王的時候掌政，頗為專權，但給秦國立了大功，秦滅六國的基礎，呂思勉認為就是他打下的。

因此，戰略是一方面，戰略能不能落地起作用，還要看領導層是否賢明，同時對方君主是否「配合」。六國領導層比較昏庸，往往「配合默契」地幫助秦國實施自己的謀略。

比如，趙武靈王稀裡糊塗，要把國家分兩半，王位早早地給了二兒子趙荷（趙惠文王），後來又不甘寂寞，異想天開要分一半給大兒子趙章，弄得兄弟相殘，國力大衰。

又比如，燕王噲要把國家讓給子之，鬧得國家都滅亡了。齊閔王也是，被蘇秦忽悠了（也有說是蘇代），最後被燕國樂毅幾乎滅了國，只剩下莒和即墨兩個城沒有被拿下。楚懷王被秦國騙到武關，客死異鄉。

你看這幾個國家的國君，都有這樣那樣的問題。特別是齊國，經過那一次被燕將樂毅打擊的戰爭，實力大損，再也無力與秦抗衡。所以這個六國的國君，包括他的團隊都有問題。

再看戰國四大公子，孟嘗君重用的無非雞鳴狗盜之輩，平原君不能識用毛遂這樣的人才，春申君愚蠢地被人害死。四大公子中信陵君算是最強的，但是也被王兄排擠，本人更缺乏審時度勢的胸襟氣度。王族出身的四大公子，總體上不能跟秦國的客卿相比。所以秦國的這些戰略，遠交近攻也好，破壞對方的盟友關係也好，打擊對方人才也好，之所以能夠起作用，都是跟對方的管理團隊比較昏庸有關。六國的這些管理團隊，多數靠血統上位，四大公子都是王室家族的人。跟秦國不一樣，秦國的文臣武將，大多數是通過軍功上來的。商鞅也是打了勝仗，收復河西，才被封為商君的。「非功臣不侯」雖然是實行於西漢，實際上是肇端於秦。

（參見《資治通鑑》卷三至卷七）

【第四講】

千古一帝

商人呂不韋發現秦國質子異人「奇貨可居」，幾方斡旋，將異人推上太子的寶座。從別人的需求出發，達到了自己的目的，這就是呂不韋的成功之道。

秦王嬴政是個顧全大局的人，他能改過遷善，能使用不同類型的人，並讓他們各盡其才，所以成就了千古偉業。但他沒能在制度上設計對權力的制約機制，沒能建設發展大一統國家的配套軟體，成了後世君王的反面教材。

人人皆知秦始皇，但是，未必人人都知道，從幼年經歷來說，嬴政其實是一個苦孩子，十歲以前，都生活在異國他鄉，有時不免顛沛流離。

嬴政出生在趙國的首都邯鄲，他的父親，就是後來的莊襄王異人，當時在趙國做人質。那麼是誰使他的父親最後回國能夠當上太子，還能夠繼承王位的呢？這個人就是呂不韋。

秦昭襄王五十六年，即西元前二五一年，秦始皇的曾祖父昭襄王去世，祖父安國君繼位，父親異人（此時改名子楚）為太子。此時趙國才放嬴政母子回國，嬴政當時已經十歲了。所以十歲前，秦王嬴政是在國外度過的。

我們今天就講一講把秦王嬴政的父親異人推上太子寶座的這位幕後推手——呂不韋。

一　奇貨可居

呂不韋和商鞅、吳起一樣都是衛國人。他是衛國濮陽（今河南濮陽市）人，常年在韓國陽翟（今河南禹州市）經商。有一次在趙國做生意的時候，他偶識秦國的宗室、在趙國做人質的公子異人，立即意識到「奇貨可居」，即投資這個失意王子有賺頭。「奇貨可居」這個成語，就典出於此。

為什麼他認為這筆生意值得做呢？因為這位精明的商人發現，有關各方的供給與需求關係，可以編織成一筆大買賣。一方面，異人的父親安國君有二十多個兒子，可是他最寵愛的妃子、來自楚國的華陽夫人卻無嗣，她最缺的是一個孝敬自己的兒子。另一方面，異人的出身不占優勢，母親夏姬並不受寵；在安國君二十多個兒子裡，異人年齡也不占優勢，排行在中間，按照常理，原本他是沒有機會繼位的。

呂不韋發現的商機就在這裡。首先，華陽夫人是決定可以立誰為接班人的關鍵人物，她有這個能力，可是她自己卻沒孩子。那她會選誰呢？如果按年齡大小順序立太子，對華陽夫人來說無利可圖。因為老大繼位是自然繼位，他繼位後，華陽夫人能不能得到尊重，這是很難說的。只有把一個沒有希望繼位的人推上去，這才對華陽夫人最有利。異人的價值，就在這裡。

於是，呂不韋就去見異人，說：「我能光大你的門楣。」異人笑了，說：「你先把你的門搞大再說吧。」因為那時候呂不韋也就是個商人嘛，而異人即使落魄，也還是王子呢。呂不韋說：你不知道，「吾門待子門而大」。就是說我的門楣要光大，就靠你了。異人不傻，知道他說的什麼意思，所以就把呂不韋請到裡屋，深入地談論。

呂不韋說：「你的爺爺昭襄王已經老了，你父親寵愛的是華陽夫人，可華陽夫人卻不生育，而你的兄弟有二十多個，有可能為繼嗣的必然是你的兄長，你是中間那個，而且也不得寵，遠離秦國在趙國做人質，你父親繼位之後，也輪不到你當接班人。」異人問怎麼辦呢？呂不韋就跟他講：「真正能夠立嫡嗣的只有華陽夫人，我雖然不富裕，但是我可以拿出千金，為你到西邊去遊說，想辦法疏通華陽夫人的關係，把你立為接班人。」異人說：「如果真正如你所說的話，事成我與你分享秦國。」

接著，呂不韋首先做了兩個安排。

第一，拿出五百金給異人，讓他交結賓客。那時候十金就相當於一個中等人家的財產，五百金是很多錢了。古時候沒有電視、報紙、電臺等媒體，傳播一個人的名聲就靠嘴巴，賓客的作用就是新聞媒體，他們會到處傳播你的名聲，「令結賓客」，就是這個意思。賓客就是那些遊士，他們各有一技之長，依附在某個達官貴人家，來獲得衣食之源，同時也找機會幫人辦事立功，獲得晉升之階。所以那時候，戰國各國的封君，都養了不少門客，最著名的就是孟嘗君、信陵君等四公子，養門客達到三千人。養門客需要豐厚的經濟實力，呂不韋給異人五百金，讓他交結賓客。異人那時候在邯鄲的經濟狀況不是太好，「車乘進用不饒」，坐的車都不怎麼樣，錢也不夠花。所以呂不韋給他資助，讓他交結賓客，這是一方面。

另外一個安排是，他又拿出五百金，買奇物玩好。買那些珍稀的東西做什麼用呢？去見華陽夫人的姊姊。呂不韋是見不到華陽夫人的，他只是一個商人，怎麼能輕易見到太子妃呢？而且，通過姊姊傳話，姊妹之間可以說些掏心窩子的話，有些微妙的計策，只能通過親人傳遞，外人不好當面直說的。所以呂不韋買這些珍稀的東西，通過華陽夫人的姊姊獻給華陽夫人。他對華陽夫人的姊姊幫異人說了些什麼好話呢？關鍵是兩點：第一點，強調異人非常賢能有本事，賓客遍天下；第二，強調異人非常忠孝。呂不韋說異人「日夜泣思太子及夫人」。華陽夫人大喜。為什麼呢？因為她沒有自己的孩子。按照當時的倫理來說，華陽夫人是安國君所有公子的嫡母，那些孩子們親生的媽媽叫作生母。從親情上說，所有的孩子都跟生母最親，然後才是嫡母。可是，按照禮法規矩，孩子最應該孝敬的是嫡母，所以，呂不韋說異人天天想念父親和嫡母，華陽夫人非常高興。

然後，呂不韋還通過華陽夫人的姊姊轉告華陽夫人說：以色事人者，色衰則愛弛。就是告訴華陽夫人，靠美貌得到的寵愛，人老了以後，寵也就沒有了。如今雖然受到寵愛，但是沒有自己的孩子，將來怎麼寄託自己的老年呢？如果不趁現在得寵的時候，在諸子中找個既賢又孝的人為嫡嗣的話，將來年老色衰了，再說話還有人聽嗎？而這個異人，就是賢而且孝的那個孩子呢！

我們平時講德才兼備，把德放在前面。那什麼是德呢？忠孝是最重要的德。但在推薦一個人的時候，首先要講他賢，講他有本事，然後才講他忠孝。呂不韋說：異人賢，而且他自己知道，他是不可能當接班人的，如果這個時候把他提拔起來，他才對你感恩戴德，他是從無國而有國，而你呢，從無子而有子，那麼異人對你的尊崇，一定是永世不變的。

華陽夫人覺得姊姊的話有道理。如果呂不韋親自跟她說這些話，華陽夫人是沒法作出反應的，因為她對呂不韋不了解，但這話要由她姊姊說，她就完全可以聽得進去，所以她覺得有道理。於是她就找了個機會，跟安國君說：「咱們的孩子裡面，異人是絕對的賢能，你看往來使者都說他好，譽滿天下。」說完後呢，禁不住掉了幾滴淚，說：「妾不幸自己沒有生孩子，我願得立異人為嗣，以託妾身，以求將來終身有所託付。」安國君想，反正都是自己的兒子，也就「許之」，還刻了一個玉符，立誓以異人為嗣，以防到時候沒有憑據了。

太子之位解決後，異人財政就得到極大改善，華陽夫人厚饋遺異人，而且讓呂不韋輔佐他。

有錢就好辦事了，於是，異人的名譽盛於諸侯。大家都知道，異人將來是秦國的第三代接班人：第一代昭襄王還在世；第二代是他父親，現在的太子安國君；現在，異人又被華陽夫人立為了嫡嗣，也就是第三代接班人了。

二 趙姬身世

《資治通鑑》和《史記》，還給我們介紹了另外一個故事，就是秦王嬴政的出身。《資治通鑑》在這個問題上，基本上記述是跟《史記》一樣的，不過這裡面卻留下一些漏洞，引起讀者的遐想。

據《資治通鑑》記載，呂不韋有一名同居的邯鄲姬妾，姿色出眾，能歌善舞。呂不韋知道她懷了孕，請異人來家做客，故意讓此女侑酒。異人大概是多喝了幾杯，看到此女後，非常喜歡，站起身來向呂不韋敬了杯酒，請求把此女賜給他。呂不韋先是佯裝生氣，後來獻出了這個女子。此女隱瞞了自己有孕在身的事，過了「期年」之後，生了個兒子，取名政，異人就立此女為夫人，史稱趙姬（？—前二二八）。

大家可能說，異人怎麼能讓人家把姬妾送給他呢？其實在中國古代的倫理中，這是比較正常的事情。清朝以前都是這樣，妻子是正妻，是一夫一妻，但是姬妾是可以送朋友的。晚清紅頂商人胡雪巖，經常把侍妾送給生意上的朋友，所以異人想要呂不韋的這個姬妾，也不算什麼出格的事。可是這畢竟是呂不韋非常寵愛的一個妾，所以史書講：「不韋佯怒，既而獻之，孕期年而生子政。」佯怒，就是假裝不高興的樣子，孕期年而生子政，就是嬴政。

《資治通鑑》這樣記述，就有個問題了，「孕期年」是什麼意思呢？一年有十二個月，此前她已自知有身孕，得知她懷孕，怎麼還得有兩個月，這樣算來，孕期十二個月再加兩個月，就是十四個月。據說堯是母親懷孕十四個月出生的，似乎十四個月出生的都是大人物。但是從生理上講，懷孕十四個月，是比較罕見的。所以，作者也故意留這麼一個有疑問的事在這裡。六國皆被秦始皇所滅，一定有人，而且不會是一個人，想要對他的出身極盡汙衊誹謗。

更重要的是，呂不韋把一個已經懷上自己孩子的女子送給未來的國君，對他是只有弊而沒有利。很簡單的道理，因為呂不韋姓呂，他不可能把這事曝光，這樣做對他能有什麼好處呢？這跟戰國時候春申君的情況不一樣。春申君是楚國的宗室，他把已經懷了自己孩子的趙國女子獻給楚考烈王，孩子生下來就接班了，做了楚王。但春申君是楚的宗室，這個事曝光以後他也有可能漁利。所以趙女的哥哥李園就很害怕此事洩漏出去。但是呂不韋不同，他永遠不能曝光，因而沒有必要做這件風險很大的事。可以說，趙姬所懷的孩子，不可能是呂不韋的。

異人正式被立為世子那一年嬴政出生，可以說他是雙喜臨門。

長平之戰之後，秦國還繼續攻打趙國，圍困邯鄲，信陵君「竊符救趙」。在這種情況下，趙國就想殺掉作為秦質子的異人一家。異人和呂不韋花了六百金賄賂看守他們的兵士，逃到秦軍當中。異人跟著呂不韋逃命後，就留下嬴政和其母趙姬一對母子在那裡。趙姬那時很年輕，才二十來歲，嬴政大概三歲左右。所以嬴政幼年的時代，是在非常不安定的條件下度過的。

當時趙王要抓捕他們，母子倆到處躲藏。好在趙姬父親是個商人，很可能跟呂不韋是生意上的朋友，所以趙姬母子生活上並不拮据。嬴政在趙國生活到十歲，有一些兒時的玩伴，出生在趙國的燕太子丹就是一個。這位燕太子丹，就是後來派荊軻刺秦王的那位老兄。

異人回到秦以後，穿著楚國的服裝來見華陽夫人。華陽夫人是楚國人，所以她就給他改了一個名字叫楚。稱他「子楚」。嬴政時代把楚國叫荊，就是為了避父親子楚名諱的緣故。

西元前二五〇年農曆十月初四，秦王嬴政的祖父、秦國的太子安國君，在除其父喪之後正式登基繼位，但三天後就去世了，諡號孝文王。

秦王嬴政的命好。他的父親當上太子，是呂不韋操作的。但是即使操作成功了，他的爺爺如果少活幾個月，或者他的曾祖父多活幾個月，這個嬴政可能就沒希望登基了，是一系列的偶然事件，才導致秦王嬴政最後能夠登基，成為千古一帝——秦始皇。

異人（即子楚）繼位，即秦莊襄王，只當了三年皇帝，在他三十五歲就去世了。莊襄王一去世，十三歲的嬴政繼位，母親趙太后垂簾聽政，呂不韋號稱仲父，以相國的名義執掌朝政。其實在這之前三年，在莊襄王在位的時候，呂不韋就已經主持朝政了。

我們可以分析一下，呂不韋為什麼會成功。呂不韋的成功之道有兩點。

第一他發現了需求。異人有需求，想繼位當王子，但是卻沒有希望；華陽夫人也有需求，她需要一個最不可能繼王位的兒子，然後把他扶持起來。就像沒通地鐵的時候，這個房子會升值潛力大，通了地鐵，房子的價格高了，升值空間就小了。所以這是一個發現「潛力股」、奇貨可居的經商之道。呂不韋把政治當商業來經營，最不值錢的才是最有可能賺錢的，最有挖掘潛力的。

第二個道理是什麼呢？就是要達到自己的目的，先要從別人的利益出發，從別人的需求出發。商人的工作就是，從別人的需求出發，達到自己的目的。

三 茅焦之諫

嬴政十三歲繼位，趙太后垂簾聽政，大權掌握在仲父呂不韋手中。可是呂不韋遇到一個問題。什麼問題呢？當相國事務繁忙，可是趙太后年輕守寡，經常找呂不韋來宮中偷歡。他們本來就是舊相識，重溫舊夢，十分自然。可是，呂不韋看到嬴政一天天大了，怕自己跟太后這樣的關係被暴露，招致殺身之禍，他有些擔心，就想脫身。

呂不韋為擺脫和趙太后的糾纏，將市井無賴嫪毒召入府中作舍人，命他在眾人面前表演，顯示男性的強壯，讓消息傳入趙太后耳中。於是，嫪毒被偽裝成宦官入後宮，並得到太后大肆寵幸。嫪毒還和太后生了兩個兒子，偷偷養在秦國故都雍（今陝西寶雞）的宮中。如果嫪毒只是吃軟飯也就算了，問題在於他還有政治權力欲，趙太后不斷給他封官，不斷給他封土。嫪毒被封為長信侯，封地就在今天的太原。嫪毒這個傢伙政治素質不高，他跟人喝酒吹牛，說當今皇上是他的兒子，他是後爸，類似這些大話傳出來，傳到秦王嬴政耳朵裡去了。秦王大怒，採取措施要對付嫪毒。嫪毒知道了，他先下手，決定發動政變。

可是，嫪毒低估了嬴政的能力。秦王嬴政一出手，就處死嫪毒，罷免呂不韋，老媽被逼退到幕後，這一系列動作乾淨利索，可見嬴政不是個簡單人物。通常男子二十歲要舉行冠禮，王公之子甚至提前到十八歲或十六歲舉行，秦王嬴政卻遲遲沒有舉行冠禮，一直拖到二十二歲，顯然趙太后等在位者不願意退出權力中心。而這時候，嫪毒跟趙太后都生兩個孩子了。為了掩蓋這個事實，趙太后不住在咸陽了，到雍這個地方去住。雍是秦先公先王廟的所在地，趙太后與所生的孩子住在那裡，避人耳目。據說嫪毒跟太后約好，如果嬴政去世，將來就由他們生的孩子繼位。嬴政還年輕，年富力強，怎麼會很快去世呢？這只說明嬴政的生命都受到威脅了。

嬴政在除嫪毒的時候，他沒有主動出擊，而是讓嫪毒動手，他做好準備反擊。嬴政是故意讓嫪毒先動手的，有點像鄭伯克段於鄢一樣，嫪毒「多行不義必自斃」。嫪毒一動手，嬴政就把他打敗了，斬首數百，滅三族。而且跟他相關的舍人門客，共四千家，都發配到四川去。把太后也等於是軟禁起來了，不再相見。太后生的兩個兒子，嬴政的兩個同母異父的弟弟，都被處死了。

下面有個故事，可以看出嬴政的為人，值得一談。嫪毒事件發生以後，嬴政非常憤怒，他覺得受到了恥辱，恥辱感的背後應當是對權力、大權旁落的憤懣。大臣們勸秦王嬴政不應該如此對待母后。嬴政很生氣，處死了那些勸他的人，已經處死了二十七個，把屍體堆在宮闕外面。有一個來自齊國的賓客茅焦，表示要見秦王，還要就這件事提出諫言。秦王派人告訴他說：「你沒看見城外死的人嗎？」茅焦說：「我看見了，死的才二十七個，天上二十八宿，我正好湊滿這個數。」這個使者趕緊跑去報告秦王，茅焦這不是找死嘛！跟茅焦一起來的同鄉，一塊租房子住的同鄉，都嚇跑了，並且把他的衣服和財產細軟都拿跑了，大家都認定茅焦是死定了，這些衣服細軟不拿白不拿。秦王果然大怒，他說：「這個傢伙故意來冒犯我，以為自己能夠堆在城外的死屍堆上，別想得美！我要讓你屍骨無存！你們趕緊架好鍋、燒好火，放上水，我要把他給活活烹了。」

秦王按劍而怒坐。那時候沒椅子，他怒坐的應該是跽坐吧，跪坐在腿肚子上，氣呼呼的樣子。茅焦進來後不慌不忙，慢慢走到前面，他說：大王的狂悖之行，你自己難道一點都不知道嗎？車裂假父（車裂你的後爸），囊撲二弟，而且把母親給軟禁起來，桀紂之行也不過如此。這個事如果讓天下人知道了，他們都不到秦國來了，因為他們發現，你秦王是這麼一個無義無信的人，到秦國來幹什麼呢？那麼人心就瓦解了，「臣竊為陛下危之」，我都為你的危險處境感到擔憂！茅焦說，我的話說完了，你來殺我吧！說完，他就伏在地上，作出等著嬴政來砍他的樣子。結果，秦王嬴政不僅沒有殺他，還封他為上卿。

茅焦講的這些話裡面，究竟什麼話打動秦王嬴政了呢？不是嬴政為自己的行為感到羞辱，幡然悔悟，而是茅焦說的，如果你不改變做法的話，你的江湖聲譽，你在六國中的名譽就沒有了。什麼意思呢？他知道秦王嬴政是個顧大局的人。他要兼併天下的話，如果敵國人說他是個很糟糕的無義之君，對他來說是不利的。秦王嬴政還是愛惜他的羽毛的。

我們看到，歷代史家對秦王嬴政潑了很多髒水。秦王嬴政不可能有好名聲：他把六國滅了，六國的人誰不恨他？漢朝人如果不罵他，漢朝就沒有建立的理由。所以罵他的人很多。但是實際上，秦王嬴政是很注意自己形象的。他當時可以把茅焦棄若敝屣，茅焦在歷史上，也沒看見他有什麼事蹟，也沒看到他有什麼作為，就是因為這件事才留下了記載。但通過這件事，我們很難得地了解了秦王嬴政的真實本性，他是很注意自己的形象的。

經過茅焦勸說後，嬴政馬上就駕上車，空出車上最尊貴的左側座位，親自去把趙太后接回來，接到咸陽，「復為母子如初」，與母親和好了。

茅焦勸說嬴政的成功，關鍵在哪裡呢？我覺得有人倫的層面和政治的責任層面兩點吧。從人倫的層面來講，這個典故其實很像〈鄭伯克段於鄢〉後面，鄭莊公對自己母親的處置。而茅焦也非常恰到好處地影射了這樣一個意思，從人倫的角度來說，他認為秦王嬴政跟母親還是有感情的，他感覺自己有必要勸說秦王去重新建立這樣一種母子關係。

第二個更重要的是，他提到了嬴政的行為對山東六國、對天下的影響，這是一種政治使命。秦王嬴政這時年紀並不大，但是他表現出了一個政治家高度的反思和責任感。所以他可以很快地——不管他是發自內心的，還是處於一種政治上的考慮——作出了改正的決定。

四　始皇功過

關於秦王嬴政的領導能力和執政能力，就《資治通鑑》的記載，我們還有幾件事可以給大家談談。

第一件事，是李斯進呈《諫逐客書》，秦王嬴政看了以後，馬上就撤回逐客令。儘管朝令夕改，對一個領導者是不利的，但是他發現錯了馬上就改，跟對待茅焦的建議是一樣的。

同時，還有一件事，鄭國以修渠為名，實際上是行疲秦之計，但是他發現後，不但不殺鄭國，而且還讓他繼續修渠，並把這渠命名為鄭國渠。這說明什麼呢？說明嬴政考慮問題有大局觀念。

我再講一件事。秦王政二十三年（前二二四），秦王政召集群臣，商議滅楚大計。王翦認為非六十萬人不可，李信則認為不過二十萬人便可打敗楚國。秦王政大喜，認為王翦怯懦，老不堪用，便派李信和蒙恬率兵二十萬，南下伐楚。王翦因此稱病不朝，回歸故里頻陽（今陝西富平）。不久李信大敗，是為秦滅六國期間少有的敗仗之一。秦王嬴政大為震怒，但他第一時間反思自己的問題，親自乘快車奔往頻陽，給王翦道歉，請王翦統領六十萬大軍啟程，最終滅楚。

我們知道戰國有四大軍事家，白起、王翦是秦國的，然後就是趙國的廉頗和李牧。李信攻打楚國的時候，先勝後敗，大敗而歸，秦王大怒。怒了以後他怎麼辦呢？第一，他並沒有因此把李信和蒙恬繩之以法，勝敗乃兵家常事嘛，只是略加薄懲。後來李信去滅燕國，蒙恬守長城、抵抗匈奴，都作出成就。嬴政不是因為他們一敗就馬上處以極刑，他沒有，而是給他們一個補過機會。更重要的是，他親自跑到王翦家裡去，到他頻陽的家裡去道歉，說：「寡人不用將軍之言，不聽將軍之謀，李信果辱秦軍；將軍你，雖然身體不好，怎麼能夠忍心拋棄寡人，你出山吧，希望你能帶兵去打楚國。」在這件事上，我們看到的哪裡是一個殘暴、粗暴的秦王呢？在用人方面呢，他是非常有他的章法的，改過遷善。茅焦的事，《諫逐客書》的事，王翦的事，都表示秦王嬴政能夠傾聽不同意見，能夠用不同的人，對客卿也好，對秦國的將軍也好。

總之，秦王嬴政在統一天下之前，他確實是表現出很強領導能力的。他能用不同類型的人，比方說趙高，比如法律上面的高手李斯。李斯在治國方面也是很有一套的，秦王嬴政的那些統一措施，大多是在李斯輔佐下提出並實行的，如廢分封、海內皆郡縣等。

嬴政在納諫方面也是從善如流，他從繼位後的第十七年到第二十六年，即西元前二三〇年到前二二一年，先後滅掉了關東六國，完成國家統一。後北擊匈奴，南服百越，在政治、軍事、經濟、交通、文化及對外開拓諸方面，採取了一系列新的政策，大大加強了全國之一統，對後世亦產生重大的影響。

秦始皇死後，秦二世胡亥與趙高合謀，篡改了秦始皇的接班人安排，殘暴的政治，導致大規模平民暴動起義。秦子嬰元年（前二〇六），秦王子嬰向劉邦投降，秦朝覆亡。秦朝從統一六國到滅亡，只有十五年國祚。為什麼秦王嬴政統一天下十幾年後，秦王朝就分崩離析、二世而亡呢？

賈誼在寫〈過秦論〉的時候，是這麼講的，他說：「一夫作難而七廟隳，身死人手，為天下笑者，何也？仁義不施而攻守之勢異也。」他說秦的速亡有兩個原因：第一是不用仁義，第二是不應該用打天下的辦法治天下，「攻守之勢異也」。

秦王統一，是亙古未有之事。西周是分封制，夏和商很可能是族邦制，它還不完全是分封，儘管也講分封，但真正實行分封的是西周。那麼戰國時的情況呢？一般的情況下是有分封也有郡縣，各國都這樣。但是秦國的郡縣比較徹底一點，秦國三十多個縣一部分是昭襄王時設的，其他多數的縣是秦王嬴政時候設的。

這些建國措施和制度，有哪些值得我們今天去討論呢？我覺得有這麼幾點。

第一個，重硬體，輕軟體。秦王嬴政重視硬體建設，修馳道，類似高速公路、修長城，還在咸陽把六國的武器收來鑄成金人，表示不再用武力，把地方武器繳了，這些都是鞏固統一的硬體措施，但是意識形態建設方面的工作卻留下空白，沒有做好。

第二個，重形式，輕內容。秦始皇巡遊四方，就是想要六國歸附、人心歸附，但他做的都是形式。到處立碑，表示秦始皇帝嬴政來過這個地方，是這個地方的統治者，這都是形式上的東西。真正要人心歸附，還要做許多思想上的教化工作（儒家叫教化），思想宣傳方面的工作。這個方面呢，秦朝沒有長進，還是打天下時候的那一套，所謂「攻守之勢異也」，不懂得打天下與治天下是不一樣的，就是這個意思。秦朝其實是搞過土地改革的，「令黔首自實田」，這是戰國授田制的一個延續。但是秦朝傜役繁重，法律苛酷，在政策實際操作層面，不能贏得人心。

第三個，重當下、輕未來，他不注重接班人的安排。秦始皇嬴政死的時候，沒有來得及安排好接班人，他的一些措施，比方說度量衡統一、貨幣統一、文字統一等的措施雖然有作用，但在接班人安排上卻犯了大錯。在用人方面，重才幹、輕駕馭，如趙高、李斯都有才幹，但是他對趙高、李斯的駕馭，在制度安排（制約）和文化影響（籠絡）方面，都做得不夠。

中國人特別講德和才，我們不用德簡單來評價趙高和李斯。一個人有沒有德，固然有差異，但更重要的是在制度上防範他出問題。嬴政在這方面是沒有安排的。趙高犯了錯，秦始皇原諒了他，因為重視他的才幹，結果趙高最先起意，改變了皇位接班人，殺死了朝廷老臣，逼走了前線的章邯，實際上葬送了秦朝。李斯呢？有一次他出行時看見李斯車馬很盛，流露出不滿。因為李斯收買了皇帝身邊的宦官，所以就有人告訴李斯，要小心點，告訴他今天皇上看見你的車馬太盛、威風太大了。後來李斯就注意了。秦王嬴政知道，這肯定是有人報告給李斯了，就把那天在場的宦官都殺了。但是他對丞相李斯的制約，也沒有做制度上的安排。

在秦統一六國的時候，書同文、車同軌，貨幣上也統一了，嬴政把三皇五帝的「皇」「帝」合起來作為自己的名號，且自稱「朕」。詔令稱「制」、「詔」。這些都是形式的東西。秦採用五德終始之說，就是金、木、水、火、土，這是齊國的鄒衍提出的，認為五德終始，天命有歸，都是跟著五德運作而盛衰的。周是火德，秦代周，所以是水，因為水滅火。那你想想，只要這個成立，下面一定還有土來滅水的，滿足當下的解釋。只要五德終始理論行，它還會轉的，秦朝怎麼能夠一世、二世，傳至萬世呢？這是不可能的。中國歷史王朝，跟西方和日本不一樣，他們萬世一系，中國講朝代更替。五德終始理論，就是給這個現實提供理論解釋的工具，它為中國的王朝更替，提供了理論根據。

據《史記》和《資治通鑑》中記載，秦始皇到處立石頌德、立石頌功。立石，在到過的地方立個碑，表示我嬴政到此一遊，表示控制這裡，德堪天下。德是什麼東西？德是意識形態的東西，在那個時候就開始講，得人心愛戴叫德。功業不用說，功勞、功德，是我做成了什麼事。這都是形式，真正要爭取民心，不是用這個方式，應該用一些實實在在的政策措施，為百姓帶來實實在在的好處。後來的皇帝，特別是唐太宗，包括漢高祖劉邦，他們都很注意打天下到治天下政策的轉變。

秦始皇嬴政還做了什麼事呢？派徐福去求神仙。統一事業大功告成以後，剩下就是想長生不老了。齊國人徐福等上書說，海上有蓬萊、方丈、瀛洲三島，是神仙居住的地方，有不死之藥，服後便可長生不老。嬴政聽了很動心，幻想成為長生不老的神仙。秦始皇統一不久，就派徐福與徵發的童男童女數千人入海求仙。

同時還幹了什麼呢？南戍五嶺、北擊匈奴，做邊疆上的防範。秦始皇二十六年（前二二一），秦始皇滅六國，完成了統一中原的大業之後，就著手制定北討匈奴、南平百越的戰略。經過一系列的準備，西元前二一八年，秦始皇命大將屠睢和趙佗率五十萬大軍，發動了征服嶺南越族的戰爭。西元前二一四年，秦始皇命任囂和趙佗，再次進攻百越各部族，秦軍勢如破竹，很快擊潰了西甌族（今廣西等地）和駱越族（今越南中北部）的反抗。整個嶺南地區，從此劃入了秦朝的版圖。

嬴政兼併六國後，為解除匈奴對秦的威脅，命蒙恬率三十萬大軍北擊匈奴。征服南方的同時，蒙恬統帥主力部隊從上郡的郡治膚施（今陝西榆林市南），北出長城攻其東，楊翁子率偏師由蕭關（今寧夏固原東南）出長城攻其西，匈奴敗逃。

同時，嬴政開始接受李斯的建議，禁詩書百家語，控制輿論。所以李斯真是枉做了荀子的學生——在這方面，他學的已經遠離荀子了，倒是把他師弟韓非的那一套東西接過來了，儘管他把韓非殺了。李斯按照法家的一套東西，把秦國以外的史書都燒了，但是不燒醫藥、卜筮、種樹之書，按現在話講，科學著作不燒。理工科的東西，還是需要的，這些人文的東西就不要了。那麼如果要學習，跟誰學呢？就要以吏為師，以官吏為老師，學習律法。

坑儒的事源於始皇求仙。秦始皇不是想長生不老嗎，所以他就請人去給他煉仙丹，去找神仙。方士盧生騙他說：「神仙喜清靜，你住的地方不能讓人知道，別人知道的話，太鬧了，神仙不來的，別人不知道的話，不死之藥就能夠得到了。」所以最後秦始皇行蹤神祕莫測，顯然這對他治國理政沒什麼好處。後來呢，這些書生在背後譏諷始皇。另外，因為煉不出丹，怕被追究責任，就說秦始皇的壞話。秦始皇聽說以後很生氣：我給你們這麼好的待遇，你們卻在背後罵我！他就派人進行專案調查。調查的結果為犯禁者四百六十多人，他就把他們坑殺了，這就是後世講的坑儒。其實書沒全燒掉，民間不讓看，皇家圖書館是有的，後來被項羽一把火燒了。儒也不是都坑殺了，叔孫通就在秦始皇身邊，不過這個傢伙很精，秦始皇、二世在的時候，他不說話，後來到劉邦時，他才出來，他為劉邦制禮作樂。

秦始皇三十七年（前二一〇），嬴政最後一次出行。冬十月出行，秦朝以十月為每年的第一個月，他到了什麼地方呢？浙江、江蘇、湖南、山東、河北，到處轉了一趟，最後在路上得病了，而且病得很重。他以為他還能回到咸陽，寫一封詔書，讓他大兒子扶蘇趕緊到咸陽去。可是沒想走到半道上，在河北沙丘，今天的河北廣宗縣，就去世了。第二年七月份，陳勝、吳廣就起兵了。

秦始皇病死的時候，趙高和李斯把消息隱藏起來。趙高、李斯實際上發動了一個政變，搞了個陰謀，說秦始皇的遺詔是立胡亥為太子，賜大兒子扶蘇和蒙恬自盡。這個扶蘇呢，接到消息就傻乎乎地自殺了。蒙恬不服，最後被關起來了。而胡亥就被立為了太子。這個過程當中，沒有發喪，好像這事就是秦始皇的意思，直到咸陽以後才發喪，告知天下始皇崩駕。

我們看到，秦始皇在統一天下之後，如何鞏固政權，做了很多虛的東西，表面的文章。這也難怪，第一次在這麼廣袤的國土上，建立一個中央集權的國家，這不單在中國是第一次，在世界上也是第一次。西方的國家，比如說亞歷山大帝國也好，羅馬帝國也好，巴比倫帝國也好，那些帝國，其實都是政治軍事聯合體。像秦始皇這樣建立一個從中央直接統治地方的數千萬人口的大國，在人類歷史上是第一次。所以他就會出現一些軟體趕不上硬體，只做當下問題處理，沒有做長久的制度安排的情況，這都是秦朝留下的遺憾。

這個遺憾到什麼時候才解決的呢？到了漢朝，到劉邦、劉徹時代，才完成了集權國家的政策調整和意識形態建設。

秦統一的歷程，各國拚的是戰略，是實力，是軍事。在這個過程當中，對秦國歷史產生重要影響的有幾個重要人物。莊襄王死了之後，秦王嬴政繼位。他那時候很小，才十三歲，到統一的時候已經三十多了，他在位已經二十多年了。這二十多年如果再算上莊襄王的三年，這裡有兩個重要人物，一個呂不韋，一個李斯。按照當時的說法他們都是客卿，李斯後來做了丞相，呂不韋成了相國。

呂不韋作為一個商人，他能夠坐到相國這個位置上來，因為他有一筆重大投資，投資對象就是在趙國做人質的、遠離政治中心的異人。這樣一種高風險的投資，如果得到一個好的管控，就能夠一本萬利，永遠運作下去，像滾雪球一樣越滾越大。但它也是有一定的邊際。呂不韋的這個投資，到了一定的邊際，到他身為相國、掌握重權之後，如果他繼續在原有的高風險投機的思路上繼續發展，而不收斂的話，那麼他很快就會到達一個邊際，也就是他的反面下場，就導致他在投資事業的最高峰一下子走向了下坡路，而且是一個斷層式的下坡路，這是呂不韋當初沒有預料到的。

呂不韋選擇異人的時候，正是昭襄王時期，秦國的大勢已經很清楚了，未來世界是秦國的，呂不韋應該有這個判斷。

秦王嬴政在平定嫪毐以後，對呂不韋並沒有什麼嚴重的處置，只是讓他退休了。呂不韋到了河南洛陽的封國去了。他的封國有十萬戶之多，相當大。可是呂不韋的問題在於，他到了封國後很張揚，整天跟六國的賓客來往，高朋滿座。長期以來，秦國實際上是他在執政，從莊襄王三年到秦王（嬴政）九年，十幾年都是他執政，回到封地後他還是「退而不休」，不知道收斂。

秦王覺得讓呂不韋這樣「退而不休」很危險，就讓他遷到蜀地，最後他自殺了。這方面呂不韋應該學習范睢。燕人蔡澤跟范睢講，你現在這個位置，功勞沒商鞅他們大，但是你的權勢卻那麼大，日中則昃，知足得福，你應該知足知止。於是范睢就把手中的權放下了。

儘管呂不韋讓人編的《呂氏春秋》頗多人生哲理、處事權謀，但他還是對伴君如伴虎這一點估計不足。如果呂不韋到河南以後，能夠像後來的張良那樣，隨赤松子雲遊，也許他就沒事了，畢竟他對嬴政這一家是有恩的。

至於李斯，也是悲劇下場。

李斯自喻，要做倉鼠，不做廁鼠。倉鼠、廁鼠的待遇不同，是因為其處境、平臺不一樣，於是，他離開鄉下，去齊國稷下學宮念書，拜荀子為師。念了書以後到秦國來尋找夢想。他以一個窮書生入秦，最後做到一人之下萬人之上的丞相，著實不易，可最後卻死於趙高的陰謀陷害。

李斯輔佐秦王嬴政統一，是有功的，但他卻在秦始皇嬴政死的時候，被趙高利誘，參與了沙丘之變，改了遺詔，繼續當上了秦二世的丞相。然而也就兩年，他就被秦二世和趙高處死了。

李斯的問題是，上了趙高的賊船，卻被賊惦記上了。如果你真要上賊船的話，除非你比賊更賊，否則你一定會被賊推到水裡去。

當時，他是不是有可能不上賊船呢？不可能。如果說趙高在約他來改遺詔時他說不行，那這個時候他肯定難有全身而退的餘地。他要麼把趙高打倒，控制住趙高和秦二世，按照秦始皇遺詔來扶立扶蘇；要麼順從趙高，參與一場陰謀。趙高能找他，說明趙高對他是看透了，知道他是可以做一段同路人來合作的——如果知道他不能合作，趙高會找他嗎？其實，當人找到你商量這件事的時候，想要全身而退是不可能的。要麼就是用你的辦法，把這件事搞定了，但表面上跟他周旋，實際上有你的安排；要麼你跟他上來後，用你更高明的手段，把這個危險處理掉。為什麼危險？因為趙高跟秦二世的關係，比李斯跟秦二世的關係更深。

李斯是一個以自我利益為中心、凡事謀畫首先考慮自己利益的人。比如他寫《諫逐客書》的時候，講得頭頭是道，卻把韓非這個人才給殺了。在為自己講道理的時候，一套一套的，但是當失去自己利益的時候，這個道理就沒有了。所以李斯的這種自我利益高於一切，個人得失高於一切的價值觀，也就決定了趙高會找他。找了以後，也就決定了他最後的命運。因為秦二世跟趙高的關係更鐵，除非他甘心給趙高擦鞋提鞋，但是他又做不到，他又看不起趙高，認為趙高是宦官小人。趙高似乎也是那麼糊弄李斯的，比如，他讓李斯去給二世就當前的局勢提意見，就忽悠說，你是丞相啊，應該說呀，我不過只是一個皇家奴僕而已。

李斯與趙高互相攻擊，李斯一直在秦二世那裡揭發趙高的惡行，希望得到公正的處理，最後落得被趙高陷害而死的下場，是他把領導的品德、境界估計得太高了，而又把對手的水準估計得太低了。

（參見《資治通鑑》卷六、卷七）

【第五講】

亡秦必楚

劉邦起兵之初，一無家世，二無德行，卻憑藉強大的人格魅力贏得張良等人的追隨。在入咸陽之前，劉邦擁有什麼呢？一是一支獨立的軍隊，二是仁義甲天下的江湖聲譽。

整個戰爭，項羽都在自己打，誰也打不過他；而劉邦卻自始至終在下一盤棋。劉邦最大的本事，在於他會用人，這是他成功的關鍵。

劉邦憑什麼能贏項羽？這是古今很多人都提過的問題。魏晉名士阮籍，遊覽滎陽、成皋古戰場，就擺出一副不屑的神情說：世無英雄，遂使豎子成名！

要論出身，劉邦這個人的出身，真是太普通了。父親叫劉太公，母親叫劉老太（劉媼），大哥叫劉大（伯），二哥叫劉二（仲），他叫劉三（季），是地道平民出身。他本來應該是楚國人，他出生的時候楚國還沒亡，但後來秦滅楚，他就成了秦的子民。

關於他小時候的表現，有這麼幾件事：第一，他挺討人喜歡，也挺善於跟人交往，「愛人喜施，意豁如也，常有大度」；第二，他「不事家人生產作業」，就是不好好幹活，跟劉備一樣。他的父親經常說：「你要是能像你二哥那樣，置點家業多好呢！」

但有兩件事，可以體現出劉邦這個人不同凡響。

第一個，他很好客，平常總帶一些人回家吃飯。嫂子不高興了，就把鍋鏟弄得咚咚響，表示盛飯已經鏟到鍋底，鍋裡沒吃的了。他請人吃喝，經常賒錢，而且「給人酒酬數倍」，到年底人家經常會給他打個折什麼的。劉邦能夠當亭長，說明他家也不是窮得叮噹響，應該是自耕農這樣的家庭。當亭長也是要一定條件的，秦朝的基層組織是鄉，亭長主要是管一個地方的治安，有點兒像治保主任的角色，就是沛縣下面設立的一個治安派出機構。

第二個，是他到呂公家祝賀的事。呂公是沛縣縣令的朋友，有一次他帶著家人來投奔這個縣令。蕭何當時在縣裡當差，職位相當於縣衙的祕書長兼管財政。蕭何就四處張羅：縣裡領導朋友來了，咱們得給祝賀一下，大家來吃一頓飯，送一點禮金。大概那時候有這樣一個風俗，領導的客人來了，下面的人得送點禮接風。蕭何說，如果交的份子錢不到一千，就坐在堂下；如果超過一千，就坐在屋裡邊。劉邦呢，他實際上什麼錢也沒帶，他說：我交一萬。一萬是個大禮，驚動了呂公，呂公就親自到門口來迎接，然後劉邦就坐在主桌了。

《資治通鑑》沒有這些細節的描寫，《史記》對此寫得很具體。《史記》上記載，高祖劉邦坐在最上的主賓位置上，而且「狎侮諸客」。據說呂公喜歡看相，他一看劉邦的相貌非凡，就用眼光示意他留下，問他結婚沒有，有沒有家室，因為他想把女兒嫁給劉邦。劉邦當時娶呂后是多大歲數呢？我推算了一下，劉邦應該有四十多了。呂后三十二歲時生下老二漢惠帝劉盈，時在劉邦起兵前一年。老大魯元公主的出生，也就是早兩年，約為西元前二一二年。所以劉邦成婚時，應該是四十三歲左右。而呂后比劉邦要小十五歲，結婚時大約也二十八九歲了，在當時，確確實實是老姑娘了。據說當時呂太太還不願意，說：「我們家姑娘將來是有出息的，怎麼嫁給這麼一個人？」呂公說：「人家劉邦可是潛力股。」

呂公有兩個女兒、兩個兒子，小女兒後來嫁給了樊噲，一個殺狗的，社會身分也高不到哪去。所以我估計《史記》這段描寫是後人添加的，高祖娶呂后，未必不是門當戶對。

據說呂后長得很漂亮，劉邦死後，匈奴的冒頓單于曾向她求過婚。可是有一點要說明的是，劉邦在跟呂后結婚之前，已經有一個兒子，名字叫劉肥，媽媽大約姓曹。你看，劉邦是一個什麼樣的人呢，平常不願做具體的事情，種地啦，做買賣啦，這類的事都不愛做，但是很愛廣交朋友。人們都挺喜歡他，他也不摳門，非常慷慨，雖然他沒多少錢，但還經常請客吃飯。他有自己的人格魅力，亭、縣裡的小吏，包括蕭何這些人，都對他很推崇——用今天的話說，劉邦對他們有影響力。劉邦四十多歲了還沒什麼成就，平常就去上班，有時候還回家從事農業生產，幫助呂后種地。《史記》上有這個記載，呂后帶著兩個孩子在那種地，他還搭把手。

那麼機會是怎麼來的呢？機會是陳勝、吳廣造反造成的。

一 高祖起兵

陳勝、吳廣起兵之前，劉邦就出事了。作為亭長，他要送一批囚犯到驪山修墓。可是這些人知道，到驪山修墓有去無回，所以很多人路上就逃跑了。劉邦並沒有加緊看管剩餘的人，也沒有發文到處抓捕逃亡者，根據逃亡的數量不斷增加，劉邦估計，還沒走到咸陽，人就在路上跑光了。他對剩下的囚徒說：你們走吧，我也走了。從此他就逃亡，也不敢回家了。從這點看劉邦，他倒不是那麼殘酷的人。

他出來起義的時候，至少有一百多人吧。這百十人吃什麼喝什麼呢，我懷疑劉邦當了一陣剪徑強盜，就是梁山泊一類的事，或許做過打家劫舍的事情。但史書上對此沒有記載。史書講了這樣一個故事：有一次他喝醉了，一條白蛇擋住了道，大家都不敢動，劉邦拔劍把蛇斬了。這時一個老太太出來哭，說：「我的孩子是白帝之子，擋著道，如今赤帝之子把他殺了。」劉邦原來不是常人，是赤帝之子呀！這件事兒很多人見到呢，所以一傳十，十傳百，都說劉季不是平常人。

我們知道在古代，一個君王出現之前，一定要造勢。當初陳勝、吳廣起兵的時候，秦二世皇帝元年（前二〇九）七月，就是秦始皇去世整一年的時候，為了鼓動大家，他們就做了這樣類似的事情，即所謂「篝火狐鳴，魚腹丹書」。他們弄了一條魚，這個魚裡面呢，放著紅布條，布條上寫著：陳勝王。廚師在處理這條魚的時候，發現了寫著「陳勝王」的字條，他問誰是陳勝，大家指著告訴他陳勝是哪個；吳廣在草叢裡學狐叫「陳勝王，陳勝王，陳勝王」。所有這些動作，都是為了給陳勝提高威信的。劉邦這麼做也無可厚非。

陳勝起兵，當時很多地方的人都回應。沛縣縣令也想起兵，蕭何、曹參就跟他說：你是秦朝官吏，你要背叛秦朝，沛縣的子弟能聽你的話嗎？要不這樣，我們沛縣流落在外不敢回鄉的青壯年，大概有數百人，他們本來為秦朝所追捕，你把他們招回來，我們就有幾百個人在手上——可見，一般秦朝地方郡縣，沒有多少軍隊，秦朝對軍隊掌控是很嚴的——有了這數百人的實力，大家就得聽你的。縣令覺得有道理，就讓樊噲去招回劉邦。

劉邦這時候已經有百十人了，他來了之後，沛令又後悔了，他擔心這些人都聽劉邦的，而不聽自己的。於是他又把城門閉上，不讓劉邦進城，還要殺蕭何和曹參，懷疑他們跟劉邦早就串通好了。蕭、曹逾城而逃，劉邦射了一封書信到城中，告示沛縣的父老鄉親，以陳利害禍福。

按照正規的說法，秦朝縣下面有鄉，「父老」就是鄉里的那些頭面人物。父老得到劉邦的信後，就率鄉里子弟殺了沛令，畢竟沛令不是自家人，是秦朝派來的嘛。他們開門迎劉邦，立為沛公。沛公是什麼意思，因為楚國的縣令不叫縣令，叫公。沛公，就是恢復了楚國的官名了。蕭、曹等招募了兩三千沛縣子弟，這就是劉邦起家的資本。

劉邦組織了兩三千人，要找大部隊。找誰呢？找楚王，因為他們是楚國的子民。陳勝在起兵半年不到就死了，現在的楚王叫景駒，景氏是楚國的大戶。劉邦去找楚王，正好張良，也就是劉邦的第一個謀士，也要去找楚王，於是他們在路上相遇了。

張良的故事，有這麼幾點。第一，張良是個韓國的貴族，父祖幾輩人都在韓國當國相。秦滅韓，最恨秦的就是張良及其家人，因為他們當不成貴族了。張良變賣家財，策畫刺殺秦始皇，最後沒成功，他就到處逃亡，躲到了今天的江蘇下邳。據說張良中途曾遇到一個老人，這個老人送給他一部兵法，從此之後他苦讀兵法，後來成為劉邦的軍師。現在他也帶領數百人，跟著劉邦去投奔新立的楚王，最後他就輔佐劉邦了。因為張良跟別人講謀略，別人都不懂，但跟沛公講，沛公一點就透。所以張良說「沛公殆天授」，有天分。

張良願意跟劉邦幹，這件事也是很值得討論的。張良是貴族出身，但他也認為從小沒有什麼品行、沒什麼身分的劉邦具有領導的魅力，願意跟他幹，這說明劉邦一定有很強的人格魅力。

二　先入關中

劉邦的對手項羽，幾乎也是以同樣途徑起事的。項羽的父親去世了，叔叔項梁帶著他逃亡避難。項羽的老家下相，在今天的江蘇宿遷，宿遷離徐州不遠，大概也就是幾十公里的樣子，跟劉邦老家是很近的，不過他造反的時候，年齡只有劉邦的一半。我們知道王翦滅楚的時候，所殺的楚國大將項燕，就是項羽的爺爺，王翦滅楚，項燕兵敗而死，項梁就帶著項羽他們幾個兄弟，流落在吳縣（今蘇州）。陳勝起兵以後，他們也來回應，殺了會稽郡的郡守殷通，項梁自立為郡守，這時候項羽二十四歲。

項羽這個人有什麼特點呢？第一，他是沒落官二代，跟劉邦不一樣，他是高幹子弟。陳勝起兵的時候就冒項燕之名，所謂「吳中賢士、大夫皆出其下（指項梁）」，說明借助項燕的名聲，項梁在當地非常有影響。劉邦靠造勢（赤帝之子之類）、靠人格魅力，獲得影響力；項梁（包括項羽）靠他的出身家世，當然他也是有本事的。這是第二點。

不過，項羽的本事和劉邦的又不一樣：他小時候學寫字，學了半截不學了；學劍法，學了半截又學不下去了。他叔叔項梁很生氣，可項羽說：「寫字能記姓名就可以了，劍法敵一人，不值得學，要學就學萬人敵的兵法。」可是項羽學兵法，也不上心，略知一二，沒學到底就又放棄了，沒韌性。總之，劉邦與項羽，兩個人有著完全不同的風格。劉邦對人很好，項羽個性剛猛。項羽當時殺死會稽郡守的時候，人心惶惶，他殺了數十百人，走出會稽郡官邸的時候，大家都不敢抬眼看他。項羽拉起的隊伍共八千人，比劉邦規模大，雖然項羽學什麼事都沒韌性，但是武藝高強，身材高大，力氣過人，是一名猛將。造反的時候年僅二十四歲，剛好是四十八歲劉邦的一半。

陳勝是秦二世元年七月起兵的，當年十二月就被車夫殺掉，只有半年時間。項羽與叔父項梁起兵不久，有個謀士范增來了，跟項梁講要抓旗幟。他說：「陳王自立而不立楚王的後人，所以他不能持久；現在楚國各路將領都來依附你，就是因為你世世代代為楚國之將，認為只有你能復興楚國，現在我們應該扶立個楚王的後代。」項梁覺得范增的建議很有道理，他就找了一個楚懷王的嫡孫，給人放羊的叫熊心的孩子，立他為楚王，建都今天江蘇省淮安市的盱眙縣。

這時候，山東六國都燃起了反秦大火，秦國大軍也已經打過來了。秦軍的統帥章邯，是一員猛將。陳勝、吳廣被打敗了，但是項梁率領的楚軍，一路攻下東阿、雍丘，勢如破竹，難免驕傲輕敵，在定陶附近，被章邯擊敗，項梁戰死。章邯感覺楚地已經不足憂，率軍掉頭北上，攻打趙國，把趙王圍困在鉅鹿（今河北平鄉）。趙王就請各路諸侯來救他，可是大家都不敢進軍。秦國的軍隊多強啊，這時蜂擁起兵的六國還不是正規軍隊，都是抄起鋤頭、鐵鍬、木杆之類的傢伙就上陣了的雜牌起義軍，所以大家都不敢去救趙。

楚王身邊官員，成分很複雜，各種各樣的人都有，並不都是「項家幫」。項梁死了以後，項羽很凶猛彪悍，大家對他都很忌憚。所以最後楚軍兵分兩路執行任務：上將宋義，次將項羽，末將范增，北上救趙；劉邦受命向西攻打咸陽。

宋義這個人，帶兵北上，行動比較保守，走到了安陽（今山東曹縣），他有所遲疑，按兵不動，滯留了四十六天。項羽報仇心切，殺死了宋義，親自領兵馬去出擊。楚王也沒辦法，只好任命項羽為上將軍。

最後，項羽發動了震古鑠今的鉅鹿之戰，破釜沉舟與秦軍一戰。因為項羽的兵馬少，對方的兵馬多，項羽讓每個士兵只帶三天糧食，把船也鑿沉，把鍋也砸了，說，我們有去無回，只能勝不能敗。以此來堅定大家的信心。過什麼河呢？今天的漳水河（今黃河往北），漳水附近有兩個重要城市，一個是安陽，一個是鄴（西門豹治鄴那個鄴）。最後在勇猛的項羽指揮下，大敗秦軍，章邯投降，王離被活捉，蘇角被殺。鉅鹿之戰奠定了項羽在諸侯中的霸主地位。這是秦二世三年（前二〇七）十二月的事情。

史書是這麼記載的，說當時打的時候，殺聲震天動地，諸將作壁上觀，就是龜縮在自己的軍營裡看。擊破秦軍以後，項羽召見諸侯軍將，他們「膝行而前，莫敢仰視」，都在轅門跪在地上往前走。於是項羽自然成了諸侯上將（聯軍司令）。你看，我們比較劉邦就知道，項羽的威信是打出來的。諸侯為什麼服他？是他這一仗擊敗秦軍主力贏來的。我們知道，上將軍就是最高統帥，這不是誰封的，是項羽打出來的，所以諸侯的軍隊都聽他的。

再說劉邦這一路，秦二世二年（前二〇八）九月（此時的曆法，以十月為歲首，故九月就是當年的最後一個月）出兵關中。楚王分配各路軍隊時講了，你們就打吧，誰先打到關中，就封誰關中王。所以項羽北上的時候，劉邦西進。劉邦拿到這份相對容易的任務，其實就是因為楚懷王身邊的人認為，劉邦這個人比較寬厚，秦朝苛政，如果採用寬厚之政，這些人就不戰而降；如果像項羽那麼狠，很可能就出事。因此劉邦才拿到這份西進的任務單。

秦軍分駐三處，一部分在西邊戍衛首都，一部分在東邊鎮壓六國造反，另一部分在長城守邊疆。邊疆的軍隊被抽調回來，一塊打山東，但都被項羽打敗了，現在就剩西邊的那部分軍隊了。

其實劉邦這個仗根本就沒打，他採取了跟項羽完全不一樣的戰略。

次年二月，劉邦採納了儒生酈食其的獻策，先拿下了陳留，去說服陳留的人投降，然後向西獲得了糧草。這時候酈食其的弟弟酈商，還帶來四千人馬。然後劉邦就向西推進。南陽的首府宛，也是不戰而降。當時這個郡守都想自殺了，後來他的部下陳恢勸他去見劉邦。所以劉邦西進的時候，一路是受降的。這年七月，南陽郡守投降，被封為殷侯，劉邦把南陽的兵帶走，讓郡守留守原地。劉邦的軍隊規定「亡得鹵掠」，不得擾民，這就是劉家軍的「三大紀律八項注意」呀，怪不得「秦民皆喜」。

《資治通鑑》把「亡得鹵掠，秦民皆喜」這八個字放到這裡，道出了劉邦成功的奧祕。劉邦確實是忠實地執行了楚王要求的政策，就是你不要來硬的，你要來軟的，用巧力，不要擄掠。所以劉邦用的是懷柔政策，一路打過去，直打到咸陽附近。

這時候我們知道，秦國的情況已經發生了變化。趙高用陰謀手段殺掉了丞相李斯，天下大事都取決於趙高。趙高在政治上野心太大，章邯投降以後，他殺死秦二世，立子嬰為秦王。子嬰是秦二世的侄子（也有人認為是秦始皇的侄子）。值得注意的是，子嬰不叫秦三世，又回到秦統一以前的稱謂了，叫「秦王」了。子嬰又設計殺死趙高，滅其三族，這時候才來應對劉邦的進攻，趕緊派人把武關守起來。

劉邦想來硬的。他到底有多少軍隊呢？史書上說鴻門宴之前，劉邦是十萬軍隊，就是他的軍隊不會超過十萬。所以張良說：秦兵尚強，你不可以輕動，你先虛張聲勢。就是在山上插上很多旗幟，讓對方覺得你軍隊很多，另外派酈食其、陸賈這些能說會道的巧辯之士，遊說秦將，啖以厚利，收買他們——其實這還是當初秦統一的老辦法呢——秦將果然求降，不打了。章邯在那邊都投降了，咱們還打什麼呢！

劉邦想講和了，張良卻說，這是秦軍的主將要和，士卒未必同意，我們要趁秦軍鬆懈的時候去進攻。這一打就打到藍田，秦兵大敗。到秦子嬰元年（前二〇六）十月，也就是劉邦西進後一年零一個月，劉邦以戰勝者的姿態來到霸上，秦王子嬰把自己綁上，拿上皇帝的玉璽，在軹道亭旁，以最屈辱的方式投降。後來「降軹道旁」就成為亡國投降的典故了。

子嬰投降後，有人建議劉邦殺死子嬰。而劉邦說：「始懷王遣我，固以能寬容。且人已降，殺之不祥。」這段話劉邦說得非常出彩，他說，當初懷王遣我來，就是因為我能寬容嘛，現在人家投降了，你卻把人家殺了，不合適。於是就把子嬰交給司法部門看管起來。劉邦處處展現仁者形象，打寬厚這張牌。他很注意愛惜自己羽毛。而項羽不是，項羽是勇猛殘暴，從他後來在關中的作為更能看出來。

劉邦入咸陽，大家都取金銀財寶，而蕭何先到丞相府，把天下山川形勝、戶口圖籍之類材料都蒐羅起來，所以劉邦對天下的形勢很了解，就是因為這些地圖都在他手上。

剛開始，劉邦想住在秦宮室裡面，因為這裡美女也多，金銀財寶也多。樊噲說，你想做富家翁，還是想要天下呢？就是這些東西使秦滅亡的，對你有什麼用呢？你趕緊還軍霸上吧。劉邦不聽。張良說：「秦無道，所以你才能到咸陽來，你如果是見了這些東西就據為己有，那你不是助桀為虐嗎？為天下除殘賊，應該簡樸，應該低調，忠言逆耳利於行，良藥苦口利於病，希望你能聽樊噲的勸告。」劉邦聽得進張良的勸諫，所以他還軍霸上。

十一月，劉邦把當地的頭面人物找來，說：「暴秦法律嚴苛，你們辛苦了，我跟諸侯入關前約好了，先入關者為王，我跟你們約法三章：『殺人者死，傷人及盜抵罪。』」三章其實就是保障居民的生命權和財產權，關中人的生命權、財產權被保全了，所以關中地區和平解放了。劉邦說：你們也不要給我送這麼多慰問品，國庫裡多著呢，你們不要破費。劉邦又派人到各地，到關中地方的縣裡、鄉里去貼告示，要求所有人都安堵如故，原來幹什麼還幹什麼。所以秦民大喜，唯恐沛公不王關中。

劉邦在到咸陽之前，贏得的是什麼呢？一是獨立自主的軍隊，二是江湖上仁義甲天下的聲譽。

劉邦的對手項羽聽說劉邦先入關中，大怒，說：「是我消滅了秦軍的主力，你倒摘桃子，輕易地進入了關中。」我想他心裡對這個結果不滿，其實呢，劉邦打關中，關中也有秦兵的主力啊，但問題是，劉邦用的是軟的一手，項羽用的是硬的一手。項羽的性格粗暴，他把投降的二十萬秦軍在新安這個地方活埋了，他說：「這些秦軍比我的軍隊還多，我把他們帶到秦國去，如果他們與家鄉父老聯合起來，那我可招架不住。」索性就把他們坑埋了。大家想想看，後面的仗還能打嗎？秦軍投降了，你把人家坑殺了，後面再打仗，秦軍肯定會拚死抵抗嘛。所以，項羽打得很艱苦，劉邦打得很瀟灑。項羽晚劉邦一步到咸陽，勢所必然。

這時候有人跟劉邦說，項羽帶著四十六萬大軍來到關中，並沒有報告楚王，而且他封了秦的降將章邯為雍王，雍就是關中，那意思是說，將來會讓章邯守在關中了，那就會危及劉邦關中王的位置。劉邦聽了這些話，就派人把函谷關守起來了，閉關不讓項羽進來。項羽很生氣，就讓手下大將英布攻打函谷關，眼看劉項就要打起來了。

三　鴻門宴

給項羽火上澆油的，是劉邦軍中的叛徒，左司馬曹無傷。左司馬，大概相當於副參謀長，就是個高級輔佐。這個曹無傷知道項羽勢力大，也想投靠項羽，換取分封。所以他派人告訴項羽，說沛公想在關中稱王，以子嬰為相，「珍寶盡有之」，把珍寶都據為己有。項羽一聽很惱火。

當初秦王嬴政統一天下，稱秦始皇的時候，他把六國的珍寶都拿到關中來了，關中那時候有全國最好的東西，最多的財富。項羽想啊，自己忙活了半天，竟然都是給劉邦忙活的，再說他也看不上年紀又大，出身又低，過去還在他手下的劉邦啊。項羽大怒，跟兵將們說：你們飽餐一頓，明天早晨起來，我們去打劉邦。這就是鴻門宴的前奏。

為什麼叫鴻門宴呢？不是項羽設宴誘擒，是項羽要打劉邦，劉邦趕緊去賠罪、和稀泥，忽悠項羽，兩人順便吃了頓飯。《資治通鑑》裡記載，當是時項羽軍四十萬，號百萬，在新豐鴻門，沛公兵十萬，號二十萬，在霸上。范增跟項羽講，劉邦這個人在山東的時候，在沒入關之前，貪財好色，現在入了關以後呢，財物無所取，婦女無所幸（因為他聽了張良、樊噲的諫言），說明他有天下之志；而且我找人望氣，說他有天子氣，我們要趕緊去打他。范增沒有說劉邦有沒有罪、該不該打，而是從戰略的角度指出，劉邦是項羽最大的競爭對手，所以要把他幹掉。

如果項羽要打劉邦，劉邦能敵得過嗎？實力對比懸殊，顯然他敵不過。劉邦確實危在旦夕。可是這時候有人救了他，這個人是項羽的伯父項伯。項伯跟張良有過交往，當初張良在下邳隱居讀兵書《黃石公略》的時候，項伯犯罪，被秦兵追趕，是張良救了他，而且給他盤纏，讓他到蘇州去投奔兄弟項梁，項伯說過將來必報此恩。現在張良也在劉邦軍中，項伯連夜就跑過來找張良，說：你趕緊跑，沛公謀反，我的侄兒明天早晨要來進攻沛公，你犯不著跟他玉石俱焚，趕緊跑吧。張良會跑嗎？張良不但不跑，還把他介紹給劉邦，請他為劉邦向項羽說情：劉邦哪有謀反之心，你看府庫封得很好，一點沒動，就等項羽來接收，劉邦打到關中，把秦的首都拿下來了，如此大功，項羽卻要殺他，這個怎麼能講得過去呢？

因此，項羽真正殺劉邦也不好動手，沒有正當理由。至於為什麼把關卡封了，劉邦解釋為防盜賊，也勉強說得過去。劉邦的交際能力真的很厲害，他對項伯說：聽子房講，你是個講義氣的好漢子，我也特別重視講義氣者，我有個小女兒，你有個兒子，既然他們都還沒婚配，那我們就結成親家吧。你看，來的時候是敵手，一見面就結成兒女親家了。

項伯回去就跟項羽講劉邦不會反。項羽這個人有個特點，他很聽項家人的話。而且劉邦還說轉天早上當面負荊請罪，本當是兵戎相見的次日清晨，劉邦帶著張良、樊噲等人來晉見項羽，當面做解釋，賠罪說明閉函谷關的原委。這種情況，沽名釣譽的項羽當然不好動手了。

鴻門宴，其實不是項羽設宴誘捕劉邦，而是劉邦前來迷惑項羽的。

在酒席上，范增還不甘心，他讓楚國的舞劍高手項莊舞劍，實際上處處在指著劉邦，所以說「項莊舞劍，意在沛公」。看到這個情形，項伯急了說：「一個人舞沒意思，我來跟你對舞吧。」他處處護著劉邦。刀光劍影的把劉邦嚇壞了。這時候樊噲進來了，義正詞嚴，說：「你這個項羽呀，人家有功，你還要殺人家，是何意呀？」項羽這個人還是講面子的，劉邦假裝上廁所，一去就不回了，他悄悄地溜走了。臨走時留下了帶來的禮物給張良轉交，說：「你估計我到了軍中，你再告訴項羽我走了。」劉邦也不敢坐車了，騎著馬從小道逃走。估計劉邦回到軍中了，張良就說：「沛公他不勝酒力，怕你責怪他，所以他提前回去了，讓我留下這一雙玉璧做禮物送給項王，一幅玉斗送給亞父。」亞父，就是范增。項羽就把這玉璧收下了，張良走後，范增氣得把玉斗往地下一扔，用劍把它撞破了，罵了一句：「豎子不足與謀！奪項王天下者，必沛公也，吾屬今為之虜矣！」這句話也不知道是當時說的，還是事後私下說的。如果當著項羽的面發這種牢騷，說明范增不懂說話藝術。為什麼項羽跟范增的關係不親切呢？這跟項羽的為人有關係，但更重要的，或至少有一部分原因，是范增不注意處理跟領導說話的藝術。

接下來項羽怎麼做了呢？項羽軍隊開進咸陽城，大肆殺掠，開始屠城。他把秦王子嬰給殺了，把秦的宮室燒了，把秦的金銀財寶和美女掠走了，真是「三光」呀！秦民大失所望。

《資治通鑑》在寫這段歷史的時候，是有對比的：在那邊寫劉邦約法三章，財物無所取，婦女無所幸；在這邊寫項羽火燒咸陽，殺子嬰，掠奪金銀財寶。可惜了秦朝皇家圖書館的那些珍貴書籍呀，秦始皇都沒有燒，都被項羽焚燒了！秦王的墓也都給挖了，好多陪葬品都挖走了——大概項羽比較急，沒有挖乾淨，所以我們今天還能看到秦始皇陵兵馬俑。更重要的是，項羽把咸陽變成一座空城，關中老百姓大失所望。

有一個姓韓的讀書人，來見項羽，說關中乃四塞之地，土地肥沃，可都可霸，你怎麼把它燒了呢？在冷兵器時代，關中的形勢，進可攻退可守，是四塞之地，周邊都是邊塞一樣——西邊通向河西走廊的路，這時還沒通；東邊出了函谷關就是山東六國，所以這是非常險要的地方。但項羽並沒有想留在關中，謀求進一步的發展，他說：「富貴不歸故鄉，如衣繡夜行，誰知之者！」認為富貴不還鄉，就像穿著漂亮衣服在夜裡走路，誰能看得見呢？回家後別人才知道你是成功人士啊，項羽是這麼想的，所以項羽的格局比較低。從沛公聽了張良的話，退出宮室、還軍霸上可以看出，劉邦是心裡有天下的。而項羽心裡有的是什麼呢？是富貴還鄉，讓人知道他成功。所以姓韓的讀書人從項羽那兒出來以後，他罵了一句：「人言楚人沐猴而冠耳，果然！」項羽聽說之後，把這姓韓的讀書人給烹了，給煮了。

韓姓讀書人罵項羽「沐猴而冠」，「沐猴而冠」這個成語就是這樣來的。

當初，劉邦與項羽，都曾見到過秦始皇車隊的威武，都曾心生竊慕。劉邦說：「大丈夫當如是也。」堂堂男子漢，就應當這樣！項羽說：「彼可取而代之。」劉邦比較含蓄，項羽比較衝動。這不同的心志表達，也預示了兩人的性格與命運。

劉邦和項羽起兵的時候，劉邦四十八歲，項羽二十四歲，兩個人年齡差一倍，籍貫也相差不遠，大概也就距離幾十公里，都是蘇北人，一個在今天的宿遷，一個在今天的沛縣。宿遷現在是江蘇省的一個地級市，當時叫下相；沛縣在今天徐州。那時候項羽在下相起兵，劉邦在家鄉沛縣起兵，他們之間的楚漢之爭，也是千古話題。

劉邦跟項羽，在各自總結成敗經驗的時候，很不一樣。劉邦講過：我不行，張良、蕭何、韓信是各方面的翹楚，我因為用了他們才取得勝利。項羽有個范增卻不能用，所以他失敗了。項羽在總結自己失敗的教訓時說：我從來沒打過敗仗，不信我現在就跟你打一仗比比看！他突圍、斬將、拔旗，一勝二勝三勝，所以他說，是「天亡我也，非戰之罪也」！

從歷史上楚漢之爭發展過程來看，如果對劉、項之爭進行事業正義性評判的話，則很難判定是非。現在有人講項羽是要維護分封，劉邦是統一，論斷太簡單了。劉邦也搞分封，也分封了一些異姓王和同姓王，所以應該排除從這個角度來討論劉邦和項羽的成敗，這是大而無當。

那麼應該看什麼呢？其實應該看他的用人，因為領導做事說白了就是用人。自己做事叫匹夫之勇，讓別人做事才是領導能力。比如，星期六的早晨，天下雨，外面很冷，學生宿舍裡面，誰都想躺在被窩裡不起來，想讓別人給自己打飯，可這種時候想讓人給自己打飯多費勁吶，得說服別人，甚至得哄他、騙他、欺負他，他才去給你打飯。但是有領導力的人根本不用自己講，人家給他都買好放在那裡了，這就是領導力，不需要去哄人、騙人，有人會主動自覺地幫他做事情。所以讓別人給自己做事不容易，自己親自做事倒是最容易的。

你看，在整個戰爭當中，項羽都在自己打，他哪都可以打，誰也打不過他。但劉邦呢，他不是一個人在打，他是在下一盤棋，他用韓信，用彭越，用蕭何，還有張良。劉邦最大的本事體現在他用韓信，這是劉邦的一生成功的最關鍵，也是他領導力的最高體現。

韓信投奔劉邦的時候，沒有功勞，沒有打過仗，而且還是從項羽那邊過來的，劉邦這時候已經不是村幹部了，已經是漢王了，他手下都是追隨他從沛縣一路打過來的老革命、老幹部，如周勃、樊噲、曹參、王陵，哪一個都是人物，但是劉邦這時候能夠用韓信，還用到最高的位置上，這是一般人做不到的。雖然劉邦剛開始並不看好韓信，給他治粟都尉的頭銜，就是今天的糧食局長。韓信幹得沒勁，跑了，蕭何追了兩天，才把他拽回來，向劉邦推薦，說韓信是國士無雙，劉邦能夠採納蕭何的建議，重用韓信，以隆重的儀式拜為大將軍。這就是劉邦的過人之處，而這種過人之處是很難學的，這是他的判斷力和決斷力。

更重要的，劉邦還能很好地駕馭韓信。

駕馭有兩種手段，一種是制度，一種是文化。制度塑造人的行為，文化塑造人的思維和心靈。比如唐三藏用孫悟空，緊箍咒是制度；劉備死了以後，諸葛亮還鞠躬盡瘁、死而後已，這就是心靈層面的影響，而不是單靠制度所能約束的。

對韓信心靈和制度的影響，劉邦都有。制度上，韓信的軍隊都是劉邦的，下面那些大將，如周勃、樊噲，都是劉邦親信，所以韓信不敢隨便亂來。在最關鍵的時候，封齊王之後，韓信的老鄉武涉受項羽之命來策反，連他的部下謀士蒯徹都建議他單挑，不要跟著劉邦，但韓信都嚴詞拒絕。為什麼呢？韓信說：漢王解衣衣我，推食食我，授我數萬之眾，言聽計從，我為什麼背叛他呢？「雖死不易」。這就是心靈的影響，他認為劉邦對他有恩，這就是劉邦的厲害之處。

（參見《資治通鑑》卷九至卷十一）

【第六講】

楚漢之爭

在與項羽的對抗中，劉邦實際的工作是建立統一戰線。他一直在爭取團結所有跟項羽不和的人、過去反對項羽的人，以及自己部下能夠跟項羽單獨作戰的人。

項羽長嘆「天之亡我，我何渡為」，看上去是英雄氣概、殺身成仁，但從領導者素質的角度講，這是在逃避責任、逃避奮鬥。

項羽在離開關中之前，舉行了分封大會，分封了十八個王。在分封之前，項羽曾派人去徵求過楚懷王的意見，楚懷王說：如約！即先入關中者就分封在關中。這讓項羽很憤怒。因為他最看不起的就是劉邦。鴻門宴沒有殺他，不等於願意給他關中這麼好的地盤呀。於是，項羽自作主張，分封十八個王。

這十八個王包括三類人：一是跟著項羽一起到關中立過功的，封為諸王；一種是沒到關中、本來就是王的，項羽把這些人分到邊遠的地方；還有一部分人，就是像劉邦這樣沒聽他話的和秦國投降過來的將領。項羽在分封中是有私心的，他把楚懷王封為義帝（名義上的帝而已），把他遷到湖南郴州去，自己占領了楚國最好的地方，建都彭城；他又把魏王遷到今天的山西運城，稱西魏王，占領了魏國的領土。劉邦則被分封到漢中去了，叫漢中王。把關中劃為三部分，分別給了三位投降了的秦降章邯、司馬欣、董翳。這就是後世以關中為三秦的由來。

項羽這麼做，言下之意是說，章邯等秦將投降才是秦朝滅亡的最重大事件，你劉邦入咸陽這是撿了個便宜嘛。這就不僅是在剝奪劉邦的地盤，而且是要剝奪劉邦的功勞，要把滅秦的功勞歸於項羽自己呀！

劉邦的最初反應是憤怒，要找項羽拚命，他想反攻項羽。劉邦周圍的人都勸他先別激動。蕭何說，雖然漢中地方不好，不比死強嗎？既然打不過人家，你卻又找上門去打，不是送死嗎？劉邦明白了，自己實力不如人家，就得認輸，所以他重謝張良和項伯，然後出發去漢中了。項羽只給他三萬人，還有一些仰慕他、自願追隨的人跟著他走了。

如果光是劉邦不滿也就罷了，但這時山東六國也亂了。首先是齊國大亂。項羽把齊國一分為三，原來的齊國宗室被分到最偏遠的地方，而臨淄這個真正的齊國，封給了當時向著項羽的人，還有人沒被分封，齊國就亂了。齊國有個叫田榮的，他不滿意，起兵反叛，把三齊國都攻下了。還有一個打游擊的彭越，在河南搗亂，田榮任命彭越為將軍，讓他去攻打楚軍。趙國也亂了，為什麼呢？張耳被封為常山王，陳餘卻只封個侯，他不高興了。韓王成，就是張良的領導，由於他沒有跟隨項羽，再加上張良輔佐著劉邦，項羽非常恨他，先把韓王成扣下，不讓回國，之後廢了他王位，最後還給殺了。所以，劉邦還沒出手，東邊就亂了。

一　漢王拜將

這個時候劉邦在漢中等待時機，他最缺的是什麼呢？劉邦缺一員大將，能夠對付項羽的大將。正好這時，從項羽那裡投奔來了一員大將。這人就是韓信。劉邦打到咸陽，他有了自己的隊伍，有了很好的江湖聲譽，也有一批人才，但是缺少一個能獨當一面的大將，正在此時韓信來了。

韓信這個人，歷史上有很多傳說，大體來說他在家鄉的時候名聲不太好，應該也是個沒落貴族子弟。可是因他品行不佳，不能推擇為吏，又不事產業，還沒本錢經商，大概也沒地可種，就是個遊手好閒的浪子，用現在的話講，是個無業人員，經常跟人蹭飯吃。有一次，韓信在城外河邊垂釣，餓得不行，有一個洗衣服的老媽媽，同情他，把自己帶的盒飯，分給韓信吃，他感激得不得了，說將來必定重重報答。老媽媽很生氣，說我是看見你可憐才給你飯吃，誰圖你的報答呢？這也從另外一個方面說明韓信這個人是有恩必報的。還有個故事說，有個市井無賴欺負韓信，說：「你雖然個子高大，成天背著一柄寶劍，卻是一個孬種。你要真有本事，就用劍刺我的胸膛；你要是怕死，不敢刺我，就乖乖從我的褲襠裡鑽過去。」於是韓信就從他褲襠下鑽過去了，圍觀的人都起哄嘲笑。所以韓信年輕的時候，名聲不太好。陳勝起兵，大家起來造反了，他跟著項梁、項羽，一直沒什麼進展，大概也就是一個保安隊副隊長。項羽分封以後，他來投奔劉邦了，因為他覺得在項羽那裡沒有前途。

韓信跟著劉邦來漢中這一年，他二十八歲。劉邦開始看不上他，不予重視，導致他一度差點兒因為犯事受株連被殺；是蕭何、夏侯嬰等人力薦，劉邦才任命他為治粟都尉，一個管理糧餉的事務官。韓信不滿意劉邦的任命，就跑了。於是有了「蕭何月下追韓信」的故事，蕭何追了兩三天才把韓信追回來。那時候跑走的人很多，因為劉邦他們都是蘇北人，很多人認為等革命成功了，就可以回家去，但沒想到現在分到漢中，所以有些人就想回家去，包括許多將領就跑回家了。這時韓信跟其他的將軍一樣也跑了，蕭何來不及打報告，他連夜追韓信去了。這時有人報告劉邦說丞相跑了，劉邦就傻眼了：丞相都跑了，這不就要散了嘛。劉邦像失去左右手。

等到蕭何回來，面見劉邦，劉邦且驚且喜，問：「你怎麼跑了呢？」蕭何說：「不是我跑，我是去追韓信了。」劉邦問蕭何：「韓信是什麼人啊，值得你追，那麼多大將跑了你都不追，你偏偏追韓信，這算什麼呢？」其實，韓信跟劉邦都是蘇北人，韓信家在淮陰，就是今天的淮安，離劉邦稍微遠一點，大概八十到一百公里。這時候蕭何講了幾句話。第一句話，大王，你如果想在漢中過好日子，不作他想，那韓信無所用；你如果想東向爭霸天下，非韓信不可！劉邦就來勁了，說：「那好吧，我就任命他為將軍。」可是蕭何講了第二句話，那不行，人家還會走的。劉邦說：「那我就任命他做大將軍、上將軍。」這就是劉邦用人得其位。那時候劉邦不是村幹部了，已經是漢王了，五十多歲了，年齡也是韓信父親那個年紀了，況且他手下的周勃、樊噲、曹參、王陵等人都是老革命，是從老家一路打天下打到這裡的，一個從敵對陣營跑來的二十八歲的小子，沒打仗沒立功讓他當統帥，當大將軍、上將軍，這不容易做到，劉邦作為一個領導者，他的判斷力和決斷力確實是超群的。毛澤東講，劉邦是封建皇帝裡最厲害的一個。單這一點，就看得出他厲害。劉邦對蕭何說：「你明天讓他來吧，我當面任命他。」蕭何講了第三句話，那不行，你以為這是呼喚小孩子啊，呼來喚去的，你這樣他還是會走的，你只有設壇拜將，齋戒沐浴，真正以隆重的典禮來拜他為大將軍，韓信才能留下來。劉邦照章採納。聽說劉邦要任命大將軍，那些戰功卓著的老革命們都以為是要拜自己為大將軍，最後卻是拜韓信，舉軍皆驚。

這次任命，最後並沒有引發太大的騷動，歷史也沒有記載誰不滿，這也說明劉邦的領導力超強，他作出來的決定，將軍們都能遵從、執行。還有，要表彰一下蕭何，如此堅定地推薦一個沒有任何戰績、還不能證明自己有本事的人，而且把他推到大將軍位上，這真的不容易，何況這個人還是從對手那邊來的，這是有風險的。這些也說明了蕭何的赤膽忠心。

拜將之後，劉邦跟韓信講：「丞相多次向我推薦你，你有什麼妙策可以教我啊？」注意，這時候張良還在韓國那邊，不在劉邦這邊。韓信就問劉邦，說：「大王，你自己估計，勇悍仁強，你比項王怎麼樣？」「勇悍仁強」，這幾個字有些不大好翻譯，這裡面有兩條意思：一個是勇悍，就是勇敢強悍；一個是仁強，就是要「仁愛」（婦人之仁的仁），待人接物，得有點貴族的花架子。因為劉邦這個人，對人說話是不大尊重的，滿嘴跑火車。比如，英布背叛項羽後，來見他的時候，他一邊洗腳一邊接待，把人氣得半死。劉邦不大會顧及面子，但是他的心裡對人很實在，給英布居室陳設等物質待遇，與自己的一樣。所以那些不講面子只要裡子的人才樂於跟著他幹（彭城之敗後，魏王豹就受不了劉邦的態度，而拒絕再度與劉邦合作）。

劉邦默然良久，想了半天不願承認也得承認，說：「我不如項王。」韓信很高興領導有自知之明，但是，韓信說：「不過，我告訴您，我曾經在項羽手下幹過，我知道他這個人的為人，他有的是匹夫之勇，行的是婦人之仁。」

韓信說項羽是匹夫之勇，我們知道，領導不能逞匹夫之勇的。匹夫之勇是什麼呢？就是說他個人的本事很大，喑嗚叱吒，千人皆廢，但是他不能用人，不能用賢將，所以韓信說他是匹夫之勇。

為什麼韓信說他是婦人之仁呢？婦人之仁就是做表面文章。項羽見到人以後，恭敬慈愛，別人生病了，他甚至能夠流著眼淚，把自己吃的喝的分給別人，可是在別人建功立業，應該封官爵的時候，他把這官印拿在手上，摩挲來摩挲去，都摩挲壞了也捨不得給人。就是用人不知道成就人，光做表面文章。

韓信講得太形象了，官印做好了，項羽摩挲壞了也捨不得送給別人，說明項羽這個人，不懂得當領導的藝術。匹夫之勇，不能用人，婦人之仁，不能爭取人心，所以部下不跟他同心同德。

項羽不懂政治，他把義帝放逐到邊遠地方，而不知道拿這個作為政治旗號，在政治上非常失分；他在分封的時候任人唯親，諸侯都很憤怒。再加上他在咸陽的所作所為，反映出他殘暴、不得民心。

韓信分析的一個要點是，項羽失民心，失天下之心。那麼相對的，他講劉邦有什麼優勢呢？他說：「漢王你約法三章，深得關中民心；你當初本來應該被封到關中，卻把你封到漢中，天下諸侯都同情你，這也是你的一個優勢；再加上你寬厚的江湖聲譽，你一定能勝過項羽。」

劉邦從年輕的時候就「仁而愛人」，他不做太殘暴的事情：那些徒犯跑了，他就讓他們跑；有人要殺秦王子嬰，他說不能殺，人家投降了還殺什麼。但項羽就把子嬰殺了，所以劉邦是在刻意維護自己這麼一個寬厚的形象，而項羽他根本不懂這些。

劉邦聽了韓信的分析，大喜，恨用韓信之晚。

形勢分析出來了，韓信就建議劉邦應該「明修棧道，暗度陳倉」，就是假裝要通過修棧道出去，實際上從另外一條叫陳倉道的小路突襲關中地區。

韓信很快就打到了關中。打到了關中以後，也就揭開了楚漢之爭第一幕的序幕。那麼劉邦打到關中的時候，項羽在哪呢？項羽在山東，因為山東首先鬧起來了，他是霸王嘛，哪裡出事他就去哪裡維護，等於是員警。他帶著軍隊到了山東，去收拾那些造反的勢力。

二　陳平獻計

按照道理，這時候劉邦是沒有理由再繼續東進的。當時張良寫信給項羽，說：「漢王就是不滿意你把他封到漢中，他就是想得到原來關中這個地方，他打到了關中以後，不會東進，沒有別的想法了，但現在山東這幾國都要對付你，想滅掉你呢。」所以項羽他就不急著考慮西邊的事，先考慮東邊。

本來劉邦是沒有理由再東進了，可是這時候項羽給他送來個理由。當劉邦的軍隊渡過黃河，直指洛陽的時候，路上碰到了一個三老叫董公，他就告訴劉邦一個不幸的消息——項羽派人把義帝沉江了！項羽真的是不懂政治，這不是給劉邦口實嗎？這個三老告訴劉邦「師出無名，大事不成；明其為賊，敵乃可服」，現在項羽就是賊呀，他殺害了天下共主義帝，這不就是給你一個政治口號，一個討伐他的理由嗎？劉邦當即痛哭流涕，號令三軍縞素三日，大辦喪事。

我想劉邦是哭得出來的，為什麼呢？義帝對他有知遇之恩，他應該能哭得出來。義帝當初是放牛娃，比他還年輕呢，給他一個西進的任務，然後還堅持先前的約定，誰先拿到關中，就封誰為關中王，但最後卻死於非命。更重要的是，劉邦現在需要這個理由，需要明確他為什麼去打項羽，需要明確他東向打項羽的理由，就是因為項羽把天下共主給殺死了。所以他就號令天下諸侯，共同討伐「楚之殺義帝者」，這就是他的政治口號，就像梁山寨「替天行道」一樣。現在劉邦糾集了五十六萬大軍，直接殺向彭城，因為項羽現在還在山東。劉邦很快就打到彭城了，把項羽的首都給占了。

當初咸陽的金銀寶貝，還有美女，現在都在彭城了。許多美女都是從咸陽帶過來的呢，現在劉邦在這裡又見到了，他老毛病又犯了。像初入咸陽的時候一樣，在宮中大宴賓客，天天喝酒、請客。項羽氣得吐血，他是天下的英豪嘛，劉邦根本打不過他，現在卻沒想到讓劉邦把自己的老家給端了，所以他很快穩住陣腳，把軍隊留在前方，帶了兩萬精騎，直撲彭城。到了彭城，劉邦還在這喝酒、泡妞呢，項羽軍隊一下子把劉邦打得落花流水，很多士兵都被趕到水裡去了，劉邦落荒而逃。

劉邦要去家鄉接老婆孩子，還不錯，喝酒泡妞還沒有忘去接父母和老婆孩子。自從起兵以後，劉邦就沒回過家，他現在去接，項羽派人去抓。最後劉邦的父母跟老婆還有兄長都走散了，劉邦在路上碰見他的一兒一女姊弟倆，兒子劉盈五六歲，女兒最多七八歲，他就趕緊把他們抱到車上去一塊跑。可是車重了跑得很慢，劉邦就把倆人推下去，兒子女兒不要了，自己跑。隨從夏侯嬰說：你怎麼能不要兒女了呢？於是他又把他們抱上來。可抱上來車又跑不動了，劉邦又把他們推下去，夏侯嬰又把他們抱上來。所以劉邦用劍指著夏侯嬰：你再把他們抱上來，我就把你殺了。夏侯嬰說：你可以殺了我，但不能把兒子丟了。推了三次，最後幸好沒出事，帶著兒子女兒逃出來。呂后的哥哥在遠處駐紮著一支軍隊，他送劉邦回到了咸陽。

這一次狼狽的失敗讓劉邦清醒了。歷史把劉邦寫得很真實，後來的帝王很少像劉邦這麼真實的，這應該歸功於司馬遷。司馬遷寫劉邦，把劉邦寫活了。後來的帝王，個個都是高大上的樣子，好像是不食人間煙火，很少能像劉邦這麼真實。打贏了，劉邦就喝酒泡妞；一旦敗了，他就明白要做持久戰。劉邦不是輸不起的人，他認為輸了也不要緊，可以從頭再來。兒子來了正好，可以立太子、建宗廟，任命蕭何為丞相，把關中安頓好。

此前，張良因為韓王被殺，已經來投奔劉邦。劉邦對張良說：我現在一個人肯定搞不過項羽，我想將來打下來的地方都分封給別人，我不要，你看誰可以共天下。張良建議了三個人選：九江王英布，楚之驍將，可是他跟項羽有矛盾，是可以爭取的；在河南梁地的彭越，跟項羽對著幹，是可以用做盟友的；你的部下惟韓信可獨當一面。「獨當一面」這個成語就是這樣來的。劉邦實際上是在做什麼呢？在建立統一戰線，在爭取團結所有跟項羽不和的人、過去反對項羽的人，還有他自己部下能夠單獨與項羽作戰的人。劉邦的意思就是說，打完天下，這些人共分利益。除了這個以外，在他的軍隊建設上，還組建了個騎兵部隊；在戰略部署方面，一方面劉邦在中原地區拖住項羽的主力部隊，另一方面又爭取開闢新的戰場。所以項羽是在用力氣打仗，劉邦他們是用謀略打仗。

這個時候，除了張良以外，劉邦身邊還有一個空降兵，這個人就是陳平。陳平其人，據說長得很帥，「美如冠玉」，這個成語就是指他的。又一個故事說，陳平年輕的時候家裡窮，娶不起老婆，他看見有個姑娘姓張，五任前夫都死了，就託人去說媒，那姑娘的爸爸還不願意：陳平這麼窮，我姑娘嫁給他受委屈，再說吧。那時候姑娘都出嫁五次了，還不降價，因為漢唐時代的女孩子不忌諱再嫁。女孩子爺爺張負有機會在一次喪禮上接觸到陳平這個人，發現陳平很不錯才應允了婚事。這是《史記》記載的故事，《資治通鑑》裡面省掉了。

據說，陳平娶了這個女子後，家境就慢慢好起來，有時間出外學道，學本事。秦末大亂，陳平先投奔魏王，魏王不聽他的，又投奔項羽，曾經立功受獎，但是項羽多疑，他覺得沒法相處，就來投奔劉邦。來了以後，劉邦請他吃飯，一下子就跟他聊起來了，覺得這個人很有本事。你看，劉邦有雙好眼睛，能識人。劉邦問：你在楚國都在幹什麼呢？陳平說是都尉。於是劉邦就任命他為都尉，監護諸將，重要的是，他留在了領導身邊，出入跟領導坐在一個車上。

劉邦手下的人都說陳平的壞話，他們說：「大王偶爾得到楚國一個逃兵，就把他當寶貝，還不知道虛實，竟然就讓他來管我們。」劉邦不聽，對陳平更好了。這時候有周勃、灌嬰站出來說話了。周勃、灌嬰是劉邦絕對鐵杆的大將，周勃是步兵主帥，灌嬰是騎兵主帥。他們說：「陳平這個人雖然長得帥，但是其實未必有本事。」他們主要提了陳平三個問題：一個是道德問題，一個是忠誠問題，一個是貪汙問題。道德問題，說「陳平盜嫂」，他在家裡時道德敗壞，跟他嫂子有一不正當關係。第二個忠誠問題，他原來跟魏王，後來跟項王，現在跟你，老換東家。第三貪汙，大將誰給他錢多，他就安排好的工作，安排好的駐防給他，不給他錢或給他錢少的，就安排在不好的地方調防。面對周勃、灌嬰言之鑿鑿的三個問題，劉邦就不能不疑了，推薦陳平的人是魏無知，他就把魏無知召來，問：「你怎麼給我推薦這樣一個人呢？」魏無知說：「我說的是本事，你說的是品行，當今大爭之世，即使他有再好的品行，但沒本事，有什麼用呢？你就看他有沒有本事，看他的計謀有利國家與否就行，盜嫂受金之類細枝末節，不算什麼。」其實，按照《史記》的記載，陳平的嫂子就是嫌陳平整天遊學，不事生產，說小叔子閒話，被陳平的哥哥休掉的，盜嫂之事，實在是子虛烏有！

但漢王不能不考慮忠誠問題，於是，就把陳平找來了，問他：「你到魏國幹得不如意，去楚國，到楚也不行，又投靠我，一個忠誠之士，難道就這麼三心二意嗎？」陳平講：「我到魏王那兒，魏王不聽我的，所以我就走了；到項王那裡，項王不信我，光信他項家人，信他老婆娘家兄弟，雖有奇謀異策，他也不能用；我聽說漢王能用人，所以歸大王來。我孤身而來，沒有經費，我不接受別人的錢，哪來經費呢？如果我的計謀有可能採納的就採納，不能採納就算了。錢都在這裡，你看吧，我可以走人。」漢王劉邦有判斷力，他就趕緊道歉，厚賜陳平，並拜為護軍中尉，升了一級，整個部隊的調防安排，都由他來處理。諸將不敢說話了。

不拘一格任用韓信、陳平，是劉邦領導力最集中的體現。劉邦在完成這些所有的準備後，又去跟項羽對決，被項羽圍在滎陽城一年多，外援糧草不通。劉邦求和，但項羽不答應。這時候陳平出了兩個主意：一個是離間計，一個就是金蟬脫殼之計。離間什麼呢？離間項羽的君臣關係，就是破壞項羽對於范增、鍾離昧等將領的信任，使范增一氣之下，憤怒出走，最後死在路上。什麼叫金蟬脫殼呢？有個叫紀信的將軍，鴻門宴就跟著劉邦的，陳平讓他打扮成劉邦，假裝從東門投降（有的電影演成突圍），而真正的劉邦乘亂從西門逃脫。紀信最後活活被項羽燒死，但是寧死不屈。劉邦他不但能用人，而且還能夠爭取到人心的支持。

那麼劉邦逃出滎陽以後，接下來怎麼辦呢？劉邦採納部下的建議，為了方便韓信開闢北方戰場，自己領兵南下，把項羽引向河南南部，甘當配角，配合韓信的軍事行動。

三　韓信將兵

關於韓信的故事，要給大家作為一個重點講講，因為劉邦消滅項羽的主要戰爭，都是韓信打的。

首先是攻打魏地。當時，韓信軍隊集結在河西地區，準備從一個叫臨晉渡的渡口過河，河對岸有個魏國，魏王豹，過去劉邦打彭城的時候，是跟著劉邦一起反項羽的，後來劉邦失敗，他又歸附到項羽門下，劉邦派人去找他，他很生氣，說：「漢王罵人像罵個奴僕一樣，我再也不想見他。」魏王豹是貴族出身，他不能容忍劉邦吊兒郎當的市井氣、江湖氣，他更受用項羽的做派（「言語嘔嘔，人有疾病，涕泣分食飲」），就跟著項羽與劉邦作對。韓信採取什麼手法拿下魏王豹呢？他聲東擊西，假裝在臨晉這個渡口強渡，實際上他用木罌桶，從上游做成木筏，讓兵從上游過河。而當時魏國的大軍，都在黃河的下游臨晉這邊等著。韓信聲東擊西，把魏地平定了。然後又把代國，就是今天山西北邊大同地區平定。這時候項羽還在南邊被牽制著，韓信又越過太行山，出井陘口，進一步去攻打建都邯鄲的趙國。

韓信手下只有幾萬軍隊，趙國有二十萬軍隊，那怎麼能用幾萬軍隊打二十萬軍隊呢？韓信用了另外一個辦法，叫背水一戰，置之死地而後生，把趙國滅了。打了魏、趙，還滅了代，那麼下面目標是燕。這時候他聽降將李左車的建議，派人去告訴燕國，說：「你現在如果不投降的話，我大兵就來了。」這是李左車出的主意，先虛後實，他告訴韓信：大將軍接連滅了幾個國以後，天下都震懾於你韓信的威名，你現在弱點是戰鬥力尚待恢復，手下都是新兵，優勢是你名氣大，令敵人聞風喪膽，所以你不如就派個人去告訴燕國，最好投降，不投降的話，我軍隊就來打，燕國一定會投降的。韓信採納了他的建議，不以短擊長，而以長擊短。燕國果然從風而靡，投降了。投降以後呢，韓信的下一個目標就是齊國。

韓信滅齊的時候，我們看看劉邦那邊的情況。這時候劉邦又從河南的南部往北部來了，在滎陽被項羽打敗了，從滎陽落荒而逃，就帶了幾個人逃出去了，過了黃河，逃往修武（今天的焦作），韓信正在那邊駐紮著。劉邦逃到韓信軍營的時候，韓信還沒起床呢，他就到韓信帳下把大將軍印拿走了，調走全部軍隊，只給韓信留了兩千人，讓他再招募士兵去打齊國。劉邦的軍隊，在中原老是打敗仗，本錢都被輸光了，而韓信的「盈利」又都給了他。

劉邦有了韓信的軍隊，又神氣起來了，他回到了中原，採取了一個新的戰略——騷擾項羽的糧道，他不但開闢北方戰場，給韓信騰出空間，現在他又派劉賈，還有彭越，在南邊騷擾項羽的後方補給線。我們發現，劉邦是在下一盤棋，他的心中是有數的，儘管他自己在戰場上是不行的，他的戰爭基本上是輸的，但是他的輸也是為了別人贏創造條件。你發現沒有，劉邦每一次輸了以後，都接受教訓。現在他跟項羽在中原的鴻溝對峙，項羽一下子打不過來，他說：「我不跟你對決，咱們鬥智不鬥力。」對決的話，劉邦能打過項羽嗎？當然打不過，人家是小夥子，而劉邦都是老頭兒了。

這個時候發生了一件事。韓信就要打到齊國之際，六十多歲的高陽酒徒酈食其建議劉邦說：我們如果現在派人去齊國曉諭利害，讓齊國投降我們，參加我們陣營，那麼項羽他就孤立了。酈食其憑三寸不爛之舌，到齊國遊說，果然說動了齊王，齊國就撤掉了守備，等於跟漢結盟了。此時韓信還在趙國，他想既然齊國投降了就算了。韓信手下的蒯徹（漢朝後來避諱改名蒯通）是一個策士，說：「你打了一兩年，才拿下五十城的趙國，可人家憑三寸不爛之舌，就拿下齊國七十城，你這個將軍還不如人家一個書生的功勞呢！再說，漢王讓你停止攻齊了嗎？沒有啊，這樣你就去打呀。」於是韓信的軍隊呼的一下，就打過去了，齊王既然把邊疆的兵都撤了，沒做布防，所以韓信的軍隊一直打到臨淄城下。這可把齊王氣壞了，心想：原來你酈食其跟韓信是做好的局啊，一個騙我，一個打我！他覺得酈食其把自己出賣了，就把酈食其給烹了。酈食其真是死得冤枉。

齊王受了這樣的打擊，他當然就向項羽求援，項羽派了一個叫龍且的大將帶著大軍去增援，韓信集中相對優勢兵力，把龍且打敗了，占有了齊國。這時候說實話，劉邦取得絕對優勢，項羽被包圍了。這時候韓信就擔心自己的勝利果實被漢王拿走，因而想做齊王。當初在趙國的時候，劉邦任命他為趙國的國相，而劉邦未來的親家張耳當趙王。張耳當趙王也有根據的，在項羽分封的時候，就封張耳為常山王，常山就是趙國，所以也是有根據的。可是韓信呢，卻還什麼也不是，就是個大將軍，是個趙國的國相，所以他就給劉邦送了一封信，說現在為了齊的安危，為了保護漢的勢力，希望能封我「假齊王」。假齊王就是代理齊王的意思。韓信沒好意思直接說當齊王，就說只是代理一下。劉邦當即本能地反感了，認為此時自己在這裡被圍，急需他救援，他卻伸手要官，正要發作時，張良和陳平都踩了他一腳，劉邦一下就明白了：這種情況下鬧翻了，還能指揮韓信嗎？有制度上的措施來限制他嗎？有實力上的優勢能控制他嗎？沒有啊！韓信能聽自己的，其實靠的是他對自己的忠誠，就是自己對他的恩德。所以劉邦馬上就明白過來了，大聲說：要當王就當真王，當什麼假王啊！趕緊封韓信為齊王，派張良去送他的詔書，封韓信為齊王。

劉邦封韓信為齊王太及時了，因為這個時候有兩股勢力在勸韓信背叛劉邦，第一個是項羽派韓信的老鄉勸他跟項羽結盟，另一是韓信的謀士蒯徹也勸他背叛劉邦。蒯徹說：「我看你面相不好，最多不過封侯，可是看你的背，卻貴不可言。」就是說你背叛的話，就貴不可言，說你現在是功高震主，你應該自個兒幹，然後你用你的優勢來掌控劉、項，你就是天下霸主。但是韓信不為所動。韓信為什麼不為所動呢？他覺得劉邦對他有恩德，「予我數萬眾，解衣衣我，推食食我，言聽計用」，我為何背叛他呢！我想韓信之所以不背叛劉邦，有兩個緣故。第一個他覺得自己功勞大，這麼多地方都是自己打的；第二個劉邦對他很好，對他言聽計從，給他數萬之眾，拜為大將軍，給職給位又給權，還給人馬，讓他去獨當一面，韓信認為漢王不會害他，所以他斷然拒絕了背叛劉邦的建議。

四 垓下之圍

此時項羽已經處在非常被動的地位了，龍且的大軍在山東覆滅，項羽勸降韓信又遭拒絕，被整個包圍住了，南邊彭越還斷絕了他的糧草，這時候項羽就要求來講和了，因為項羽手上還有五個人質呢——劉邦的爸、媽、老婆、哥哥，還有一個管家審食其，至少有五個人。項羽說：咱們就講和，以鴻溝為界，東邊西楚，西邊大漢。漢四年（前二〇三）八月，楚軍糧盡，被迫議和。九月，就一個月後，項羽回去了。劉邦不踏實，擔心項羽將來東山再起，所以他用張良、陳平之計，突然在背面發動攻擊。項羽只有十萬人，劉邦有四十萬軍隊，約齊王韓信、魏相彭越三方一起來聯合攻楚，可是齊王韓信不來，魏國相國彭越也不來，劉邦自己的四十萬大軍被項羽打得落花流水。最後劉邦堅壁自守，問張良怎麼辦才好。張良跟他講：你這個激勵機制沒兌現，這一仗打完你就統一天下了，人家彭越和韓信有什麼呢？韓信當齊王還是他自己提出來的，他心裡還不自信；彭越呢，一直在梁魏之地對付項羽，魏的地盤也都是他平定的，你讓他當相國，是因為有魏王豹，但這魏王豹早死了，彭越卻還是相國，他也想當王。你封彭越為梁王，把淮陰、楚地封給韓信，這個條件講清楚了，他們就來了。漢王明白了，就按照張良的意見跟他們說，結果韓信、彭越就都引兵來了，後面的垓下之戰，就不需要劉邦出手了。

漢五年十二月，韓信、彭越、英布、劉賈等各路大軍一共六十萬，韓信為總指揮，將十萬楚軍團團的圍在了垓下。項羽已經是窮途末路了，他仰天長嘆，說：「我自起兵至今八年矣，身經七十餘戰，未嘗敗北，現在卻是這個下場，『此天亡我也，非戰之罪』（是上天要亡我，不是我打仗不行）。」你看這個項羽至死都不明白，他為什麼會敗。

項羽窮途末路，帶了二十八騎，到了烏江邊上。他本來是可以過江的，因為有一個亭長，駕著船在這裡，說：江東雖小，地方千里，眾數十萬，也足以稱王，現在只有我有船，漢軍來了就過不去了，你趕緊上船。項羽說：「天之亡我，我何渡為！」天要亡我，我過江還有什麼用呢？我項籍與江東子弟八千渡江而西，今天沒有一個人生還，即使江東父老可憐我原諒我，我何面目見之，難道我不慚愧嗎？所以他把乘的馬送給了這個亭長，然後自刎於烏江。項羽的屍體被五個漢軍分了，每個人拿一塊去請功，五個人憑此功得以封侯。

項羽的這番表白，從容鎮定，讓人感慨。看上去是英雄氣概，殺身成仁，但另一個層面，項羽是在逃避，逃避責任，逃避奮鬥。因為東山再起更困難，更複雜。項羽死的時候很年輕，滿打滿算也就是三十一二歲，還正是幹事業的時候，他居然說沒面目去見江東父老，而且歸之於天命。其實講命不好、運氣不好，都是失敗者的逃遁之詞。你看劉邦屢戰屢敗，屢敗屢戰，項羽一敗就起不來了，就自殺了。司馬遷當初就在這個問題上做了評論，他說：人事的成敗跟天沒有關係啊，項羽把自己的問題歸咎上天，這是很荒謬的。司馬光也說「何預天事」，跟天沒關係。司馬遷、司馬光都總結項羽的失敗，是因為不懂政治，他放逐義帝，自立為霸主，他在制度建設上，不借鑑前人的經驗，奮其私智，創制了一套前無古人、後無來者的制度。因此，項羽的死很悲壯，具有美學意義，審美意義。搞文學的都喜歡拔高項羽的形象，但是，從現實操作層面講，從領導人物的素質講，項羽的做法，還是不能肯定。

劉邦的成功之路，其實可以做個深度的分析。漢高祖五年（前二〇二）五月，劉邦自己在洛陽召開慶功大會的時候，他就問大家自己為什麼贏了，項羽為什麼輸了。大家講了很多理由，劉邦說你們只知其一，不知其二，他說，實際上我哪裡都不行啊：「夫運籌帷幄之中，決定千里之外，吾不如子房；鎮國家、撫百姓、給餉饋、不絕糧道，吾不如蕭何；連百萬之眾，戰必勝、攻必取，吾不如韓信。三者皆人傑，吾能用之，此吾所以取天下者也。」劉邦說自己的成功，不是自己行，而是自己能用那些有本事的人。劉邦深悟領導力的精髓，領導越大，權力越大，盲點越多。不管什麼事，領導都可以說了算，是因為他有權力，並不是他有這個能力。因此，能聽進別人的意見，集思廣益，兼聽則明，就是個好領導，反之，就會犯錯誤。劉邦打仗聽韓信的，治國聽蕭何的，戰略上聽張良的，所以他就成功了。

《資治通鑑》作者司馬光，曾提出領導力修煉的三條：仁，明，武。根據《續資治通鑑長編拾補》記載，講這個話，是在治平四年（一〇六七），司馬光上書給宋神宗時講的。仁就是要懂政治，關心百姓疾苦，能爭取人心擁戴，用人能成就人；明是判斷力，方向、路徑的判斷，危與機的判斷，人與事的判斷，這實際上就是重大問題上的決策能力；武是決斷力，排除干擾，把決策付諸實施的能力。他認為皇帝懂得這幾條就能治理好國家，沒有這幾條，國家就危險了（司馬光當時另外還提了三條，即官人、信賞、必罰，更多是操作層面的）。劉邦這幾條都做得不錯，他懂政治，他能爭取人心，他有判斷力和決斷力，識人用人，更是他的長項。

（參見《資治通鑑》卷九至卷十一）

【第七講】

西漢開國

劉邦建國後，花了相當大的氣力來解決功臣問題。對異姓諸侯王，劉邦未必一定要在肉體上消滅他們，但首先要考慮的是他們不能危及國家安全。劉邦封賞功臣昭示了兩個問題，一是開始重視文治，二是塑造以忠誠為第一的價值觀。

漢承秦制立國，但沒有用苛嚴的秦政，而是與民休息，無為而治，盡量為百姓創造自由寬鬆的環境，讓他們去創造財富，是為「文景之治」。

一　漢承秦制

《資治通鑑》在記載秦漢歷史的時候，沒有像理論著作那樣去探討秦為什麼二世而亡，漢為什麼百年不衰。它把這些道理融合在它的敘述邏輯當中，只要我們仔細品味，就能從中讀出些端倪來。

「非承秦不能立漢」，什麼意思呢？就是說如果不是用秦朝的制度，那就沒有漢朝，漢朝是繼承了秦朝的制度而立國的。但是漢朝並沒有完全按照秦朝的具體方法去做，漢朝用秦制但不行秦政。當然，政、制，其實這兩者也是不能夠完全分開的，制度跟政治操作之間，是有聯繫的。

舉個例子，在秦朝時候，叔孫通就是博士了，但是他噤口不言，甚至難免還有阿諛奉承之辭，順著領導的意思說話。而且在劉邦打江山的時候，他也沒怎麼推薦他的學生到朝中去做官，他的學生因此還很不滿意，他卻說還沒到時候。現在到了劉邦已建立漢朝之時，他就出來了。他幫劉邦建立一套禮儀制度。劉邦作為平民皇帝，即位之初，感覺不到皇帝的尊嚴，開國武將們一個個覺得是自己打下了江山，對皇權缺乏敬畏。叔孫通告訴劉邦，這是缺乏朝廷禮儀所致，主動提出要制定朝廷禮制。於是，他帶著他的學生和從魯國招來的儒生，制禮作樂，設計朝廷儀式，完善尊卑秩序。

當時朝廷的禮儀，非常簡單。那些舐血的暴徒，在宮廷宴會上或者喝醉了狂呼亂叫，或者拔劍擊柱，毫無規矩，混亂不堪。劉邦對此一籌莫展。叔孫通乘機說：「儒家打江山不行，但治江山是可以的。你派我去召集魯國的儒生，和我的學生一起來起草一個朝廷官員的覲見儀式。」他要規範群臣跟皇帝的關係。劉邦擔心他會搞得很複雜，叔孫通說不會複雜，禮制跟著時代變化，可以酌採古禮，然後再加上秦朝的一些儀範，編個新禮就行了。

叔孫通招攬了三十多個儒生，和他的學生一起制定朝廷儀範。搞了一個多月，他跟劉邦說可以來試試。劉邦試了以後覺得不難，很高興，說：「這個我能學會。」之後叔孫通就讓大家也學，學會入朝堂應該怎麼行走，見皇帝應該怎麼行禮。

漢高祖七年（前二〇〇）十月，長樂宮建成，諸侯群臣都來朝拜皇帝，參加歲首大典。酒宴之上，眾侍臣官員陪坐殿上者，皆俯伏垂首，按尊卑次序起身，給皇上敬酒祝頌。斟酒九巡，謁者宣布宴會結束，從朝見到宴會的全部過程，沒有出現敢大聲喧嘩，不合禮節的人。

劉邦說：「哎呀，我現在才知道，做皇帝是這麼尊貴！」他賞叔孫通五百金，很大一筆錢，而且還提拔他為太常，相當於文化禮儀部的部長。

用秦制而不用秦政的另外一個表現，是意識形態方面的。秦始皇在他的國家統一之後，做的硬體建設比較多，軟體建設比較少，尤其是思想意識形態方面太簡單。以法治國沒錯，以吏為師，除了種樹、種田、占卜等科技農技方面的書籍之外，你就不要再讀別的書了。馬斯洛講，個人的需要是有層次的，最基本的需要是什麼？就是生理的需要，吃啊、喝啊；然後呢，有安全的需要，這是基本的生存問題；再高一點層次，就是有文化、社交、情感的需求；更高呢，對自尊的要求，還有自我價值的實現的問題。你看看秦朝皇帝說的，你別的不需要了，你生活裡就兩件事，按商鞅的說法就種田和打仗，現在國家統一太平了，你還讓他去種田幹活，任何文化的東西都認為是多餘的，這是漠視人的本性的做法。

所以呢，漢朝要開始重視這件事情。陸賈經常跟劉邦談詩書，劉邦覺得很討厭，他說「老子在馬上打天下，安事詩書？」陸賈毫不退縮，淡定地說：「你馬上打天下，你能馬上治天下嗎？」這個陸賈還講：你看當初夫差、智伯、秦始皇，都只講武力，極武而亡。假如當初秦吞併天下之後，行仁義之事，提倡一些思想文化方面的建設，還輪到你來有天下嗎？《資治通鑑》用「帝有慚色」四個字說劉邦不好意思了，他知道，如果秦始皇不行暴政，沒有他的機會。他說：「那好，你就寫一篇文章，說說秦為什麼失天下，我是怎麼得天下，還有古今成敗之國的事。」

陸賈就根據歷史材料，寫了一篇歷史上的國家之所以存亡的分析長文，一共有十二篇。每奏上一篇，「帝未嘗不稱善」，皇帝都叫好，左右呼萬歲，太棒了。這十二篇文章組成《新語》一書。這個《新語》，是一部以儒家為基調，同時混合道家思想的著作。

比如《新語》裡有一篇文章〈無為〉，說道之大者，沒有能超過無為的。人的行為之大者，沒有超過謹慎、恭敬的。君子在治國的時候，要無為而治，就像沒有聲音那樣寂靜，像衙門裡沒有官吏那樣安靜，百姓怡然而且安分守己。所以說政府盡量不要干預老百姓做事，老百姓呢也別吵吵嚷嚷，就安分做好自己的事。無為而治，在當時的情景下，就要讓政府不要過度地干預百姓生產和生活。記得前面講商鞅變法嗎，政府對於生產經營特別操心，什麼都管，各種規定細碎繁瑣。現在呢，不要管，要清靜無為。

劉邦能夠聽取叔孫通、陸賈的意見，表明他有判斷力。儘管他不是儒生出身，實際上還有點輕視儒生，可是他並不是不知道，儒家思想的真正價值。所以他平定英布，經過山東的時候，親自準備祭品，前往祭祀孔子，他是中國歷代帝王中第一個祭孔子的皇帝。如果沒有陸賈、叔孫通的影響在前面，劉邦不會去祭祀孔子。這次祭孔子是在漢高祖十二年（前一九五），是劉邦去世前夕。

用秦制不用秦政的第三個表現是劉邦的分封、郡國並行的制度安排。漢初有異姓諸侯國、同姓諸侯國。異姓八大諸侯國的分封，是為了打天下時的統戰需要，爭取同盟者，共同打敗項羽。同姓諸侯王的分封，劉邦有另外的政治考慮。《資治通鑑》有這麼一段話，「帝以天下初定，子幼、昆弟少」，孩子小、兄弟不多，「懲秦孤立而亡」，覺著秦朝孤立無援，汲取秦亡的這個教訓，大封同姓以鎮撫天下。與此同時，他卻在逐漸除去異姓諸侯王，也是出於國家安全的考量。劉邦在西元前二〇二年統一之後，到西元前一九五年去世，這七年間，他就是在解決異姓諸侯王威脅國家安全問題。最有代表性的就是除掉韓信、彭越和英布。沒有異姓的分封，沒有人幫他打天下，異姓分封後他從國家安全考慮，又必須加以削弱和剪除。在國家安全問題上，劉邦很務實。

封同姓為諸侯這個問題，後來造成了一些混亂，比如七國之亂。但是你不要否定在當時這個同姓分封的意義。同姓王就是劉家的子弟：劉邦的弟弟、侄子、兒子等，離關中遙遠的東部地區，基本是分封的，主要有齊國、趙國、梁國等，作為屏藩漢室的屏障。劉邦搞的是「一朝兩制」：一個漢朝，兩個制度，郡縣制和封國制。

劉邦一共在歷史上活躍了十五年。劉邦四十八歲出來造反，前面七年多是打天下的，分兩個階段：前兩年是從家鄉打到咸陽，把秦的都城和平解放了；後面五年多，跟項羽爭天下，是楚漢之爭時期，最後由於韓信等的戰無不勝，又有張良、蕭何等人的輔佐，劉邦贏得了天下。然後還有七年多時間呢，就是採取各種措施來安定他的江山。

當他臨去世前，呂后曾經問他說：「蕭相國之後誰可為相？」劉邦說：「曹參。」曹參也老了，呂后問：「曹參以後呢？」劉邦說：「王陵，不過王陵這個人的性格太直，需要陳平一塊兒合作，而陳平呢，難當獨任，性格上軟弱一點兒，需要周勃，周勃可以當太尉。」呂后繼續問：「那他們之後呢？」劉邦說：「這就不是你所知道了。」果然到他們之後，呂后也不在了，劉邦不但能算出後面幾個宰相的人選，還能算出他老婆活多長呢。

劉邦在他的家國傳承裡面，還有一個重要的事，應該說做得也是比較出色的，就是接班人的問題。漢惠帝劉盈早就被立為太子，這是他跟呂后生的孩子。可是這個劉盈太軟弱了，劉邦不喜歡。他喜歡的是誰呢？喜歡他跟一個美女戚夫人生的孩子如意，當時封為趙王。雖然叫作趙王，但是從來沒到趙國去，還一直在父母身邊。劉邦在外面打仗，也帶著戚夫人，戚夫人想立自己的兒子為太子，有時還梨花帶雨地吹枕邊風，搞得劉邦也想換太子，廢黜劉盈，立劉如意。這一來，呂后就著急了，說：「這個女人欺負人夠狠的，奪了我的丈夫，還想奪我兒子的太子位置！」她就到處動員大臣出面反對，大臣們確實也不贊成換太子，張良又為呂后獻計，故意讓劉邦敬重的「商山四皓」（四位賢能的隱居長者）出來輔佐太子劉盈，使劉邦放棄了換太子的念頭。

這就是劉邦的過人之處。當他發現自己都無法請出山的「商山四皓」，居然甘心輔佐自己認為不堪嗣位的太子，說明太子國本已經受到全國上下的認可，就把個人的情感放在了一邊。在太子問題上，應該說，他比秦始皇強。秦始皇到死也沒立太子，臨死之前說要把位子交給大兒子扶蘇，可是卻被趙高他們給篡改了。

用秦制而不用秦政在經濟活動中最為明顯，這就是授田制度。我們前面也講過，秦始皇的時候，也有此制，「使黔首自實田」，讓百姓自己去如實上報，到底要占有多少地，能耕多少地，細節的制度我們不太清楚，但這個耕者有其田是有的。這是戰國授田制的繼續。

漢朝初年，我們從考古發現可以看到漢初《二年律令》，就是呂后的時候，也曾經推行授田制度，但是跟秦朝不一樣的是，由於劉邦實行無為而治，賦役輕省，這些制度能夠落在實處，而不是一紙空文。秦朝雖然有「使黔首自實田」的土地分配制度，但是有著無窮的勞役，這個問題沒有得到切實的推行，老百姓根本沒有時間、沒有精力去種田，只能應付無窮勞役去了。

總之，劉邦在他臨終之前，應該是基本上確定了大漢江山的各項制度。下面問題是，這個制度能不能推行下去，能不能堅持下去。

二 兔死狗烹

劉邦稱帝以後，碰到了和秦始皇有點類似的問題。按照道理說，他的情況不如秦始皇，秦始皇是把六國滅了，一家獨尊；劉邦還有好多盟友、同姓王和功臣，分封為王，分享權力。秦始皇「奮六世之餘烈」，至少從秦孝公算來，他們的統一大業已經一百多年了，如果從秦建國算起都五百多年了。劉邦卻是出自草根，靠白手起家，建立漢朝，積澱也很不夠。

從制度角度來說，我們講漢承秦制，三公九卿、中央地方郡縣制度，這些東西都是照搬的。值得提出來討論的有幾件事，第一個劉邦要處理的，漢初功臣問題。我想就這個問題詳談，其他問題略談。

我把這些功臣分為幾類，探討一個領袖人物，像劉邦他的心理狀態，他是怎麼看他的功臣的？他從哪個角度來考慮對功臣的處理問題？為我們來理解一些歷史現象，做一個參考。

首先是韓信。在漢初的異姓王裡面，有幾個彪悍的人，韓信、彭越、英布，這三個人就是當初劉邦要搞統一戰線，張良給他建議，首先跟這三人結盟的。韓信是他的部下，當然他是獨當一面的。三人之外的其他異姓王，大都是擺設，不構成大的威脅。而韓信、彭越、英布這幾個人是真的有戰功的。

韓信從齊調為楚，被封為楚王。韓信到楚國以後，他幹了兩件事，先把那個給他送飯吃的洗衣服的老媽媽找來，賜以千金，老太太發財了。又把當初侮辱他，讓他從胯下鑽過去的那個小夥子找來，任命他當中尉，說這傢伙是個壯士，當年侮辱我的時候，我難道不能殺他嗎，殺之無名，所以隱忍至此。我自己不知道別人怎麼看，我感覺到在這件事上韓信難免有點做作，矯揉造作。你大度點不殺他，或者給他安排一個什麼小隊長、小軍官，也就算了。竟然給他安排一個高級軍官。中尉是什麼呢？一國的中尉就相當中央的太尉，中尉是楚國軍隊的長官。就算要做作，也不要做成這種樣子嘛，那些跟你打天下的將士會怎麼看呢？所以韓信在這方面有點虛榮。對漂母的賞賜，表明韓信是一個知道報恩的人。

韓信到楚國以後並沒有多少時間，也就是一年不到，就有人告他謀反。漢高祖五年（前二〇二）二月劉邦登基，到了第二年的十月，也就是第二年的第一個月，有人告韓信謀反。劉邦說怎麼辦呢？就問陳平，陳平說：「有人上書說韓信謀反一事，韓信知道嗎？」劉邦說：「不知道。」陳平就說：「陛下的精兵，能比過韓信嗎？」劉邦說：「比不過。」陳平又問：「陛下的將領能打過韓信嗎？」劉邦答：「打不過。」兵精不如楚軍，將勇不及楚王，若舉兵去攻他，那不是逼他造反嘛，那可不得了。劉邦趕忙問該怎麼辦。

關於這件事我總懷疑它的真實性。為什麼呢？因為打完仗以後，劉邦把韓信的兵都收走了，韓信等於是沒有軍隊，至少沒有很強大的久經訓練的軍隊。將不如韓信是可以講的，為什麼說兵不如楚精呢？韓信打的那幾次仗，根本就沒有精兵，他那些兵都是新訓練的，背水一戰的兵都是新兵，所以韓信是能夠把那市井之兵訓練成精兵的，他有這個本事。這些文字記載，都是司馬遷留下來的，司馬光在多數情況下，都照搬了。所以就說司馬遷喜歡用一些文學的方式，表達當時的這種場景性，造成一些戲劇性的效果。

兩個月以後，劉邦就把韓信拿下了。怎麼拿下的呢？當時陳平給他出主意，大家都知道你喜歡玩兒，你要出行巡遊，天子巡狩，諸侯有晉見之禮，你去發文約好，在陳這個地方諸侯來見面，韓信一定以為不會出什麼事情，沒有什麼危險，他就會來見面，那個時候你只要一個武士就能把他拿下。劉邦依計而行，果然就把韓信拿下了。

這裡面還有點兒小插曲，有人說韓信拿著鍾離昧的頭來見劉邦的，因為鍾離昧是項羽的將領，逃亡到韓信那邊。劉邦呢，他對項羽的將領都忌憚，拿著鍾離昧的人頭不就可以去得到劉邦的喜歡嘛。但實際上《史記》裡面，它在另外一個地方，又寫鍾離昧在前一次戰爭中已經死了，這是一個未解之謎了。韓信發現了劉邦的意圖之後，他嘆息說：「狡兔死，走狗烹。飛鳥盡，良弓藏。敵國破，謀臣亡。天下已定，我固當烹！」這實際是當初蒯徹給他講的話，狡兔死，走狗烹，現在應驗了。

劉邦回答說，有人說你謀反。抓回來到長安以後，劉邦也沒有把韓信怎麼樣，降為淮陰侯，把他給放了，他是淮陰人士嘛，封侯一般按照家鄉的名字封。其實啊，劉邦並不是真正要殺韓信，憑莫須有的罪名，殺韓信這樣的功臣，好像太過分了，但是你必須從楚王的位子上下來。因為王跟侯不一樣，侯就是有一份待遇，有很多封戶，但王是有自己的疆土，有自己的軍隊和臣民，所以劉邦非要把韓信拿下來才行。

當時有人向劉邦祝賀，說齊這個地方土地肥沃，形勢險要，地方兩千里，帶甲百萬，這個地方不是你們家裡子侄輩特別親密的，一般的都不能分封。這話說到劉邦心坎上去了。劉邦給他賞賜五百金。這傢伙一句話，就得了五百金。

大概五年以後，漢高祖十一年（前一九六），劉邦臨死前一年，正在北邊代地，平定一個叫陳豨的叛將。據說陳豨跟韓信有聯絡溝通的嫌疑，這事被韓信家裡一個家人告發出來，告到呂后那兒。呂后就找蕭何，蕭何出了主意，他跟韓信說：皇帝陛下在前線打了勝仗，陳豨已被抓，要開個慶功大會，你雖然身體不好，也應該去點個卯。因為韓信已經抱病在家，不出門見人了。韓信聽信了蕭何的話，可是一到長樂宮，就被抓住，呂后把他處死了。

後人講韓信是「成敗一知己，生死兩婦人」。知己指蕭何，早年蕭何把他找回來，現在蕭何把他誘出來；生死兩婦人，那個漂母給他吃的，這回呂后把他殺了。

劉邦從前線回來後，知道這件事，既惋惜又驚喜。驚喜的是去掉了一個心腹之患，因為韓信太能幹了，呂后擔心他兒子不行，高祖何嘗沒有這種考量，但同時又惋惜韓信是一個人才，死的時候正當三十七八歲的盛年。

司馬光怎麼評論這個事呢？司馬光說：韓信冤不冤？冤。高祖之得天下，大體皆韓信之功，他拒絕蒯徹，拒絕項羽派的武涉，誠心來見高祖巡狩，都表明他沒有反叛之心。高祖把他從楚王的位置給拿下來了，封為淮陰侯，他有點不痛快，這是有的。盧綰跟韓信的功勞能比嗎？沒法比。盧綰不過是劉邦的老鄉而已，他還當燕王呢，韓信怎麼不能當王呢？所以韓信是有這個不滿之心。可是韓信本人是不是也有問題，也有不足，也有把柄給人家拿到呢？他確實有的。司馬光舉了兩件事。第一個，楚漢相距中原，滅了齊以後，不去向領導劉邦報告，而自己封王，然後請領導事後認可，領導在困難的時候，拿捏領導一把，這就不厚道了，有點市井作風。後來固陵之戰，劉邦約你韓信夾擊攻楚，你不來，因為是待遇沒講好，最後答應封你為楚王，你才來，這也很勢利，有點近乎要脅。所以，司馬光說，那時候高祖就有把韓信拿下的心思了，可惜只是力氣達不到，沒有那個能力。天下已定你還靠什麼呢？「乘時以徼利者，市井之志也。」你趁艱難時期向領導要好處、要待遇，待遇不講清楚不出手，這是市井心態。而有功要報，這是君子之心。韓信以市井之志來跟領導講條件，但是希望領導拿出君子之心來回報他的功勞，毫不計較他當年的要脅行為，這就難了。

所以我講韓信對漂母給他飯吃，他馬上說要報恩，事實上也重重地報了恩。知恩圖報，本來是美德，但這種價值觀，如果反過來用於他人，認為自己為別人做了事，立了功，別人也得回報自己，否則就不幹。這在職場上就會找來麻煩。為人處事真的是不容易，沒功勞別人說你沒本事，有功了以後你要學會謙讓，否則你就招人嫉恨，乃至被卸磨殺驢。

所以司馬遷說，如果是韓信學學道家的謙讓，不居功自傲，不自以為多麼了不起，那麼也許他還能保全下來，他就可以享受子孫後代的祭祀了。我想這一種分析，也還是有一定道理的。

三　封賞功臣

漢初建國，功臣有幾個類型。韓信被殺，既跟他心懷不滿、參與謀反有關，同時也是因為呂后擔憂，韓信會給繼位的兒子造成威脅，所以不管韓信謀反是真是假，就給他殺了。彭越、英布的命運，也與此類似。他們是漢初功臣中的第一類。劉邦生前幾乎把異姓王都拿掉了，這也是他鞏固政權的一個措施。

漢初還有一類功臣，比如蕭何、張良、陳平等。劉邦對蕭何的才能非常讚賞，我們從他封功臣的時候看得出來。

蕭何封侯，食邑甚多，有的功臣不滿意，說，我們披堅執銳，疆場廝殺，大戰百餘合，小戰數十合，蕭何從來沒有汗馬之功勞啊，為什麼待遇比我們高呢？劉邦也不會說話，他說：你看見打獵的嗎？看見殺野兔的嗎？打獵的時候追殺野兔的是誰呢？是狗。指揮這狗去殺野兔的，是人。你們的功勞就像那個狗，是追那個兔子的；但是蕭何呢，他是指揮下命令的人，他功勞就像那個指揮的人。如果劉邦老是這麼說話的話，這就麻煩了，你老是這麼說，你不是老是讓你的部下不開心嗎，你這領導怎麼當的？

在給功臣排名的時候，有人提出平陽侯曹參功第一。因為漢朝人學秦朝人打仗算工分，就是說你多少人打敗敵人多少，獲敵軍首級多少，自己傷亡多少，都有算分的公式。工分算下來，曹參功第一就是第一功臣。這時有一個叫鄂千秋的關內侯，就出來講：你們都錯了，攻城野戰之功，是一時之事，蕭何的功勞才是萬世之功。他說劉邦多次失敗，多次亡眾，多次沒有糧草，都是蕭何把糧草及時送上，把軍隊及時送上，從來沒有讓領導有過缺糧缺兵的時候，這是萬世之功，所以蕭何第一，曹參次之。這個鄂千秋是能察言觀色的人，為什麼呢？你想想劉邦前面都這麼表態看重蕭何了，你還要把蕭何壓下去，把曹參放在前面，這人傻不傻？這時候有鄂千秋這樣識時務的人出來說話，劉邦只要順水推舟就行了。

領導不要總是直接跟部下發生衝突，如果一而再地違逆部下的心思，領導的情商就太低了。蕭何功第一了，可以穿著鞋子佩著劍上殿，享受特殊待遇，入朝也可不趨（快步疾走），可以邁著四方步去見皇帝了。劉邦說：我聽說進賢受上賞，蕭何的貢獻高，因為有鄂君的闡明才更清楚，所以就把鄂千秋封為列侯。從這些事看，劉邦真的很器重蕭何，對蕭何很好。

但是，如果只說劉邦懂得如何分封，如何處理下面的功勞，那就簡單了。劉邦更重要的是，他對蕭何是懷疑的、疑忌的。

漢高祖三年（前二〇四），漢王、項王在京索之間拉鋸戰的時候，劉邦曾多次請人慰勞丞相蕭何。漢高祖十一年（前一九六），劉邦把淮陰侯殺了後，派人拜丞相為相國，加封五千戶，還給他配了五百人的衛隊。再過一年，黥布反的時候，劉邦雖然帶兵在外面打仗，也多次派人去慰勞丞相蕭何。

史書上對此都有記載，這三次其實都是劉邦在疑忌蕭何。劉邦為什麼懷疑蕭何呢？領導的權力太重大了，他一定是多疑的。沒有一把手不多疑的，只要是一把手，他對別人挑戰他的權威都是多疑的。這是位高權重者「居安思危」的必然表現之一。問題是疑在哪兒，怎麼樣處理這個疑？有的人呢，一疑就表現出來了，所以搞得眾叛親離。有的人用一個極端手段，把疑的人都給幹掉了，結果是自毀長城了。劉邦不是，疑是疑，但是他還有進一步的措施來處理這個疑的問題。這是跟對手有關係了，就是看被懷疑的對方是什麼樣的人。韓信、彭越這些人，包括英布，他們的覆滅跟他們自身處理領導懷疑不當有關。

再看蕭何是怎麼處理的。漢三年，項羽與劉邦在那兒打得難解難分的時候，劉邦寫信給蕭何，表達深切的慰問。蕭何身邊工作人員對他說：漢王在懷疑你，否則，漢王在外面辛苦打仗，櫛風沐雨，怎麼反倒慰問起你來了呢？蕭何說，怎麼辦？這人說，你如果把你的子侄輩都送到前線去當兵，主上就不懷疑你了。

韓信被誅以後，劉邦又對他懷疑，怎麼辦？有人建議他把家財都拿去充軍，都拿去做軍需，那就不懷疑他了。第三次懷疑的時候，西元前一九五年，這一年黥布謀反，劉邦親自帶著兵打，他對蕭何在後方不放心。有人跟蕭何說你太得民心了，你如果貪汙貪腐，搞得名聲壞一點，領導就對你放心了。最後蕭何這樣做，「上大悅」。

這個告訴我們什麼呢，就是領導對有重要功勳的人，疑是肯定的。但我們處理疑有兩種誤區，一種是反正我是心比日月，絕對是沒有任何叛逆之心的，所以不在乎，這種人很可能會出事。另外一種是不用一個恰當的方式解決領導對他的疑，而是在以極端的方式，從此就走向對抗了。這是兩個誤區。所以講蕭何的這些事情，我們要表達這個意思。

張良、陳平也是功臣，他們在處理功勞問題與眾不同，就能看出他們的過人之處了，這就是不爭功、懂感恩。人們都喜歡感恩的人，領導也是這樣，沒有哪個領導不喜歡感恩的人，感恩是人類的基礎道德之一。

張良作為謀臣，沒有戰鬥之功，劉邦使他自擇齊地三萬戶。三萬戶是什麼概念呢？蕭何、曹參這些人封戶最高的，也就一萬戶左右，現在卻讓張良挑齊地三萬戶。但是為什麼劉邦這麼跟他講呢，我估計劉邦也認為張良不會要三萬戶的。張良很會說話，他說：「陛下，我起下邳，跟你在陳留相會，這是天以臣授陛下，陛下用臣計，幸而有時候還真中了，不是我有本事是運氣，你就把我封個留侯，作為我們第一次會面的紀念吧！不敢當三萬戶，萬戶侯足矣。」

張良這個話表達兩個意思，第一個退讓不要三萬戶，第二個，你就給我封為留侯吧，留是我們見面的地方，做個紀念。如果不是陛下，哪有張良今天，表示他懂得感恩。

劉邦封陳平戶牖侯。陳平說：「這不是我的功勞。」劉邦很奇怪，就說：「我用先生之計戰勝克敵，不是你的功誰的功呢？」陳平說：「如果沒有魏無知，我哪能來你身邊工作呢？」因為陳平跟劉邦這樣講，劉邦又大賞魏無知。你看看陳平也表達了感恩的意思，說明人不忘本。

所以你看看謀士，這兩人就表現得比較聰明。但是你也知道，謀士是很難構成造反的力量的。造反的要麼像丞相這樣一種人，在全國有影響力；要麼是大將，掌握軍隊的，像張良、陳平的書生一般不會。

劉邦的分封功臣，也不是沒有遇到麻煩。麻煩還是有的，他已經封賞了二十多功臣了，進展很慢，其他人日夜爭功，不能決高下，都說自己的功勞大。劉邦在分封過程中，難免有一點按照自己的愛憎來處理問題，先受分封的，往往是他信任的，跟他關係好的，受處罰的都是跟他關係不好的，他不喜歡的。這就有一點上下其手，任情愛憎。張良覺得不妥，可是這種事怎麼跟劉邦提呢？怎麼跟他說才能達到效果，又不把自己纏進去呢？

張良聰明。有一次，劉邦出行，從復道（宮殿之間的空中走廊）上走過去，看見那些將軍們坐在地上，大聲喧嘩，面紅耳赤。劉邦問：「他們都吵個什麼呢，搞得面紅耳赤的？」張良說：「陛下不知道嗎？他們在謀反呢！」哪有領導問起來，你才講這是謀反，顯然張良不是在揭發人家謀反。劉邦問為什麼謀反呢？張良就講：「陛下起兵，靠這些人得天下，現在陛下貴為天子，分封的都是你喜歡的，誅罰的都是你不喜歡的。主管部門按功勞封賞，計天下戶口，都不足以遍封。這些人既擔心得不到封賞，又害怕因為平常過失得罪陛下，被您誅殺，所以他們想起來謀反。」

劉邦憂心忡忡地說：「那怎麼辦呢？」張良說：「大家都知道的，您平生最討厭的是誰呀？」劉邦說：「雍齒，我最討厭他，他曾經不服從我，搞得我很難堪，我多次想殺他，但他功勞太多，我又不忍殺。」張良說：「您現在馬上封雍齒。雍齒這種人都得到封賞了，大家就會放心，覺得自己也會得到，不會出事。」

於是，劉邦安排了一次盛大宴會，隆重地拜雍齒為什邡侯（什邡，在今成都郊區），並且讓職能部門抓緊封賞的流程。群臣散會以後，都興高采烈地說，連雍齒都封侯，沒事了，我們也會得到封賞的。

一個領導人物要心胸廣大，心胸廣大到能藏汙納垢，人家才能夠鐵著心跟你幹。否則每個人小心翼翼，有一點毛病，就怕你將來抓辮子，大家就離心離德。

處理戰後工作，不光是分封，還有納降其他一些事情。項羽有兩位將軍，一個叫季布，一個叫丁公，這兩個人是同母異父的兄弟。劉邦要抓季布，季布曾經窘辱過他，季布毀髮變容，藏匿在一個農家，其實是一個俠客人家。這家人讓季布在他家為奴種地，他知道這是季布，知道季布很有本事。這個東家，就去找劉邦的親信夏侯嬰，說：「季布有本事，你把他逼急了，南走越，北走胡，那不是把人才送給敵對勢力嗎？你怎麼能恨季布呢？各為其主嘛，當年跟著項羽的人那麼多，你能誅殺得完嗎？」劉邦明白了，不但赦免季布，還給了他一個官。季布後來在文帝時候，還做到郡太守的高位。

丁公曾經在短兵相接之時，放了劉邦一馬。劉邦稱帝，他來謁見，心想，你現在當皇上了，我當時救過你的命，怎麼也得給點好處吧。劉邦這個傢伙很厲害，不但不賞賜丁公，還把他捆起來，在軍中遊行示眾，說，丁公為項王之臣，不忠，使項王失天下者就是這種人，殺了，使後為人臣者，不會再效仿丁公這樣的人。對丁公的這種處理，司馬光很讚賞。他讚賞劉邦，是在用這種辦法，塑造忠臣。不過，我覺得劉邦還是太狠了點，你可以不用他，把他廢了就行了，不鼓勵，不一定非要殺了他。

總之，劉邦建國以後，他花了相當大的氣力，來解決功臣問題。對異姓諸侯王，他未必是一定要肉體上消滅他們，但是他要考慮他們不要危及國家安全。彭越、英布這些人，擔心一朝兩制、郡國並行的體制不能持久，所以他們有不自信的原因。韓信呢，被免了王以後，就心懷不滿了，就有過激行動。劉邦的封賞功臣，昭示了兩個問題：第一，抬高蕭何的功勞和地位，不僅僅是對蕭何的重視，而是對文治的重視，相應地要壓低武將在國家政權中的地位和作用——對文治的重視，是由武轉文的一個標誌性的事件；第二，劉邦對雍齒、季布等人的寬厚，對丁公的處理，反映出劉邦要塑造新王朝的價值觀，臣下以忠誠為第一的價值觀。

四　諸呂之亂

劉邦死後，劉盈登基，實際主持朝政的是呂后。呂后這個人雖然權力欲望比較強，心也有點狠，她把趙王如意的媽媽戚夫人給殘害了，如意也毒死了。但是呂后卻切實的踐行著劉邦無為而治的黃老思想，使老百姓得以休養生息。其兒孫輩的文景之治，也繼續實施這套既定國策。

雖然制度有延續性，可是這個政治權力的更替，還是有波瀾，因為呂后覺得自己缺乏權力的基礎，所以她對呂家人要大力提拔，立呂家的孩子為王。我們知道呂后的爸爸呂公，生了兩個兒子兩個女兒，她的兄弟都是老革命家了，她的妹婿樊噲也是老幹部了，現在她要立諸呂為王，就是她的侄子輩為王。

王陵這時繼蕭何、曹參之後，擔任丞相，他反對呂后封呂氏諸王。他說，老爺子劉邦當初已經約定，殺白馬盟誓，「非劉氏而王，天下共擊之」，封呂氏為王不符合當初的約定。王陵堅持原則，呂后不高興了，她就問陳平和周勃。陳平和周勃說高祖打天下，他封他的子侄為王，您現在臨朝稱制，您姓呂，封呂家人為王，沒什麼不可以。呂后覺得這兩人支持她的做法，她就很高興。散朝之後，王陵責問陳平和周勃說，當初先帝歃血盟誓，你們不是都在場嗎，現在高皇帝不在了，你們卻獻媚於太后，太后想封呂家為王你們都不反對，你們將來還有臉在地下去見高帝嗎？陳平、周勃說：現在跟太后面折廷爭，當面頂撞，我們比不上你，但是，最終保全社稷、安定劉氏，你也未必如我們。王陵沒法應答。

十一月，太后明升暗降，以王陵為太子師，實際上奪掉他的相權，王陵就抱病不幹了。呂后派陳平為右丞相，即第一丞相，取代王陵的位子，另外以辟陽侯審食其擔任左丞相。辟陽侯審食其實際上是呂后的親信，在呂后被項羽囚禁的多年中，她身邊就是跟著這個審食其。史書講，審食其得到寵幸，但寵幸有沒有超過一般的男女之間、領導和部下之間的關係，稗官野史卻有不同說法，不管怎麼說，反正他是最得寵的。審食其為左丞相，就是第二丞相，其實他就相當郎中令，辦公廳主任一樣，在宮中為呂后掌管日常工作。審食其「故得幸於太后」，一向得到呂太后的信任，一般朝務的處理，就是他說了算，是呂后對外的代理人。

陳平這種能屈能伸、審時度勢的態度，有人覺得不恥，但我覺得陳平的做法，「卒安劉氏」，從長遠的角度來看，叫「識時務者為俊傑」。陳平的智慧，周勃的能力，劉邦生前是看到了的，他在臨終之前，給呂后推薦人選，說的都是實在話。事情的發展，也確實是如劉邦所料，陳平、周勃的合作，最後把大漢江山鞏固下來。

你不能不佩服劉邦，他實際上對她老婆的優缺點看得很清楚。優點是她能繼承他的政策，把劉家穩固下去，因為繼位的皇帝畢竟是她的兒子。缺點是呂后這個人，可能比較自私。你看一件很簡單的事情，她兒子劉盈當皇帝，那皇后是誰呢？居然是呂后的外孫女、劉盈的外甥女。呂后給劉邦生了一兒一女，女兒嫁給張耳的兒子趙王張敖，後來生了個女孩，就是呂后的外孫女。呂后為了親上加親，竟將自己年幼的外孫女張嫣立為漢惠帝的皇后。這輩分都搞亂了。

婚禮是在漢惠帝三年（前一九二）十月壬寅日舉行的。呂后希望張嫣能生子，但由於張嫣年紀實在太小，只有九歲，舅舅劉盈也覺得無法與外甥女圓房。據說張皇后終身是處女，更別談懷孕生子了。呂太后於是設計教她假裝懷孕，再強取漢惠帝與宮女所生之子劉恭，謊稱張嫣所生，而後將劉恭的生母殺死，立劉恭為皇太子。四年後，二十四歲的劉盈去世，少帝即位。

呂太后就這樣在惠帝之後，又臨朝稱制八年多，西元前一八〇年的七月，呂太后病重，這時離劉邦去世已經十五個年頭了。這十五年無論是劉盈在位，還是少帝在位，都是呂后實際掌權，《史記》乾脆給呂后立了「本紀」。現在，知道來日無多，呂太后她跟侄子呂祿講：呂氏為王，那些大臣心裡不服，如果我死了，皇帝年少，大臣恐會生變，所以你們要保衛好皇宮，不要前往送葬，以防被別有用心的人算計。她還安排趙王呂祿為上將軍，呂產為相國，由他們倆分管南北軍。

八月十八日，呂太后駕崩，史書上說「諸呂欲為亂」。這個話我總覺得有點蹊蹺。諸呂為什麼要為亂呢，亂什麼呢？現在的皇帝很小，由他們輔佐，皇后還是呂家人，軍隊也在呂家人手上。那呂家作亂有什麼意義呢？我想應該是說，當時那些老功臣，周勃、灌嬰跟劉邦打天下的，還有陳平，這些人在呂后專權的時候，敢怒不敢言，現在呂后不在了，他們就想把政權奪回來。實際上，這個事情的起因，不是從老功臣發起，而是從劉家的後代發起的。

朱虛侯劉章是劉肥的次子。劉肥就是劉邦婚前的那個私生子。劉肥被封為齊王，生了好幾個兒子，大兒子劉襄繼承他的位子為齊王，另外兩個兒子在朝廷，即朱虛侯劉章和東牟侯劉興居。朱虛侯劉章、東牟侯劉興居兄弟二人想起兵誅殺諸呂，然後立他哥哥齊王劉襄為帝。於是，劉襄在山東首先起兵。

齊王劉襄是漢高祖的長孫，劉襄起兵，既為平諸呂，也是為了爭奪帝位。劉襄在起兵時，設計挾持了輩分較高的琅琊王劉澤，奪取了其軍隊。劉澤假意提出，自己前往長安，說服眾臣立劉襄為帝，但他到了長安後，卻指出劉襄的舅舅駟鈞不是善類，如果立了劉襄，呂氏當國的事情又要重演。

在朝廷這邊，呂產、呂祿派灌嬰前往鎮壓齊王劉襄。灌嬰到了滎陽前線，心想：我是為誰幹呢，我為誰忙活呢？諸呂危害社稷，我幫助他去破齊，那我不是傻嗎？所以他就屯兵滎陽，按兵不動，讓人告訴齊王和其他劉姓諸侯說：我們先等等看，朝中呂氏會拿出一些什麼辦法來，有些什麼動向。這樣呢，山東軍隊造反的就停下了，朝中的呂祿、呂產，辜負了他姑姑呂后的一番苦心，他們不是那個料，沒有本事穩定朝局。

《史記》和《資治通鑑》都記載呂祿、呂產欲作亂，我想這個「作亂」的意思，就是他要想清洗朝中的那些向著劉氏的老臣，內憚周勃和劉章，外畏齊楚等諸侯之兵，又怕灌嬰在平叛前線倒戈，沒有了主意，不知如何是好。

這時候，周勃與陳平動員呂祿的好友酈寄出面，酈寄的父親酈商，也是與劉邦一起打天下的老幹部。他們派人去做呂祿、呂產的思想工作。大意是讓呂祿、呂產放下軍隊，到自己封國做王。他說：「趙王回到趙國去，梁王回到梁國去，一個放下將軍印，一個放下相國印，我們大臣保證你安全，齊兵一定會撤，大臣得安，足下高枕而臥，統治千里之地，此乃萬世之利呀。」呂祿果然相信這話，想把兵交給太尉，使人告訴樊噲的老婆和其他一些家裡老人。有的說行，有的說不好，是退一步好呢，還是進一步好，猶豫不決。樊噲的老婆呂嬃知道後大怒，說：「你為將而把軍隊丟了，一定死無葬身之地。」

好了，其實我們想一想，呂后臨終之前跟呂祿、呂產講的話，他們都沒記住。這兩個人不是搞政治的材料，沒有能力能夠掌控中央的軍政大權、震懾其他老臣、搞定山東齊楚起兵的本事。

後來周勃、陳平謀畫策略，設計讓上將軍呂祿交出了兵權。參與這個活動的，有幾個官二代：平陽侯曹窋，曹參的兒子；酈商的兒子酈寄，他跟呂祿是好朋友；紀信的兒子紀通，就是當初假扮劉邦犧牲的那個紀信。總之，這些老臣就設計讓呂祿、呂產讓出兵權，捕殺諸呂，處死呂家老小，奪回了朝中的政權和兵權，還要廢掉小皇帝。

大家認為，現在在位的小皇帝，血統很不清楚，不能確定是劉邦的孫子，沒有合法的身分，應當被廢黜。那麼立誰呢？有人說立淮南王劉長，這倒是劉邦的兒子，從小是跟著呂后長大的。她母親原是一個趙國的姑娘，劉邦去視察，當地官員讓趙姑娘侍寢，她就懷孕了，生下了孩子，報告給朝廷，呂后壓著，沒讓劉邦知道。這位剛烈的女子就自殺了。事情鬧大了，劉邦知道了，叫呂后撫養這個孩子，取名劉長，後來封為淮南王。這樣一來，劉長就與呂太后有了一種不同的關係。加上劉長性格乖戾，大臣覺得不是合適人選。

劉長還有一個哥哥，代王劉恆，是劉邦與薄夫人所生的孩子。最後大家立代王，不一定是因為年齡最大，更重要的是代王很低調，他母親也低調，在齊楚起兵誅諸呂的時候，他們都沒摻和，最後反倒是立的他。

五　文景之治

代王劉恆在代國逍遙於朝廷權力爭鬥之外，卻是漁翁得利被迎立為帝。當初，陳平、周勃立他，並不是因為他有多大本事，而是因為他低調和謙卑，母家薄氏謹慎良善，他本來就仁孝寬厚，不那麼強勢。陰差陽錯，各種原因交織在一起，劉恆從代國繼位了。

劉恆在接到消息的時候，還不放心，不知是真是假，問了大臣，問了太后，甚至還問鬼神占卜。大臣有兩派意見，一派說不能去，這是詐，高祖的這些大臣多謀多詐，此去凶多吉少。但是有一個叫宋昌的中尉堅決支持劉恆前往長安。宋昌的父親宋義，就是在鉅鹿之戰前夕被項羽殺死的那個卿子冠軍。宋昌說：「為什麼說這次請您去當皇帝是真的呢？第一，別人不敢，別人沒這條件。因為天下紛爭，別人沒有合法性，天下是劉家打的。第二，高祖分封子弟，犬牙相交，屏障王室，保護朝廷安全，天下服其強，誰能搞得定。第三，劉家得人心。當初高帝約法三章，施德惠，人人自安，你看看諸呂那麼狠吧，周勃入北軍振臂一呼，左袒為劉氏，大家都左袒，所以人心所向。那麼他們已平定諸呂之亂。再找別的人治理這個江山也沒有可能性。所以一定得劉氏。而你現在年紀最長，而且賢聖仁孝，聞於天下，所以大臣他們都是真心實意擁立您稱帝，大王，您就別懷疑了。」

後來劉恆，派他的舅舅薄昭去長安了解情況，見了絳侯周勃等，大臣們都說明了為什麼迎代王。薄昭帶回來了準確資訊，代王就跟宋昌講，果然是真的，然後他們就去長安了。

到了長安，還有幾件事值得講。當時周勃來見宋昌的時候，說我們找個方便的地方談話，宋昌說王者無私，要麼就在這，大夥在一塊說。宋昌很精，找個地方說話，他擔心有意外。萬一他偷偷地跟周勃走了，有什麼不測怎麼辦？所以宋昌辦事說話很得體。太尉他們到了代王的駐京辦，跪著獻上天子的符、璽。

就這樣，從代邸用皇家的專門車隊迎劉恆去繼位了。文帝從代邸去繼位就做了兩件事，一個是安排了他在代國的中尉宋昌為衛尉，即警備司令，鎮撫南北軍，南軍北軍是長安最重要的兩支禁衛軍；一個是把他從代邸帶來的郎中令，升任現在漢王朝的郎中令，相當於辦公廳主任。郎中令上傳下達，警備司令保安全，其他的職位沒動。那麼下面就有人在處理這些善後事宜了，比方說把那個小皇帝和其他的一些覺得不是劉氏後代的孩子，以及諸呂殺了。然後讓周勃、陳平主持朝政。

陳平很聰明。他說：「高祖的時候，周勃的功勞不如我，誅諸呂我的功勞不如周勃，請把丞相讓於周勃。」文帝就以陳平為第二丞相，即左丞相，周勃為右丞相，第一丞相，大將軍灌嬰為太尉。周勃也覺得自己確實是了不得，認為自己的功勞最大。皇上對他也非常敬重，甚至有些謙恭，下朝的時候，以目相送，直到看不見他。

有一次文帝就問他：「現在天下一年決獄幾何？」就說有多少刑事處理的案件。周勃哪知道呢？他不知道。文帝又問：「這一年財政出入情況怎麼樣呢？」周勃還是不知道，惶恐得直流汗。再問左丞相陳平，陳平說有主管部門知道的，要問司法、刑獄方面的事情，可以問廷尉；要問錢穀糧草方面的事，可以問治粟內史（像財政部長一樣）。那文帝問：「假如各有主事者，那你管什麼呢？」陳平說：「宰相要管宰相的事，佐天子理陰陽、順四時，下遂萬物之宜，外鎮撫諸侯，使百姓親附，使卿大夫各得任其職，這就是我的任務。」帝乃稱善。

這段話很有名，陳平知道一個當宰相的，應該做什麼不做什麼。宰相就是要有大的方針設計，同時要平衡內外的關係。使得各個崗位上的官員，各得其職。就是說，宰相的職責是多考慮宏觀問題，戰略性問題，不是部門主管。陳平獲得文帝的認同。這時，周勃才知道，自己比陳平水準差遠了，過了些日子，他就主動提出辭職了，這個丞相我做不了了，請歸相印。文帝也同意了，就免掉周勃的右丞相，左丞相陳平單獨為丞相，不設左右了。

你看，陳平謙讓一下，最後卻成了唯一丞相了。陳平這是什麼樣的一種智慧呢？他讓周勃，最後周勃幹不成，他倒獨享了。是他有意這麼做的嗎，還是他確實感到必須讓周勃，因為周勃功高過自己，這樣二人共事的時候，才不顯得尷尬呢？我們可以琢磨一下的。

文帝時期的為政情況，通常被概括為：輕徭薄賦，與民休息。文帝這個人呢，是相對地比較軟一點的人。所謂軟一點，就是他的容忍度高一些。比如說，當初吳王劉濞的太子跟文帝的太子劉啟一塊兒玩遊戲，劉啟把劉濞的太子失手打死了，這個事劉濞就不滿了，屍體運回蘇州，他竟然讓人又運回長安去，劉濞還從此稱病不朝覲。最後文帝還是讓步，不了了之。文帝還寫信給劉濞說，你年紀大了，以後就不要朝覲了。就是有點和稀泥了。

文帝在用季布、用賈誼問題上，都表現出他的優柔寡斷。他很欣賞賈誼，但卻沒重用，因為周勃、灌嬰等老幹部對賈誼不滿，將他排擠出朝任長沙太傅。季布呢，本為河東太守，從地方召來，本欲重用為御史大夫，有人說他壞話，文帝耳根子比較軟，也就沒有任用，又讓他回河東去。

文帝的時候，已經暴露的問題，就是地方的諸侯坐大。比如淮南王劉長，公然私自把朝廷大臣審食其殺了。他認為，審食其當初有責任說服呂后，阻止他母親自殺。文帝赦免其罪不問。後來劉長居然謀反，死於流放到四川的路上。

淮南王謀反這件事，已經充分表明，本來是為了維護漢王朝中央集權安全的諸侯王，也有可能轉變成王朝的威脅。賈誼的〈治安策〉特別強調兩件事，一是要以禮儀治國，一個就是諸侯王尾大不掉的問題。太子的老師晁錯，也提出了諸侯問題，但是文帝並沒有太在意。一直到景帝即位，晁錯任御史大夫，急切的提出諸侯國的問題，特別是吳楚諸侯國的問題，他力主削藩。

晁錯削藩，引來了七國之亂，他們以誅晁錯、清君側為名，景帝聽信了別人的讒言，企圖殺掉晁錯以換取七國兵退。最後雖然殺了晁錯，但人家根本不退兵，誅晁錯只是諸王謀反的口號而已。

景帝啟用大將軍周亞夫平藩。周亞夫是周勃的兒子，將門虎子，他很快帶著軍隊，與竇嬰等配合，平定了七國之亂。景帝想起他父親曾經跟他講過，如果外面有戰事要帶兵出征，可以找周亞夫。因為有一次文帝視察軍營的時候，別的軍營都能隨便進去，就周亞夫的軍營說將軍有令，即使天子也必須要通報，也必須下馬。文帝視察完之後讚歎久之，說人家這才是帶兵呢。

總之，文景之治時代，一方面是無為而治，國家無事，給老百姓盡量在經濟上創建一個自由寬鬆的環境，讓他們去創造財富；另一方面，是七國之亂的醞釀和暴發，以及戰後逐漸地削弱乃至取消地方上的封國。

到了武帝繼位的時候，大漢的江山已經走了六十多個年頭了，劉邦去世都已經是四十五年了，留下一個天下無事、社會和諧、經濟發展的治世景象。《漢書．食貨志》記載說，漢朝建立之初，由於經濟凋敝，徭役多而財富少，天子都不能找到四匹毛色一樣的馬駕車，將相有時只能乘牛車，百姓沒有什麼財產積蓄。文景之後，四十餘年，清靜節儉，加上前面的劉邦、劉盈、呂后的二十多年，六十多年時間裡，江山鞏固，田疇墾闢，人口增殖，倉廩豐實，賦役輕省，有利於商品經濟的發展。「京師之錢累巨萬，貫朽而不可校，太倉之粟陳陳相因，充溢露積於外。」

偉大的漢武帝，就在父、祖輩幾代人事業的基礎上，使漢朝的江山，走向一個新的鼎盛階段。

（參見《資治通鑑》卷十一至卷十六）

【第八講】

漢武大帝

漢武帝對內加強中央集權，對外開疆拓土，儒外法內，王霸雜用。他一方面「罷黜百家，獨尊儒術」，另一方面在實際選拔人才中，又不拘一格，注重實際幹才。

漢武帝熟諳權變之道。原則、制度是不變的，而社會和世事是不斷變化的，兩者之間難免會有不契合之處，採取變通的措施和做法，以權變之道來處理，是最好的選擇。

我們上一講談劉邦的家國傳承，特別強調了這麼一個問題，就是劉邦繼承了秦制，但是沒有用秦政。其實，政、制這兩個方面，也是有聯繫的，三公九卿、地方郡國，這些大體的制度，很難改變的。但是劉邦任命叔孫通等人制禮作樂，在治國理念上，提倡無為而治，地方上實行郡國並行（郡縣制兼帶分封制），都是跟秦朝不一樣的。呂后主政、文景之治，都是無為而治，繼續推行授田制度，實行低稅收政策。劉邦與呂后，又不斷地改進治理結構，清除建國過程當中一些負面的東西。比方說除掉異姓王，然後分封同姓王；當同姓王出現難以控制的局面時，逐漸把它平定了，最典型就是，文景時期對付吳楚七國之亂。

後元三年（前一四一），漢景帝駕崩，漢武帝即位。漢朝經過六十多年的休養生息，為雄才大略的漢武帝劉徹大施拳腳，提供了物質基礎。

漢武帝其人，跟他的前輩不一樣，劉邦是平民出身，文帝、景帝年輕時也吃過苦，景帝還是在山西長大的。但武帝不一樣，他是真正的官二代、富二代，是深宮之中長大的。他的母親身世也不尋常，他的媽媽是結過婚，生了孩子，後來又離了婚，才嫁給漢武帝的父親的。景帝當時是太子，想要什麼樣的女孩子沒有啊，卻找了個離了婚，生過孩子的人。可見漢朝人對這些貞節之類的事是不在乎的。而且或許正是因為王夫人曾為人妻、曾為人母閱歷頗豐，所以她有主見，在後宮的競爭當中脫穎而出。

一　金屋藏嬌

在這裡面特別要提到的就是一個叫「金屋藏嬌」的典故。漢景帝有十四個兒子，大兒子劉榮，母親栗姬。漢景帝還有一個皇后姓薄，是文帝的母親薄太后的娘家人，後來由於不生孩子，景帝也不喜歡，就廢了。漢景帝立了栗妃的兒子，也就是大兒子劉榮為太子。可是漢景帝的媽媽竇太后，還一心想立景帝的弟弟梁王劉武為太子，那怎麼最後能花落劉徹身上了呢？這個太子之位得來，就跟「金屋藏嬌」這個典故有關係。

景帝姊姊長公主劉嫖，有個女兒名陳阿嬌。劉嫖想把女兒嫁給太子劉榮，可栗姬不幹，這劉嫖就覺得受到挫折了，就跟劉徹的母親王夫人說這事，王夫人抓住機會立刻表示願意結親，劉徹當時還是個四五歲的孩子，也用童稚的聲音一本正經地說：「我要是娶了阿嬌做媳婦，我要造個大大的金屋，把她藏在裡面。」「金屋藏嬌」的典故就這麼來的。這個故事雖然出自後世的《漢武故事》，難免小說家言。但是，孩子們說話童言無忌雖不足為據，而兩個大人之間訂了娃娃親，則是彰彰事實。

這長公主劉嫖，自此以後處處為未來的女婿劉徹說話，在太后和弟弟景帝面前說劉徹如何聰明，如何伶俐。從劉徹後來的表現來看，他小時候的英姿不凡，我們也是可以想像的。另外，當初王夫人生劉徹的時候，就製造過一個神話，她說夢見一個太陽往懷裡一鑽，就懷孕生了劉徹。

所以景帝對這十四個孩子當中排行老十的劉徹，是有所偏愛的。

後來栗姬失寵，劉榮被廢，栗姬憂憤而亡。劉榮被廢，竇太后曾經要景帝立劉武為太子，也被大臣們阻止了。漢景帝七年（前一五〇）四月，在廢太子劉榮之後三個月，只有七歲的膠東王劉徹，被立為太子。在廢立太子過程當中，顯示了王夫人的心機，她在宮中能夠團結一切可以團結的力量，為她兒子贏得太子之位。景帝立劉徹為太子之前幾天，就先把他媽媽立為皇后，以讓劉徹立為太子之事順理成章。

二　漢家故事

後元三年（前一四一）正月，漢武帝即位，年僅十六歲。

漢武帝所做的最有影響的一件事，就是採納董仲舒尊儒術、立太學、舉薦賢良方正來選拔人才的建議，罷黜百家，獨尊儒術。可以說，這是儒家思想第一次真正被奉為主流意識形態。在這以前，劉邦雖然聽取了陸賈《新語》中的建議，但是他也沒有完全從理論上從意識形態上把儒家奉為治國的最高的原則。孔、孟在有生之年不得志，到這個時候被尊為主流意識形態。我們知道，「罷黜百家，獨尊儒術」，並不是百家真的不要了，而是以儒家思想為主，融合諸子百家的思想精華，建立一個以儒家價值為核心的、大一統國家所需要的主流意識形態。

秦朝崇霸道、用刑法，用法家來治國。漢朝講王道政治，從武帝開始，明確提出以儒家治國。可是，漢武帝刻薄寡恩，開疆拓土，並不完全按儒家的方式做事。漢武帝走的路子是，對內加強中央集權、對外開疆拓土，這就是外儒內法的路子，外面講的儒家，內裡用的法家。或者叫儒表法裡，德主刑輔。

有個叫汲黯的人，九卿之一，是一個部級幹部。這個人說話很直，敢當面批評別人，正在天子要招攬儒生，說要實行儒家的仁治之道的時候，汲黯卻當面頂撞漢武帝說：「陛下內多欲而外飾仁義，你還效法什麼唐虞之治呢？」「上默然，怒，變色而罷朝。」就是當面說漢武帝內心的欲望很多，外面卻表現出仁義的樣子。汲黯的觀察並沒有錯。漢武帝要建功立業，要開疆拓土，要加強集權，這些內在的要求，都是很強烈的，但是這與意識形態上提倡儒家，倡導大一統，提倡忠君，並不矛盾。

經歷過磨難的漢宣帝，對此心有所悟。對他兒子漢元帝講，漢家制度，本來就是霸道、王道交雜使用，怎麼能純行周政、用儒生呢？他批評元帝對「獨尊儒術」理解的拘泥迂腐。從元帝一直到王莽用的都是腐儒了。那漢宣帝講不用純儒，就是說儒家可以作為主流意識形態，但是在國家治理操作上，還需要融匯諸子百家，尤其是法家霸道的治國之策。

這個政策其實就是漢武帝的政策，漢武帝就是外儒內法。不過漢武帝的政策，在他晚年稍稍有點兒變化。

董仲舒上「天人三策」，提出「《春秋》大一統者，天地之常經，古今之通誼也。今師異道，人異論，百家殊方，指意不同，是以上亡以持一統，法制數變，下不知所守。臣愚以為諸不在六藝之科、孔子之術者，皆絕其道，勿使並進。邪辟之說滅息，然後統紀可一而法度可明，民知所從矣」。

董仲舒對策是否如《通鑑》所載，係於武帝初即位的建元元年（前一四〇），胡三省依據司馬光本人的《考異》已經表達了異議。目前學術界也有不同看法。

學術界的爭議主要集中在如下兩點。第一，漢武帝採納董仲舒對策，尊崇儒術究竟是在即位初年，還是大約十年之後、公孫弘第二次對策之時？第二，漢武帝是否真的如《漢書．武帝紀》「贊」總結的那樣，「罷黜百家，表彰六經」，還是尊儒的同時，依然「悉延百端之學」？（《史記．龜策列傳》說漢武帝即位後，「博開藝能之路，悉延百端之學，通一伎之士，咸得自效」。）

第一個問題涉及提出政策的確切時間，屬於技術性問題，可以不具論。第二個問題涉及漢武帝治國理政的方針和政策問題，不能不論。

司馬遷《史記．儒林列傳》最早記載了漢武帝政策轉向之事：「及竇太后崩，武安侯田蚡為丞相，絀黃老、刑名百家之言，延文學儒者數百人，而公孫弘以《春秋》白衣為天子三公，封以平津侯。天下之學士靡然鄉風矣。」漢武帝及其朝臣提倡儒學，董仲舒的「天人三策」也符合漢武帝鞏固大一統王朝的需要，也符合這個時代的需要，這是可以肯定的。為此，漢武帝採取了一系列提升六經和儒學地位的政策。比如，設立五經博士，建立太學，招收博士弟子員五十名。更重要的是，「經明行修」（熟悉六經，修養品行），射策選士，成為士人進身官場獲得利祿的最重要途徑。官府的引導作用，自然使得天下的讀書人，「靡然鄉風矣」。

但是，正如班固所說的，就漢武帝用人實踐來說，絕對是不拘一格的：班固羅列了一大堆名單，從公孫弘、卜式、倪寬，到司馬遷、司馬相如，乃至李延年、桑弘羊、張騫、蘇武，衛青、霍去病、霍光、金日磾，其中，能夠稱得上儒學出身的，似乎只有公孫弘、董仲舒和倪寬。但是，在漢武帝器重的這一串名單中，有兩點特別值得注意。

首先，他們都能在自己的本職工作上作出成績，建立功業，如公孫弘為相、倪寬為左內史及御史大夫，趙禹、張湯主管法律工作，司馬遷、司馬相如的文學成就，張騫、蘇武的外交風采，衛青、霍去病的戰功，霍光、金日磾作為顧命大臣的作為，等等。可見，是否儒學出身，有多少儒學水準，不是漢武帝用人的絕對標準。相反，就儒學知識素養來說，董仲舒遠遠超過公孫弘，而且足足比公孫弘年輕二十一歲。但是，公孫弘心思比較靈活，具有實際政務操作能力，得到漢武帝重用，官至宰相。對於比較迂闊的董仲舒，漢武帝卻是嘉許其說，而不重用其人。

其次，這些官員雖然不是儒生出身，但是他們或者在道德品行上有上乘的表現，不悖於儒家的價值觀；或者努力向學，向儒家價值觀靠攏。前者如石建、石慶為人篤實，汲黯、卜式為人正直，韓安國、鄭當時為人忠厚。後者最典型的是張湯，本出身文法吏，但是，自從知道部下倪寬以經書判案獄，得到漢武帝的肯定，「（張）湯由是鄉學，以（倪）寬為奏讞掾，以古法義決疑獄，甚重之」。

總之，漢武帝的所謂「獨尊儒術」，首先是一種意識形態的倡導，統治秩序的構建，社會行為的規範，即所謂「教化」的功能。為了將這種意圖貫徹下去，必須有制度化措施，作為保障和驅策工具。於是，就有了太學和博士弟子員的設置，有了征辟、察舉的入仕途轍。然而，在實際的治國理政操作中，漢武帝是非常務實的。元封五年，漢武帝以朝廷缺乏文武人才，乃下詔曰：「蓋有非常之功，必待非常之人。故馬或奔踶而致千里，士或有負俗之累而立功名。夫泛駕之馬，跅弛之士，亦在御之而已。其令州郡察吏民有茂材異等可為將相及使絕國者。」

可以這樣說，漢武帝一方面批准丞相關於「所舉賢良，或治申、商、韓、蘇、張之言亂國政者，請皆罷」的奏章，因為就仕進管道而言，朝廷並不崇尚法家和縱橫家；另外一方面，在實際人才選拔中，又是不拘一格，注重實際幹才。這樣就出現了看似矛盾的現象，或者說印證了汲黯的觀察，即漢武帝志在高遠（內多欲）而外飾以仁義禮教。

其實，這裡並不矛盾。尊崇儒術，是道、是經，悉延百端之學，是術、是權。唐太宗說過：「道以光大為功，術以神隱為妙。」道與術的問題，也是儒家常常講的「經」與「權」的問題。不變的原則（經或者道）與變化的世界，難免有不完全契合之處。於是，就要採取變通的措施和做法，這就是「權變」。所謂「以正治國」——經，「以奇用兵」——權。

可是，外儒內法，也不能僅僅從「道」與「術」、「經」與「權」的角度去理解。這還涉及利與弊、時與勢的關係問題。

有一利，必有一弊。我們都知道，漢武帝「獨尊儒術」（儘管此「獨尊」相容並包「百端之學」），有利於糾正漢初陸賈、賈誼提出的道德滑坡、社會失序問題，對於後來的中國歷史發展也影響深遠。儒學的教育深入人心，到了西漢後期，特別是東漢，儒學成為一種神聖化了的意識形態。於是，腐儒、陋儒、偽儒、神儒（讖緯化了的儒學）也紛紛出現。漢元帝為太子時主張「純用儒生」，已經令漢宣帝憂心忡忡：亂漢家天下者，必太子也！王莽更是成功地借讖緯化的儒學，為取代西漢王朝造勢。東漢儒學的影響深入到社會的各個角落，同時「舉秀才，不知書；察孝廉，父別居。寒素清白濁如泥，高第良將怯如雞」的偽君子也比比皆是。於是，才有「越名教而任自然」的魏晉風度出現。這就是利而生弊。

怎麼解決利中有弊的問題呢？這就涉及「時」與「勢」的問題。社會在發展，時勢在變化，治國之道、化民之術，也需要與時俱進。如何做到張弛有度、剛柔兼濟、禮法合治、德刑並用，考驗著執政者的政治智慧和治理能力。所謂審「時」度「勢」，就有這個意思。如果不懂世異，不知時移，就會膠柱鼓瑟，適得其反。假如把由此而產生的問題，歸罪於漢武帝的「獨尊儒術」，就十分可笑了。

三　武帝功過

武帝的武功方面，我們先講講他對匈奴的戰爭。漢朝初年，匈奴十分強悍，而且不時南下侵擾漢地。匈奴的強悍不是一朝一夕了，就在劉邦死後不久，當時的匈奴冒頓單于，他就給呂后寫信求偶，說：「陛下你寡居，我也孤身一人，咱們兩人多麼孤獨，都不怎麼開心，無以自我娛樂，願以所有，易其所無。」就是說你沒有丈夫我沒有老婆，我們正好結合在一起就行了。呂后當時大約四十五歲，寫了一封回信，大氣都不敢出，說：「我年紀大了，年老氣衰，髮齒墮落，行步失度，單于你聽錯了，我這顏值，不足以自汙啊。」你看，呂后都不敢對匈奴輕佻的言辭進行反擊，可見當時的情況很嚴重。

漢武帝多次派衛青、霍去病去攻擊匈奴，主要有三次大的戰爭。為了配合對匈奴的打擊，還派張騫通西域，試圖聯絡友邦，夾擊匈奴，雖然軍事目的沒有達成，卻從此開通了官方的絲綢之路。

開發西南夷，征服南越，東北設樂浪、玄菟、真番、臨屯四郡，還有西域置都護府，這都是漢武帝奉行積極對外開拓政策的結果。從東北地區朝鮮半島，到西南地區，包括夜郎國，都有漢朝軍隊的身影。這是對外。

對內文治方面。他建立十三部州刺史，用推恩令使諸侯的封地不斷縮小；建立內朝尚書台，皇帝在內廷可以處理重大事情，對於丞相的決策形成一種指導。再有，就是財經領域實行鹽鐵官營等，如均輸法，是物流法；平准法，即物價調控；鹽鐵榷買，就是國家專賣制度。所有這些做法，特別是加強中央的鑄幣權，收回民間私自開採食鹽鐵礦等等這些權利，都是顯著收縮漢初以來極度開放的經濟政策和財經政策，今日所謂民退國進。

這樣做的目的有兩個。第一，改善中央的財政稅收。第二，打擊豪強，遏制土地兼併和社會分化。通過改革，財政上把鑄幣權收歸中央，把物流權也收歸中央，物價的調控，在於抑制商家謀取暴利，同時還可以通過平抑物價，增加中央財政收入。張湯提出徵收財產稅，讓大家個人報財產，財產多的多交，財產少的少交，這叫算緡。可是有的人財產申報的不實，怎麼辦？有一個叫楊可的，提出告緡法（舉報獎勵制度），你若舉報有隱瞞財產不申報的，沒收其財產獎勵你一半，這樣，天下人人告緡，使諸侯自身難保，商人無所逃脫。

商人們並不是不愛國，但是對這種與民爭利的制度很反感。有個叫卜式的洛陽商人，非常愛國。他靠畜牧業致富，武帝的時候匈奴屢屢犯邊，他上書朝廷願以家財之半，捐助國家作為軍費，支持朝廷討伐匈奴。朝廷的官員都不相信，問他：「你是不是有仇要報？」他說：「我沒有仇。」又問他：「你是不是想做官？」他說：「我不想做官。」又問：「既不想做官又沒仇人，你捐這麼多錢圖個什麼？」他說：「就為國家著想。」人們不都相信他。後來發生自然災害，他又捐贈二十萬錢要救濟那些災民。武帝看到名單上卜式的名字說，這不就是當初那個要把一半家財充軍打匈奴的人嗎？找來一看真的是，就給他一個官做，他也不想做官，但是，漢武帝為了樹立愛國榜樣，還是給他官做，甚至做到了御史大夫。

可是到桑弘羊搞鹽鐵官營的時候，卜式提出嚴厲批評，堅決反對。他批評這個事不符合經濟規律。國家應該靠租稅來生存，怎麼能夠自己到市場去盈利呢？當時，天久旱不雨，卜式激憤地說，烹弘羊，天乃雨。

漢武帝死後，主持朝政的霍光曾經召開討論會，討論鹽鐵要不要官營。桑弘羊面對儒生責難，只是說維持財政支出需要這些錢，沒辦法，在總產值一定的前提下，這裡錢多了，那裡錢就少了。這個會議已經是漢武帝死後的事了。

後來會議的結果是，桑弘羊辯論失敗，在一定程度上，修正了漢武帝晚年的制度。

四 巫蠱之禍

漢武帝的感情世界，簡單地講，主要影響了他對接班人的選擇。

當初金屋藏嬌的那個陳阿嬌，因為性格強悍，與漢武帝有衝突，很快就失寵了，加上又不生孩子，還被發現搞巫蠱等歪門邪道，就被廢為長門怨婦。後來漢武帝姊姊家歌女出身的衛子夫，給漢武帝生了第一個兒子劉據，這時候他已經二十九歲了。在那個時代，二十九歲得子就是晚的了。衛子夫應該跟武帝的年齡相仿，到武帝晚年，衛子夫顯然也失寵了，她不僅僅是年紀大了，更重要的是她文化水準也不高，很難跟武帝保持一種心靈上的默契。之後有個傾國傾城的李夫人，很年輕就病死了。這時候另外有一個趙姑娘，叫鉤弋夫人的，她很年輕就到了武帝身邊，武帝一直對她寵愛有加，封為婕妤。她手心裡有一個鉤子的胎記，據說從一出生，這只手就握拳藏記，掰都掰不開。直到初見武帝時，才第一次舒開了手心，露出胎記。這個話真實性不強。這個鉤弋夫人是個大美人，她給武帝生了個兒子叫劉弗陵，據宦官記載是懷孕了十四個月才生的。武帝老年得子，所以特別喜歡，他將鉤弋夫人住的鉤弋宮改成堯母門。媽媽是「堯母」，那兒子是什麼？這樣一推導下去，可不得了，太子感到地位受到威脅了，因此激起來一場史稱「巫蠱之禍」的政治事變。

巫蠱是什麼東西呢？就是有人為除掉自己的政治對手，在特製的木頭人上插上針，或者插上有名字的布條，進行詛咒，當時人們相信有一種巫術的超然力量，能對被詛咒者造成很大影響。有人誣陷太子在宮中行巫蠱，詛咒武帝。這個東西實際上是當時有人來動搖國本做的陰謀。因為既然有堯母門，他的兒子就是堯，才最應該接班嘛。而現在的太子已經失寵，就有小人想設計廢掉他，擁立武帝寵愛的幼子。太子劉據遭到誣陷，無處辯白，衝動之下起兵被殺，而皇后衛子夫也上吊自殺，太子家除了一個還是嬰孩的孫子外，被滿門抄斬。

武帝后來發現太子起兵其實是被逼的，所以他很後悔，但事情已無法挽回了。武帝的年齡一天天大，來日一天天少，那立誰為太子呢？這時他看中了鉤弋夫人生的孩子劉弗陵。可是他擔憂鉤弋夫人這麼年輕，才二十多歲，自己千秋萬歲後，小皇帝不能親政，鉤弋夫人女主臨朝，又再出呂后專權的事兒怎麼辦呢？所以他居然找了一個藉口，把鉤弋夫人殺了，然後委託霍光等人來輔佐劉弗陵，就是後來的昭帝。

歷史上評價漢武帝說，漢承百王之弊，高祖撥亂反正，文景務在養民，但是在文教方面還做得不夠。武帝一即位，就開始重視《六經》，修建太學，制禮作樂，使他的號令文章，得以流傳天下，他希望他的後代能夠尊崇洪業，有三代之風，能夠作出一番事業。《漢書》作者班固認為，如果以漢武帝的雄才大略，不改變文景的恭儉，那麼，即使是儒家的詩書所稱讚的聖明君王，也不能超越他。意思是說漢武帝改變了文景無為而治、謙恭低調的治國之策，給國家造成了災難。

與文景的低調相比，漢武帝可謂奮發蹈厲。他的意義，就是把秦始皇開創的制度，從政治制度到各方面的社會制度，都鞏固下來了。

商鞅變法以來，競爭上崗，成為社會的常態，陳勝的激憤，劉邦及其平民將相的成功，都令人按不住寂寞，都激勵著百姓去建功立業，競爭上崗。可是，天下打完以後，大家幹什麼去呢？一旦人的這種「王侯將相寧有種乎」的觀念，這種對現實世界建功立業的渴望，被激出來以後，是需要有個規範和引導的，秦始皇沒解決這個問題。當社會被激勵到這個路上來的時候，若沒有一個意識形態的東西，來把人民嗜利的欲望管控起來，把新追求目標確立起來，那就非常危險。賈誼的〈過秦論〉曾經憂慮過這個問題。

如果從制度建設、制度鞏固的角度，不從大漢江山的角度來說，漢武帝的意義超過了劉邦。但是他也帶來了很多問題。由於他的開疆拓土，連歲用兵，他的財政出問題了。解決財政問題的辦法，就是鹽鐵官營，國進民退這種措施。這個問題一個方面像桑弘羊講的，財聚不足，錢不夠花。大一統的朝廷有那麼多官員，那麼多軍隊，都要政府負擔起來了，那怎麼辦呢？另一個方面，也是要解決短缺經濟情況下，財富過度集中的問題。農業社會本身是個短缺經濟，在農業社會財富不足的情況下，貧富差別的擴大，其傷害性比工業社會更大。尤其中國人，不患寡而患不均，與貴族世襲制度下各安其分的思想很不同。在競爭的時代情況下，這種貧富分化，激起社會更加不平，引起社會動盪。

漢武帝時就有人講，社會出現的問題，一個叫土崩，一個叫瓦解。他說瓦解好辦，瓦解指的是上層出了問題；土崩才是最要命的，這是因為老百姓有不平之氣。就是說貧富差別太大了。漢武帝採取了措施，用「國企」專賣來堵塞豪強煮鹽賣鐵等工商收入，或者通過一些財產稅、舉報、算緡、告緡，使他們破產，是對貧富差別的一種遏制。

這些政策起到兩種作用，一個就是為了政府需要財政收入，第二個對貧富差別的遏制。你發現此後歷朝的改革，包括王安石變法，包括唐代安史之亂以後的改革，都是從政府的財政需求出發。所以中國的這些改革，成為一個解決財政問題的辦法。本質就是要把工商業經濟控制在政府手裡，尤其是把最大的生活生產資料鹽和最大的生產資料鐵，掌握在官府手裡，通過掌控其鹽鐵的流通，來獲得財富。

漢武帝最早開了鹽鐵專賣的先河。雖然這暫時解決了當時政府的財政問題，卻有點兒殺雞取卵的意味，並不能促進經濟發展。所以漢武帝以後呢，儘管有短暫的昭宣中興，但元帝之後到了成帝和哀帝時期，問題卻更加嚴重了。

（參見《資治通鑑》卷十七至卷二十二）

【第九講】

昭宣中興

從昭帝霍光輔政到宣帝親政，其間的四十年，史稱「昭宣中興」。霍光沒有文化，沒有戰功，僅依靠謹慎、機敏爬到了人臣權力的巔峰，體現了他的政治魄力。但當他的權力大到沒有什麼可以制約的時候，自我膨脹使他聽不進任何人的建議，自己不知進退，又疏於對家人的約束，最後滿盤皆輸。

一　霍光輔政

西漢的衰落，自漢武帝晚年就顯現出來了，雖然之後有所謂「昭宣中興」階段，歷四十年，依舊頹勢難以挽回，無可奈何花落去，這其中有一個關鍵的人物是霍光。

霍光是霍去病同父異母的弟弟，籍貫在今天的山西，出身低微，父親霍仲孺是平陽縣的一般官吏。他的哥哥霍去病，是霍仲孺在平陽縣任職時與平陽公主府中的奴婢衛少兒私通所生私生子。衛少兒是衛子夫的親妹妹。霍去病先是隨舅舅衛青出征匈奴，他自己也以主將身分率軍遠征，立下大功。霍去病曾說過一句很有名的話：「匈奴未滅，何以家為！」

父親霍仲孺跟衛少兒分開後，回到家鄉，娶妻結婚，生下了霍光。霍去病功勳卓著，封了侯，官至驃騎大將軍，知道自己生父的身分以後，在一次出征途中，專門去看了自己的父親，父子相見後，他認祖歸宗，恢復霍姓，還給父親買了土地房產，並且把年僅十歲的霍光，接到了長安親自教養。

霍去病去世後，霍光就被養在宮中，侍奉漢武帝。在武帝身邊工作時，霍光處事謹慎小心，從來沒有讓武帝不高興過，是個非常善於給領導當助理的人。史書上這樣描寫他，一米七的個兒，皮膚白皙，眉目疏朗，是當時標準的美男子。霍光在歷史上是很有名的，伊霍（伊尹、霍光）並稱，他被後世稱為與周公一樣的功臣。據說，當初伊尹曾經把商湯的孫子太甲流放到桐宮，讓他反省錯誤，三年以後，太甲認錯，伊尹才把他接回來，讓他繼續執政。霍光也有過類似經歷。

這話要追溯到漢武帝晚年，選鉤弋夫人之子劉弗陵做太子的時候。劉弗陵是武帝最小的兒子，由於巫蠱之禍，太子劉據被廢自殺，武帝決定立劉弗陵為嗣，他認為這孩子性情最像他，將來能夠承續大統。臨終託孤之時，首席託孤大臣就是霍光，另外還有金日磾、上官桀、桑弘羊等。

霍光雖然沒有出任地方官或者擔任三公九卿的經歷，但是他確實有政治家的風度。舉幾個例子吧。

他執政之後，主持了一次國務會議，討論關於鹽鐵專賣等問題，請主管財經工作的桑弘羊，跟那些儒生的代表，來辯論這個事情，會議開了好幾天，結論是漢武帝時鹽鐵專賣的官營政策，應該有所改變。通過辯論聽取不同意見，用這個辦法來糾正漢武帝晚年政策的一些偏差，體現了霍光處事的謹慎和穩妥。

還有一件事。有一次，宮中出了異常狀況，群臣驚擾，當時霍光第一個想到，慌亂之中應該把皇帝的符璽保護好。所以專門找到管符璽的郎官，索要符璽，符璽郎不願意給他，霍光急了，一伸手想把它奪過去，符璽郎厲聲說：「頭可得，璽不可得，我的任務就是管這個璽，你怎麼隨便拿走呢，將來璽用得不當，那是誰的責任呢？」霍光覺得這個年輕人恪盡職守，難能可貴，不僅不惱怒，還奏明皇上，給這個郎官升等二級，給他漲工資了。《資治通鑑》這樣記載，「眾庶莫不多光」，大家都覺得，霍光這個人有度量。管符璽的郎官駁了他的面子，但是堅持職守，他不是以勢壓人，而是肯定郎官忠於職守。過去霍光很少有獨立到前臺去做事的機會，他只是漢武帝的侍從之臣，所以大家難見其風采，這件事把霍光正直的一面，就顯露出來了。

幾位託孤大臣，各有特點，霍光謹慎，金日磾篤慎忠厚，上官桀乖巧，而桑弘羊有財政方面的突出能力，從小就是擅長心算的數學天才。

金日磾本是匈奴人，歸降後，一直侍奉在武帝身邊，非常受信任。金日磾的特點是忠誠篤慎。有一次，他的兒子與宮女打打鬧鬧，他覺得不成體統，便把兒子給殺了，以當時的標準，認為他這樣做屬於忠厚誠篤。

上官桀是乖巧。怎麼乖巧呢？漢武帝有一次生病了，上官桀的職務是管馬的，武帝的病好了以後，發現上官桀養的馬瘦了，沒精神了。武帝大怒，說你以為我活不過來了，看不見這些馬了，你居然敢不忠於職守。上官桀怎麼回答的？上官桀說，皇上你生病，臣憂心如焚，根本就沒心思想馬的事，說著說著還掉了幾滴眼淚。武帝覺得此人為我生病擔驚受怕，忠誠可嘉！這就是上官桀的乖巧之處。

霍光的為人，耿介、謹慎、嚴謹。再舉一件事為例。金日磾去世後，他有兩個兒子，一個叫金賞，一個叫金建，跟昭帝的年紀差不多，在宮中任侍從之職，為侍中。老大金賞繼承了父親的爵位，因此他有兩塊印綬，一個是奉車都尉印綬，一個是秺敬侯，而金建只有一個駙馬都尉印綬。皇上為此跟霍光講，金家兩個兄弟都是我兒時的朋友，能不能給老二金建也封個侯？霍光說，金賞因為是長子，是從他父親那繼承的侯爵，金建無功怎能封侯呢？皇帝笑了，侯不侯，不就是我們倆決定嗎。這時候霍光嚴肅地說，那怎麼行，有功乃得封侯，霍光連皇帝的面子都不給。

但是我想這件事，不光反映出霍光的耿介忠直。也說明皇帝昭帝對霍光很敬重。

問題發生在另外一個託孤大臣上官桀那兒。上官桀跟霍光是兒女親家，霍光只有一個兒子，七個女兒，大女兒嫁給了上官桀的兒子上官安，夫妻倆還為霍光生了一個外孫女，年方六歲。上官桀、上官安就想把這小女孩送進宮去給皇帝做媳婦。這事必須通過首席顧命大臣霍光，可霍光認為孩子年幼，沒有同意。上官父子並未就此甘休，他們商量一番，另找門路。

昭帝即位時年僅八歲，年幼需要人照顧，大臣們就請武帝的長女、寡居的鄂邑蓋長公主，來宮中居住，照顧小皇帝的起居生活。她是昭帝唯一在世姊姊。蓋長公主有一個男寵或面首，叫丁外人。上官安與丁外人，素來交善，並以加官晉爵為誘餌，通過他說服了長公主，將女兒送入宮中。於是上官安的女兒被封為婕妤，不久又立為皇后。上官安由此成為國丈，兼任車騎將軍，封為桑樂侯。

上官安這個人格局比較低，現在這個小皇帝是他的女婿了，難免到宮中去吃頓飯，見個面什麼的。他回去就吹牛，哎呀，跟我家皇帝女婿喝酒吃飯，真是快樂呀，你看看人家那個穿的衣服，那些裝飾，真是豪華！看了後，真想回去把家裡的東西全都燒了，沒法比，咱們家裡哪是什麼東西。到了一趟宮中回來就吹噓，講這些很低俗的話。

上官桀、上官安父子有些自我膨脹了。當今皇上，是我上官安的女婿，只是你霍光的一個外孫女婿。上官桀在輔政以前，位置比霍光還高，當時霍光是武帝身邊的侍從，而他已經是太僕，位居九卿之一，現在憑什麼都由你霍光做主！他們感激丁外人幫的這個大忙，想為丁外人經營封侯之事，霍光不同意；又想給丁外人弄個官做，任光祿大夫，有了這個官銜，丁外人就能夠經常進宮，會自己女朋友了，霍光依然不同意。於是，蓋長公主就有點恨霍光了。上官桀父子多次為丁外人求官封爵，都未獲准，他們感到很沒有面子。

還有一件事，使蓋長公主與上官父子的關係更加密切。上官桀岳父的一個朋友犯了罪，按照當時法律，應該下獄處死。漢朝的法律有贖罪的條款，蓋長公主拿出來二十匹馬，這是一筆非常大的財產，為這個人贖罪。上官桀岳父的這個朋友，由此就得以免除死罪了，這是多大的恩德！上官桀的岳父有面子，上官桀也就有面子。所以上官桀父子，由此覺得蓋長公主真是恩重如山，而對霍光的不講情面，就更加怨恨了。

其後的事，史書的記載如下，可能專案組最後拿出材料就是如此。

昭帝有個哥哥燕王劉旦，比較渾，不受漢武帝寵愛，所以未被立為太子。劉旦想，我是哥哥，怎麼反而是兄弟即位，不是我呢？他本來就心懷不滿。他們幾個人據說就勾結在一起，包括蓋長公主、劉旦、上官桀父子，想要除掉霍光，然後把皇帝換掉。

燕王劉旦派人上書誣告霍光謀反，說霍光在檢閱衛戍部隊，有謀反之舉。這個誣告者，實際上是上官桀指使人幹的。年僅十四歲的昭帝，對霍光十分信任，毫不懷疑，他說，這事是不可能的，大將軍檢閱部隊的時候，離現在才幾天吶，這消息怎麼可能傳到燕王劉旦那兒，然後又派人告狀告到長安來了呢？這一來一回得多少天呢？不可能。皇帝說要追查告密者。

上官桀他們一計不成，再生一計。據說這次是讓蓋長公主設宴招待霍光，計畫埋伏兵甲把他殺了，然後廢掉昭帝，迎立燕王。這個事我頗有些懷疑。記載還說，上官安的計畫，是假裝迎燕王即位，待燕王迎來以後呢，就把燕王殺了，然後再讓他爸爸上官桀當皇帝。這個假，造的一點都不像了。上官安腦子有問題才會這樣做，現在昭帝是你的女婿，你讓這個年長的燕王劉旦來，他跟你什麼關係？他能夠聽你的嗎？再說了，你殺了劉旦，天下人能夠答應你上官家的人當皇帝？所以這些說法，我總懷疑殺霍光是有可能的，但是其他的那些，就有點不合情理了，不過歷史記載確實是這麼講的。

最後長公主、燕王劉旦自殺，上官父子，還有丁外人，被處死了。桑弘羊據說也參與這些叛亂被誅，桑弘羊這時候都已經七十歲了。

金日磾在這場變亂的幾年前就死了，現在的託孤大臣，只剩下霍光一個人。

二　宣帝繼位

昭帝僅二十來歲就去世了，沒有子嗣。大臣們選中漢武帝的孫子昌邑王劉賀繼位。劉賀從山東趕過來當皇帝，路上就不守規矩，徵歌狎妓，胡作非為，入了京城，他見了昭帝棺材也不哭。要知道，劉賀是來給昭帝做兒子的，他卻說他哭不出來。劉賀嬉戲無度不說，還把他封國的那些下屬，都徵到長安去，超擢拜官。有人跟他進諫，國輔大臣未曾褒獎，昌邑的小輩一個個都升官了，這是你最大的過錯，他根本不聽。

大將軍霍光「憂懣」——憂慮國家的前途，憤懣於這位劉賀荒誕的表現。當年漢文帝劉恆，從代國來到長安的時候，他怎麼做的？除了辦公廳主任（郎中令），除了警備司令（衛尉），這兩個是他帶來的之外，別的沒變動，對周勃等人尊敬有加，對陳平也很尊敬，所以朝政很穩定。這個劉賀倒好，他來到長安，國輔大臣未褒，倒把他家鄉帶的人先升遷了，完全不懂人情世故嘛。

霍光忍無可忍，就跟群臣商量，要把他給廢了。據相關官員調查的情況，二十七天內，劉賀就幹了一千一百多件壞事，每天平均四十多件，所以大臣們上奏，請上官太后，也就是霍光的外孫女，廢了他，令其回到自己封國去。這位劉賀回去後，封國已經廢了，安置在山陽郡。後來宣帝封其為海昏侯，在今南昌市郊。二〇一五年發現了海昏侯墓葬，二〇一六年又公布很多新發現，引起了轟動。這是後話。

廢了昌邑王，現在立誰為皇帝呢？大家猶豫不決，漢武帝的大兒子廢太子劉據，死於巫蠱之禍，昭帝也死了，燕王自殺了，昌邑王劉賀也廢了，現在大家都不知道該立誰了。

這時候劉病已被提出來，他是劉據的孫子，漢武帝曾孫，也就是後來的漢宣帝劉詢。在廢太子劉據因巫蠱之禍，被抓捕而自殺的時候，這個孩子才幾個月，劉病已的父母，祖父母等都被殺了，剛出生的劉病已被投入大牢。當時這個案子由一個叫丙吉的人來審判，他知道太子劉據是無辜的，這個小孩劉病已就更無辜了，便讓掖庭宮中那些比較厚道一點的，謹良一點的女子，乳養這個小孩兒，他自己還每天親自探視兩次。

後來，皇曾孫劉病已由奶奶家撫養，武帝晚年知道太子劉據無辜，建望子臺，並且赦免了劉病已。但是也沒有大肆張揚，因為那樣就有可能會威脅到昭帝劉弗陵的位子。所以只是就說他沒事，可以歸宗了，恢復他的宗室身分，但是由於少經離亂，劉病已從小是在掖庭裡長大的，掖庭是皇家宮廷裡那些普通下人待的地方。當時掖庭令張賀，過去在太子劉據手下做事，張賀是著名的司法官員張湯的兒子。他感念過去的老領導衛太子劉據，所以對他的孫子劉病已撫養甚厚，而且還讓他讀書，給他聘了一個名師，教他儒家經典。

這樣子日子一天一天過去，劉病已也長大了，張賀還出面為他娶了個媳婦，叫許平君，許平君父親許廣漢也是掖庭的人，他的身分應該是宦官。這就是一個非常普通的民間婚姻。劉病已是普通宗室成員，朝中的事，跟他沒關係。他在民間生活，讀書，民間的這些閭裡奸邪，鬥雞走狗，吏治得失他都知道。他是歷史上少有的，作為王朝中期的皇帝，卻有長期生活在民間的經歷，了解民間疾苦。

昌邑王廢了，請誰繼位，未有所定，看來是先廢後決定的。

這時候丙吉出來說話了。他說，現在有一個人，他是武帝的曾孫叫劉病已，在掖庭，我曾經見過他，現在都十八九歲了，他讀過儒家經典，「行安而節和」，《資治通鑑》用了這幾個字形容他，就是說這個人，很有品位，有美材。丙吉說，願大將軍根據大義，再加上蓍龜占卜一下，既從政治角度考慮，也從天意預卜看看此人是不是合適。

丙吉的這番話，打動了霍光和張安世。霍光其實跟劉病已還是有點沾親帶故的關係。劉病已的祖父劉據，是衛子夫的兒子，而霍光的同父異母的兄弟霍去病是衛少兒的兒子，衛少兒、衛子夫是姊妹，你看，這不是有一點兒關係嘛。所以霍光他們考察以後，就同意了，讓劉病已進宮去見上官太后，先封個侯，當天登基當皇帝，這就是漢宣帝。

三　霍光之死

漢宣帝這個人，當然就比那個昌邑王強多了。

他最後怎麼處理和強勢的霍光的關係呢？他跟文帝還不一樣的，文帝劉恆畢竟是諸侯王啊，是劉邦的兒子。漢宣帝劉病已，他與皇室這層關係，必須追溯到漢武帝那裡去，這都是曾孫這一輩了。應該說他這個皇帝，霍光說他是就是，霍光說他不是就不是，因為像他那樣子血統的人太多了。

但是，我們就發現，霍光輔政幾年後，就發生了一個悲劇，霍光家族被漢宣帝滿門抄斬。究竟是為什麼呢？這件事我想要從兩個方面來講，第一個是霍光本人及家人的問題，再一個才是漢宣帝的問題。

先講霍光本人。霍光本人，我們從前面幾件小事可以看出，他這個人很耿介，很堅持原則，做事很講章法。但是有原則，講章法，有時候難免就不通人情。比如，前面蓋長公主的事，就顯得有一點兒過分。但是現在用在宣帝身上，而且是他現在這個身分上，就已經不僅僅是堅持原則、不通人情的問題。

許平君，是漢宣帝在民間時候娶的妻子，兩人婚後感情很好。你想，劉病已家人親人都沒有，再親都是他奶奶的娘家人，所以有人嫁給他，對這個年輕人來說，是很大的安慰。一年以後生下兒子，生下兒子以後，幾個月他就當皇帝了，當天封侯，當天登基，這個許氏就自然被立為婕妤，但還不是皇后。

霍光的小女兒，是皇太后的小姨，應該是霍光後來的小妾霍顯所生，霍光的大女兒當為原配所生，因此這個小姨與外甥女年齡相仿，自然平常來往密切。所以大家就說，要立皇后的話，那還不是霍將軍的女兒嗎？中國的歷史上，皇家的婚嫁從來不講輩分的。

但是這話並沒有明確說出來。現在霍光已經是權勢煊赫，無人可比了。他是真正的三朝元老，輔佐過一個皇帝，立了一個皇帝不成器，二十七天被廢了，現在再立一個皇帝。經過這幾次廢立皇帝，霍光那種說一不二的位置和身分，已經無人可敵了，其他的輔佐大臣早早地就去世，他的位置已經到了一言九鼎的程度。

所以大家都想，現在的這個皇帝就是他立的，那麼他們家女兒肯定應該近水樓臺了。可是沒想到漢宣帝很有城府。他下詔說，我有一把舊劍丟了，這雖然是我過去用的一柄舊劍，但是也不能隨便廢棄，你們給我找來。一般的人以為他真是找劍呢，其實他是告訴大臣，我不願意換老婆，皇后就是這個許婕妤。這時候有些官員們還真明白了，人家不願意換老婆，就上書請求立許婕妤為皇后。

為什麼漢宣帝劉病己不趁這個機會就娶了霍光的女兒做皇后呢，這樣不就使關係更鐵更親、皇位更穩了嗎？其實錯了，如果外面是霍光，宮中是他女兒，頭頂上的皇太后還是他的外孫女，這個皇帝當的是不是一點自由空間都沒有了？所以他不願意。這樣說明劉病已很有城府。

可是霍光在這件事上的反應，是非常糟糕的。《資治通鑑》是這麼記載的，「霍光以后父廣漢，刑餘之人，不可以君國」。人家女兒當皇后，她爸要封個侯，這並不是一個太過分的事，上官安不就是這樣過來的嗎！可是霍光卻說，這個許廣漢是個刑餘之人（宦官），不可以封侯，拖了一年多，乃封為昌成君，君就比侯爵位低多了。

這說明什麼呢？說明霍光潛意識裡，並不把皇帝的岳父放在眼裡，也就是間接的說，對這個皇帝本人的威權缺乏尊重。我們不要用今天的關係來看，該不該封侯，我們要用當時的倫理來看，霍光在這裡犯了一個輕視領導的錯誤。問題是他自己還不知道。他那種耿介的脾氣，按章程辦事的正直，還在底下支撐著他，膨脹著他，強化了他良好的自我感覺，恰恰掩蓋了他潛意識裡輕視領導的錯誤。

回顧一下，當初漢文帝對周勃的情形。漢文帝對周勃也是非常尊重，下朝的時候，要一直目送著他遠去。每次見到周勃，「禮下之已甚」，就是非常謙卑。袁盎就跟文帝講，說這可不符合君臣之道，他再有功，皇帝是皇帝，功臣是功臣，你不必對他這麼謙卑。後來漢文帝就改變了做法，文帝的態度愈益莊重，周勃為臣的禮節，越來越恭謹了。

霍光對宣帝，君臣之間的禮節自然還在，但是在處理許廣漢封爵這個問題上，他其實流露了那麼一種妄自尊大的驕狂心態。對於霍光的大權在握，後人就有評價，說昭帝十四歲就能夠明辨是非，判斷那些誣告霍光謀反不實之詞，那時你就可以歸政了，現在這位年近弱冠的劉病已在位，霍光更應該稽首歸政才對。

大將軍確實提出稽首歸政了，宣帝謙讓，霍光他就作罷了，皇帝謙讓謙讓，就不歸政了，霍光已經不是當年那個謙卑的霍光了。朝廷任何事還是先報告霍光，然後再報告皇帝，他才是真正的中央最高領導人，先報告他，然後到皇帝那備備案，就是他先處理了的事，皇帝肯定按他的意見辦了。

在昭帝的時候，霍光的兒子，霍光的侄子，霍光的女婿，都已經在朝裡任職，掌握著禁軍，盤踞在各個重要的崗位，盤根錯節。昌邑王廢了以後，霍光的權力就更重了，每次皇帝與霍光見面的時候，「上虛己斂容，禮下之已甚」，非常謙卑低調。這個時候，沒有一個袁盎這樣的人出來，指出君臣關係的不正常。

真正把事情鬧到不可收拾的，是霍光的老婆霍顯。霍光的正妻病死了，霍顯是由妾轉正的，她想讓自己女兒霍成君入宮做皇后。可是這時許婕妤已經是許皇后了。機會有沒有？機會來了。許皇后懷孕了，懷孕期間還生病了。病了就要有醫生給皇后看病，那時候有個女醫官淳于衍，跟霍氏關係不錯。古代的醫卜者流是下等人做的職業，一個大將軍的夫人跟她關係那麼密切，可以知道女醫官的水準不簡單。淳于衍有事沒事會到霍府來串串門。她丈夫是掖庭的護衛人員，就跟淳于衍講，你跟霍夫人的關係那麼好，霍光權傾天下，你找她給我安排一份好工作吧。

這一天淳于衍就去見霍顯，提出請求。看著淳于衍，霍顯心裡突然有了主意，你現在不是給皇后看病嗎，如果能把這件事做成，你丈夫這事就能成。霍顯讓淳于衍做什麼呢？讓她利用給皇后看病的機會下毒藥，最後就把許皇后給毒死了。

滿朝文武都很震驚，皇后偶染小恙，怎麼就死了？太醫都幹什麼去了？宣帝就下詔調查這件事，霍顯知道後就害怕了，如果淳于衍頂不住，把這個事招出來怎麼辦？這麻煩可就大了。所以她就吞吞吐吐地向自己丈夫霍光，交代了事情原委，這事是她讓淳于衍幹的，現在事已至此，希望負責調查的官員們不要逼得太急，否則淳于衍可能把她招供出去。史書上說霍光得知後大驚，他就想舉報這件事，可是他又不忍，猶豫不決。

如果霍光還是當初那麼一個嚴謹的人，堅持原則的人，這時他可能就舉報了。他現在猶豫，沒舉報，還是如我所分析的，現在位高權重，霍光他已經有一點輕慢了，他以為自己可以上下其手了。

這個材料報上來了，霍光簽署意見，說淳于衍就不要再審了。因為他先於皇帝處理諸般政務，這件事就壓下來了。不久，霍光做主，把他的小女兒霍成君嫁到宮中。漢宣帝本始四年（前七〇）春三月，立霍光的女兒為皇后，大赦天下。

這件事出來以後，漢宣帝有什麼反應？漢宣帝當初不願意立霍氏為皇后，現在塞給他一個皇后，他卻馬上同意了。但是三月份立皇后，不久後他下了一道聖旨，立兒子劉奭為皇太子，還為太子安排了師傅。同時立岳父許廣漢為平恩侯。

太子師中有個人叫疏廣，很有名，《資治通鑑》上載有他一句關於給子孫留錢財的話：子孫賢而多財，則損志；愚而多財，則益過。

漢宣帝這麼做的目的，是要把許皇后的兒子立為皇太子，並且為老岳父許廣漢封侯。同時為了平衡，封霍光的侄孫為冠陽侯。霍家女兒為皇后了，那就要封霍家一個人為侯，許家有一個外孫為太子，所以封他的外公為侯。

這件事我們比較一下，當初霍光磨磨蹭蹭，捨不得給許廣漢封侯，一年多才封個君，就反襯出霍光的不得體了。

從這些人事安排裡面，能看出漢宣帝是有心計的人。

霍光的夫人聽說立了太子十分生氣，氣得吃不下飯，她說這個劉奭是皇帝在民間生的兒子，出身低微怎麼能立為太子呢？將來我家姑娘生了個孩子，只能為親王、為諸王，這個小子居然當太子？據說，她又叫皇后去毒太子，太子多次被皇后詔去，但是不管皇后賜食什麼東西，那些保姆們都先嘗嘗，皇后攜著毒，卻一直沒有下手機會。

地節二年（前六八）三月霍光病逝。宣帝在霍光病重期間，親自到家裡去看望，在病榻前還淚流滿面。霍光死後詔以皇帝的規格下葬，這是罕見的榮耀，大概也就周公有這個待遇。這時候漢宣帝才開始親政，離他即位已經六年了。

四　禍萌驂乘

又過了兩年，即西元前六六年，霍家被誅滅，皇后也被廢。為什麼呢？因為有人告霍家人謀反。

其實，在有人告發霍家謀反之前，漢宣帝就已經不露聲色地採取行動了。他逐漸把霍家的人從關鍵崗位撤出，明升暗降，調在不太重要的崗位，特別是解除霍家的軍權。對此，霍家人似乎有所察覺，心裡不免憂懼，據說霍光的夫人霍顯就把當初毒死皇后的事給家人說了，大家一聽就害怕了，是不是皇帝察覺出什麼蛛絲馬跡了呢？於是，就打算謀反，之後就被皇帝抓捕了。霍禹腰斬，其他人棄市，株連者數十家，連霍皇后也被廢了。

關於這件事後人評論很多，《資治通鑑》在這後面有一段話，說漢宣帝剛剛被立為皇帝的時候，按照規矩應該去拜謁高廟，就是開國皇帝劉邦的廟。「大將軍光驂乘，上內嚴憚之」，他心裡又緊張，又害怕，若有芒刺在背，後來車騎將軍張安世，代替霍光驂乘，「天子從容肆體，甚安近焉」。

這個說明什麼呢，霍光廢了昌邑王之後的那種顯赫的威權，讓這個青年皇帝感到不自在了。所以有人講，霍氏之禍萌於驂乘，就是第一次陪宣帝去謁高廟的時候，他們的矛盾就已經發生了。

《資治通鑑》裡面，記載了一個姓徐的讀書人對霍氏的判斷。他認為，霍家權勢顯赫，生活奢侈，大紅大紫，得出結論是：霍氏必亡。為什麼霍氏必亡呢？他談了兩點理由，他說「夫奢則不遜，不遜必侮上，侮上者，逆道也，在人之右，眾必害之」。木秀於林，風必摧之，行高於人，眾必非之。權勢在人之上，別人就嫉妒，霍家秉權日久，嫉妒他的人很多，他還不尊重領導，侮上行逆道，不亡何待？

所以很可惜，霍光的結局，足以給很多權勢顯赫的人以警戒：要管住老婆，管住孩子，更要管住自己。

班固在記載這段歷史的時候，說霍光受襁褓之託，匡護國家，安定社稷，輔佐昭帝，擁立宣帝，雖周公阿衡相比，也不過如此，可是他不學無術，闇於大理，陰妻邪謀，立女為后，湛溺盈溢之欲，以增顛覆之禍，死後不到三年，家族就誅滅了，非常可惜。

可是有一點是可以肯定的，儘管家族被滅，但霍光本人自宣帝之後，一直是在正面褒獎的名單上。漢宣帝曾經頒布了一份漢家功臣的一個名單，最顯赫的霍光仍然在內。因為霍光如果被打倒，漢宣帝當皇帝的合法性都沒有了。

司馬光在評論此事的時候，大體也是這個意思。他肯定霍光輔佐漢室的忠誠，但是為什麼不能保住宗族呢？他說，權勢威福者，是人君之重器。你怎麼可以大權在握，久不歸政？十四歲的漢昭帝，就懂得上官桀之詐，就可以主政了，十九歲的漢宣帝，聰明剛毅，知民疾苦，你霍光怎麼能把持著朝政，一直到死後才讓人親政，不知避位呢？何況，你霍光還多蓄親黨，充塞朝廷。人主蓄憤於上，吏民積怨於下，不亡何待？只是待時而發罷了，霍光本身能免禍，就已經不錯了。

霍光貪慕權勢，治家不嚴，這都是他的教訓。連霍光這麼謹慎，在漢武帝這麼一個刻薄寡恩的帝王面前，幾十年都不犯錯的人，在權力的作用下，都變得不能自律，都那麼輕忽自大，所以說權力真的是一劑毒藥。

如果進一步分析這件事情，關鍵還有一個制度和機制建設問題。

我有個說法，制度應保護有能力的人，制度能讓有能力的人不去犯錯誤。因為沒能力的人幹不成事，犯錯誤的機率也少。制度有漏洞，會讓有能力的人最先犯錯。

霍光沒有高深學問，沒有戰功，依靠謹慎機敏，爬到人臣權力的高峰，輔佐漢昭帝，除掉反對派，毫不手軟，充分展現了他的政治智慧。廢掉昌邑王，擁立漢宣帝劉病己，體現了他的政治魄力。如果能夠在漢宣帝繼位以後不久急流勇退，霍家就能夠保有他的宗族了。但問題是在立漢宣帝以前就有了。昭帝的時候，他就大權在握，富貴滿朝。那些一塊輔佐的大臣，都先後死的死、被殺的被殺，已經沒有人可以制約霍光。所以講沒有制約的權力，一定走向腐敗，或者走向禍害。霍光不知進退，又疏於對自己家人的管教，最後滿盤皆輸。

霍光一方面確實比較優秀，獲得漢武帝青睞，有比較強的管理才能；另一方面，他的躥升跟他是霍去病的弟弟這樣的身分也有很大的關係，因為霍去病對於漢朝擊敗匈奴建立了不朽的功業，這功勳身分能夠保證他比較快地上升。加上最後他廢昌邑王之後，確實達到了權勢煊赫的程度。但是這個權力基礎並不是特別牢固。他在權力快速上升的過程當中，事實上也埋藏了很大的危險。

霍光立了一個新君，想行伊尹的故事，控制政權，控制新的皇帝。如果是比較無能的皇帝，可能好控制一點，但是劉病已雖地位低，連侯都不是，智慧並不簡單。霍光看低了這位年輕的皇帝，過於簡單地看待廢立皇帝這個問題，導致他最後是結局不能算太好。

霍光本人並沒有多少複雜的人生歷練，可以說他從十歲的時候，霍去病把他從家鄉帶來，從平陽（今臨汾）帶到長安去，然後在宮中長大。他父親就是個小吏，跟衛少兒有一段戀愛同居關係，儘管已經生了霍去病。然後兩人還是分開了，各自成家，衛少兒嫁了陳平的曾孫，霍仲孺就是霍光的父親，也回家結婚生了霍光。霍光就出生在這樣一個家庭，後來被哥哥帶到京城去發展，他哥哥不久又死了。

霍光這麼一個出身，養成了他一個很謹慎的性格。為人很謹慎，因此從來沒讓漢武帝不高興過。從他除掉想把他扳倒的上官桀父子，包括蓋長公主還有桑弘羊，可見霍光是有政治智慧的。從他能廢掉昌邑王，換上漢宣帝，可看出他的政治決斷力，他這個人是耿介的，是有原則的。

但是一旦位高權重，無人匹敵的時候，那種自己都意識不到的處事隨意就會自然而然地流露出來。當他得知妻子毒死許皇后這事，曾一度衝動，想大義滅親，最後僥倖地認為可能沒事，就壓了下來。

他也曾講過要還政，但漢宣帝一挽留，他馬上就覺得好像理所當然了。過度的權高位重，對於一個身處霍光這個位置的人來說，很可能是一件有害的事情。霍光應該怎麼辦？他應該在他最巔峰的時期，放棄權力，體面地退下來。這裡面有什麼邏輯和道理可講嗎？還是有的，這就是權威足夠大以後，自己聽不得正確意見，別人也不敢給你提不同意見，就勢必會犯錯誤。

這就是為什麼人一定要在贏的時候退出來的道理，不要到犯了錯誤之後，在輸的時候退出來。洗手一定在金盆洗。我想，這是霍光的故事給我們的啟迪之一。

霍光輔政以及宣帝親政，將近有四十年，是漢朝的一個中興時代，史稱「昭宣中興」。

繼漢武帝下輪台詔，自我檢討之後，漢朝進入恢復穩定和發展階段，就是始於霍光輔政時期的幾位君主，他們都注意減輕農民的負擔，減輕田租、口賦。尤其是漢宣帝劉詢，來自民間，熟悉社會情狀，他著力整頓吏治，推行了一系列招撫流亡，安定民生的政治經濟措施，使社會生產重新走上發展的軌道，所以稱中興。

可是這都是救一時之弊，不是治本。「本」在什麼地方？就是土地兼併造成的貧富分化，這個問題沒有根本的解決。昭宣時期雖然穩定了武帝晚年的一些危機起伏的社會形勢，開始走上一個穩定發展的軌道，但是社會矛盾，社會問題沒有解決。在宣帝去世以後，以元帝時期為轉折點更明顯了，到成帝和哀帝之時，就被歷史上稱為是土地兼併、社會矛盾最激烈的時代了。

這個問題是雙重的，一重就是積重難返的社會問題，昭宣的這些治標的措施，不能完全解決。還有一重就是，在王朝的末期，往往國君比較無能，比較低能。你看元帝之後的皇帝，成帝、哀帝，一個比一個糟糕，這就給權臣王莽提供了上位的契機。

（參見《資治通鑑》卷二十三至卷二十五）

【第十講】

王莽始末

王莽在時代理論營造的氛圍中，經過多年的苦心經營，在萬人推戴下，和平演變登上了帝位。有道是，風光的背後，不是滄桑，就是骯髒。王莽手上的權力，是骯髒的。

西漢在王莽的禪讓中，壽終正寢；王莽在他自己推行的改革中，也灰飛煙滅了。王莽沒有解決當時社會問題的能力，卻設法坐到了皇帝的位子上，既是民族國家的災難，也置個人於危險的境地。

一　純儒起家

王莽何許人也？王莽的姑媽是王政君，王政君的丈夫是漢元帝劉奭，就是宣帝早年在民間生的那個孩子。

王政君嫁給元帝劉奭，還有一個故事。王政君在娘家的時候家裡給找了一個未婚夫，還沒成親，未婚夫死了，又與另一家訂婚，結果男方又死了，因為剋夫的名聲不好，沒人敢要她了，父母只好把她送到皇宮做宮女，在漢宣帝身邊做一般的宮女。太子劉奭原本與太子妃司馬良娣十分恩愛，不幸良娣生病去世了，臨終之前，她跟丈夫講，她是被那些嫉妒她的女人咒死的。少年太子十分傷感，也遷怒於東宮的姬妾，從此不近女色，子嗣的事也耽擱下來，弄得他父親宣帝非常著急，就從身邊的宮女中找了幾個女孩子送去，逼著兒子一定得挑一個。身材高挑的王政君就是其中的一個，這天她穿的衣服很顯眼，恰好站的位置也離元帝不遠。元帝很孝順，雖然無心於女色，也不好拒絕父親的美意。他就隨手一指，正巧選中了王政君！於是王政君當夜就被送到太子東宮，一夜春風，王政君懷孕了，竟然生了個大胖小子，就是後來的漢成帝劉驁，也就是趙飛燕的丈夫。

黃龍元年（前四九），宣帝去世，元帝劉奭即位，立王政君當皇后。其實元帝對王政君並不太寵愛，少年時代因太子妃去世引發的傷感，慢慢地淡漠後，元帝逐漸有了一些新寵，如傅昭儀、馮昭儀，這些女人也都給他生了孩子。因此元帝甚至一度想廢掉太子驁，多虧外戚史家和王家兄弟王鳳等的鼎力維護。竟甯元年（前三三），元帝去世，王政君成了皇太后，她的兒子劉驁漢成帝繼位。王家就更加得勢了。

成帝特別感激幾位舅舅的幫襯，王氏兄弟五人同日封侯。只因王莽的父親死得早，沒能趕上這個機會。所以王莽在王氏外戚家族裡面，是一個另類，位置比較低。他的那些堂兄弟們，一個個聲色犬馬，他卻折節恭儉，衣服穿得像普通讀書人那樣，對母親、寡嫂以及幾個侄兒，都特別的關照。外結英俊，內事諸父，所以名聲非常好。他的大伯大將軍王鳳，在朝廷中相當於霍光那個地位，有一次生病的時候，王莽侍湯奉藥，比親兒子還親，蓬頭垢面不解衣帶地伺候了好幾個月，所以王鳳很感動，臨終之前，就給自己的妹妹王政君和自己外甥成帝留下遺言，希望對這個孩子多加照顧。

於是，王莽得到第一個官職，黃門郎。過了些日子，他另一個叔父，成都侯王商上書，願意把自己的封戶拿出一部分給王莽。當時還有很多其他人，都說王莽的好話，皇上就覺得王莽不錯，太后也多次談到他，不久王莽被封為新都侯，封地在今天的河南。

王莽依然低調，爵位益尊，為人愈益謙和，廣結名士，把自己家裡輿馬衣裘，都送給賓客，家無所餘。朝野上下，誇他的人很多，大家都說王莽真是個人物，王莽真是賢能，聲望都超過他的那幾個官居高位的叔伯父了。

舉個例子吧，王莽做的一件事，史書上稱為「激發之行」。王莽一直以道德高尚自居，他曾花錢買了一個婢女，被他們家的那些兄弟們知道了，於是王莽就說，後將軍朱子元沒有後代，我聽說這姑娘很能生孩子，「宜子」，所以我為他買了，然後就把這姑娘送給朱子元。

史書上說他匿情求名如此。這是什麼意思呢？就是王莽很可能是給自己買的，但是被人知道以後呢，他就順口說是送給朱子元的。

史書上記載王莽的這些事，是為了說明什麼呢？王莽的皇帝是被人推上去的，王莽並不是一開始就想當皇帝的，他只是不斷贏得社會聲譽，不斷提高自己的政治聲望，希望得到更高的權位。

在他仕途上，有一個絆腳石，有一個對手，名字叫淳于長。淳于長是王莽的表兄，淳于長的媽媽是王莽的姑媽，所以對王政君來說，王莽是她侄子，淳于長是她外甥。在王鳳病重的時候，不光是王莽在那兒侍奉他，淳于長也侍奉他，所以王鳳臨終推薦了王莽和淳于長。淳于長的官位高於王莽，當時他已經是衛尉了，九卿之一。淳于長還在立皇后的事情上給漢成帝立了功，漢成帝的寵妃趙飛燕，出身很低，趙飛燕的妹妹趙合德，也一塊兒侍奉漢成帝，都很得寵。漢成帝想立趙飛燕為皇后。可是皇太后王政君覺得趙飛燕出身不夠高貴，不大同意。淳于長巧妙地說服了姨媽王政君，立趙飛燕為皇后，這不等於給成帝立了功嘛，所以成帝封他為定陵侯。

其實，從呂后開始，西漢的皇后有幾個出身高貴的？呂后是平民，薄太后是劉邦的一個宮女，竇皇后出身不高，衛子夫出身長公主家的奴婢，所以趙飛燕立皇后，沒什麼大的問題。

可是淳于長這個人品行上不大檢點。成帝當初有個皇后姓許，後來被廢。淳于長跟許廢后的姊姊私通，並納她為妾。為討已廢的許皇后歡心，淳于長寫信對她吹牛，說可以想辦法讓皇帝把她從冷宮裡放出來，重新封為婕妤。他寫給被廢的許皇后的信用詞輕佻，甚至還有挑逗性的字眼兒。

這些，都被一個人看見了。誰呢？王莽。王莽就向他的叔父曲陽侯王根舉報。王根當時是輔政大將軍——王政君的幾個兄弟輪流主政。王根病得很重，可能要退休，而淳于長是最有希望接班的人選。淳于長接班在望，未免有些得意忘形，私下裡就已經在許諾自己主政以後將安排誰在什麼位置了。王莽借著給這位曲陽侯叔父侍疾的機會，就舉報了淳于長私下竊喜，認為王根病重，不行了，準備來接輔政位子，甚至對那些衣冠子弟都做了職位安排的事情。這個話王根聽了會怎麼想？王根當然很生氣。王莽順帶把淳于長與許皇后姊妹的事也給捅出來，火上澆油。王根更憤怒了，說，既然這樣，你還不趕緊告訴皇上？王莽說我不知道您的意思所以不敢說。王根說你趕緊告訴太后去，王莽就打著叔叔曲陽侯王根的旗號去向王政君告狀。王莽說淳于長急著要取代曲陽侯王根，而且他與已廢的許皇后的姊姊通姦，收了她的衣服財物並且有輕佻不敬的言辭。王政君大怒，讓趕緊告訴皇帝去。王莽又跑到皇上那裡去告狀，說太后讓來的。成帝迫於太后的壓力，就撤了淳于長的職位，但是並沒有治他的罪，可見還是想要包容他。

從皇帝對淳于長的寬宥態度上看，當初王莽如果直接去找皇帝檢舉，說不定還真得惹一身騷。所以王莽很會告狀。成帝讓淳于長回到自己的封國去，淳于長回去以後，不甘心失敗，還做各種動作，企圖東山再起，最後招致了殺身之禍。

二　萬人擁戴

排擠掉淳于長之後，王莽就做了大司馬大將軍，取代了他的叔父王根。

王莽做了很多贏得社會聲望、爭取人心的工作。比方說，王莽母親生病的時候，公卿列侯都去看望太夫人，王莽的夫人親自在門口迎候賓客，衣不曳地，裙才蔽膝，大家都以為是他們家的傭人，最後知道原來是大將軍的夫人，都非常吃驚。刻意營造作風簡樸的個人形象以外，王莽還推薦賢良之人擔任各種職務，這時，王莽聲望已經如日中天。

可是正在這當下卻出了事，漢成帝整天跟趙飛燕、趙合德姊妹在一起，於一天早晨暴斃，死時只有四十多歲。

成帝沒留下子嗣，據說曾經有兒子，也都被趙飛燕姊妹給害死了，大臣們就讓成帝的侄子哀帝即位。趙合德被迫自殺，趙飛燕因為支持哀帝繼嗣有功，仍然受到禮遇。

哀帝的母親出自丁家，哀帝的祖母出自傅家，傅昭儀當年是跟王政君一起侍奉元帝的。王政君下詔讓王莽交出大權，兩年後甚至離開了長安，回到封國新都侯國去，閉門閒居了三年。丁、傅兩家掌權。

哀帝喜好男色，他寵愛董賢。有一次他和董賢白天同榻而眠，他先睡醒有事要起身，衣袖壓在董賢身下，他不願意驚醒董賢，就用剪子把袖子剪斷。斷袖之癖用來形容同性戀，就是從這兒來的。

這個哀帝還是個雙性戀，他讓董賢的妻子也住在宮中，把董賢的妹妹也娶為昭儀，於是董賢、董賢的妻子、董賢的妹妹輪流陪侍，旦夕服侍哀帝。哀帝這麼荒淫無度，很快就去世了。

元壽二年（前一）六月哀帝去世。哀帝去世時很年輕，也沒有子嗣。而這個時候，傅太后和丁太后也相繼去世，年已七旬的王政君，當天就跑到未央宮，把皇帝玉璽拿來，馬上詔王莽回來統領禁軍。在宮廷鬥爭中，有時候活得長很重要，王政君就活得長，七十歲了，你看別人都熬不過她。

王莽復出後，接受教訓，連燒了三把火。第一把火，以太后的詔令，罷免大司馬董賢的職位，甚至逼迫董賢和他妻子自殺，從董賢家搜到的財產數以億萬計。第二把火，立個新皇帝，選成帝的另外一個侄子，也就是馮昭儀的孫子，才九歲孩子為平帝。太皇太后王政君臨朝稱制，實權掌握在王莽手中。第三把火，說趙氏毒害皇子，驕奢淫逸，迫令孝成皇后趙飛燕自殺，哀帝的皇后傅皇后也自殺了，把丁家、傅家，這兩個外戚都給趕走了。趙飛燕因在哀帝即位當中幫過忙，所以哀帝期間她沒事，她還是當皇太后，可是現在呢，王莽把他們都殺了。

這三把火，穩定了王莽的權勢。王莽現在是真正的朝中輔佐大臣了，他的位置不亞於當初霍光。這時候呢，王莽繼續作秀，收買人心，做了兩件事情。第一個，想方設法製造祥瑞，收買死黨，為己造勢。我們知道從董仲舒以後，儒家的政治，帶有一些神祕的色彩，宣揚皇帝幹得好不好，上天是會對你發出警示。這個警示是通過祥瑞和災異來表達的，上天顯示祥瑞，說明皇帝治理得好；顯示災異呢，表明天子治理得不好。根據《尚書大傳》的一些解釋，周公治天下的時候，就出現了祥瑞，比如說出現鳳鳥之類的東西。現在，王莽派人讓益州送來白雉一，黑雉二。雉就是野雞，王莽就告訴太后，你看這是祥瑞，說明我們治理國家治理得好了。於是就有人開始吹捧王莽，說周公輔佐成王有祥瑞，所以號周公，現在王莽，達到這樣的成就，應該叫安漢公。太后說，那你們拿出方案吧，怎麼獎勵輔政大臣。王莽說這不是我的功勞，功勞要歸於孔光等那些跟他共事的高官們，以及王舜、甄豐等這幾個大臣，要褒獎他們。

最後王莽通過多次的造勢，不但培養了一批鐵杆擁躉，他自己也因勢而上，號稱安漢公。他要名，那些一時之利，他都不要，把封給他的錢財類的獎賞都退了，越退大家越說要給他獎賞，王莽更是加倍辭讓。

第二，王莽給大家漲工資。對官員普遍漲工資，給宗室和過去的名人之後安排職位、加官晉級。給老百姓減免賦稅，不是有旱災、蝗災嗎，民不聊生，他把自己的錢糧、自家土地，都拿出來分給大家。他還在長安城裡蓋了兩百個小區的經濟適用房，分給貧民。如果有水災，他就吃素不吃肉，弄得太皇太后都派人慰問說，你要愛惜身體，要按時吃肉。王莽通過普施恩惠的辦法，來籠絡各個階層。

王莽嫁女也嫁得很出彩。

平帝逐漸長大了，還沒有結婚，王莽想要把姑娘嫁給他。這點他比霍光做得高明，他建議從天下為皇帝選后，但是他的姑娘大概也不那麼突出，名望不夠高，難以獲得眾口一詞的推薦。所以他請太后下令，他說我現在是輔佐大臣了，我女兒的名字不能放在候選名單裡面。太后以為他是真心實意辭讓，就下令王氏女不要放在候選名單裡。這時候全國人民都不答應了。庶民、書生、郎吏，一撥一撥到皇宮裡去請願，每天都上千人上書，說這不公平，安漢公功高蓋世，他的女兒怎麼能夠不放進皇后的候選名單裡面呢？王莽還派自己辦公室的人，來告訴大家，我的女兒就不要參加候選了。可是，這更激起大家的強烈要求，不能歧視安漢公家姑娘，最後弄得太皇太后不得不下詔，王莽的女兒，也放在名單裡吧。

經過這麼一場風波，王莽女兒得以進入候選名單裡，假如你現在是候選委員會的負責人，你說怎麼選？這個事情這麼一搞，反而讓大家沒法選了，就選王莽的女兒吧。所以王莽做事，很懂得先抑後揚之道，最後王莽女兒選為皇后了，比那個霍光和霍光的夫人，要有手段多了。

按照禮制，皇帝娶個皇后，給女家的禮金要花兩個億，王莽說我不要這麼多，應該分給別人。王莽他不貪財，他把家裡土地財產都分給別人，所以大家都上書說不行，不給王莽待遇都不行。

元始五年（五）四月，由於王莽不接受封賞，居然有四十八萬七千五百七十二個人上書。那時候還沒發明紙呢，都是竹簡，這四十八萬多份上書，不知道花了多少人力物力，送到長安。現在王公列侯、宗室大人都有上書，應該給安漢公大加封賞，一直到官府出來，接見各位代表說，行了行了，我們給安漢公獎賞就行。

所以王莽的造勢造到什麼程度，最後不讓他當皇帝都不行了。平帝到了十五歲，有一次大概平帝看王莽的眼神中有點怨恨——為什麼怨恨呢？因為平帝的母親不能被接到長安來，是王莽怕他們到長安來之後，會排擠他這個老外戚。這眼神讓王莽感到心裡一驚，他就在一個臘日，在酒裡面下了毒，小皇帝被毒死了。要知道這是他的女婿，他曾經想讓她女兒改嫁，她女兒不從，就守寡了。

從此，王莽更加大權在握了，更加風光了！有道是，風光的背後，不是滄桑，就是骯髒。王莽手上的權力，是骯髒的。

三　新莽改革

漢平帝死後，即西元六年，王莽選立了漢宣帝的玄孫、一個才兩歲的小孩孺子嬰為繼嗣。大臣們請求效法周公輔佐成王故事，由王莽攝政。王政君雖然心知不可，卻無法阻止。王莽自稱「攝皇帝」（代理皇帝）。王政君聽聞後說：「我雖是一婦人，也知道王莽這樣的行為必然招災惹禍，是萬萬不可的。」但王莽又拿出更多的祥瑞之兆，說明天命所歸，並將這些符瑞告訴王政君，王政君只好作罷。

有一個叫作哀章的人，混跡長安，素無品行，好為大言，就是好說一些大話，看著王莽已經代理皇帝了，他就偽造了一個金匱，上面刻著字說上天有旨，劉家應該傳帝位給王莽。他說王莽這個家族是舜的後代，劉邦的家族是堯的後代，堯當初不是把位子讓給舜了嘛，現在再讓一回吧，就是劉家再讓給王家，說王莽應該是真天子受天命。金匱神書還寫著王莽有主要大臣八個人，都取吉利名字，還把他自己的名字哀章也塞進去，連當什麼官都寫好了。

王莽派人拿著這個金匱神書，要求太皇太后，交出傳國玉璽。太皇太后對著來討玉璽的王家兄弟破口大罵，說你們這幫兄弟，豬狗不如，漢家朝廷對你們怎麼樣，你們就幹這種事，王莽不是要當新皇帝嗎，王莽的朝代是新，改正朔嘛，你就自己造一個玉璽，你要這個亡國的玉璽幹什麼！我就是漢家的老寡婦，早晚就死了，我要跟這個玉璽一塊埋葬。但是這時候太皇太后都八十了，有什麼辦法呢？來索要玉璽的王舜，也是他王家人，逼迫老太太說，事已至此，有什麼辦法？最後她沒辦法就把傳國玉璽摔在地上。後來傳國玉璽少一個角，就是王政君給摔的。

西元八年，王莽就這樣被推到帝位上了。推他的不光是王家人，還有劉家人，為什麼？因為當時確實有許多人真的以為天命就在王莽這兒。以董仲舒為代表的西漢儒家，有這麼個理論，就是當一個王朝的氣數已盡，新王朝的誕生，存在兩個可能性，一個是革命，一個是禪讓。革命是暴力的，禪讓是和平的，不願意革命，那就禪讓。王莽是第一個禪讓即位的皇帝。再以前是誰呢？堯、舜、禹。王莽，是在時代理論營造的氛圍中，經過多年的經營，在萬人推戴下，和平演變登上帝位的。

那王莽登上帝位後做了些什麼呢？王莽作出了一系列的改革。

首先是土地改革，把土地收歸國有，平均地權，全國的土地都無償徵收，叫作王田，就是國家土地。每人一百畝，耕者有其田，要徹底改變商鞅變法以來所確立的土地私有制度。土地的私有化，導致了土地兼併的趨勢，越演越烈，及至漢代成帝、哀帝時期，是最激烈的時候。唐朝杜佑曾說，開元末年土地兼併，「有逾於漢成哀之間」。說明漢成帝、哀帝的土地兼併，是一個標誌。王莽想按井田制的辦法，規範農民的土地，如果你家土地多，拿出來分給鄰家。王莽能做到嗎？政府能夠用強力的辦法，無償剝奪豪強們的土地，改變土地占有關係嗎？豪強們光占有大量土地還不行，靠誰耕種呢？土地兼併的另外一面，就是大量私家農奴的出現。因此，王莽同時下令，廢除奴婢制度，廢除的辦法就是不再稱奴婢，叫私屬，並禁止買賣。他想同時把奴婢制度與土地制度一起解決了。

這樣一來，能不激起豪強們的反對嗎？他們怎麼甘心土地被無償剝奪，這些無地可種也無路可走的農民，不能賣身為奴，生活更加困難呀。為什麼呢？因為他們根本分不到土地，誰能把土地拿出來給他們呢，王莽哪有這樣的社會組織能力和動員能力，強力保障土地國有化運動得以實現呢？所以，這些做法，都是一紙空文罷了。

王莽其他改革更是糟糕，政府專賣酒鹽鐵，礦產、水利資源收歸國有，把漢武帝晚年包括昭宣時代，那些糾正了的國家過於集中經濟資源的改革措施，又都恢復起來了。國家過度管控對經濟的發展，無疑是雪上加霜。王莽的貨幣制度改革更糟糕，私家不得鑄貨幣，朝廷三番五次地發行新貨幣，這個新貨幣，是一種帶有信用性質的貨幣。什麼意思呢？就是貨幣的質重，跟它的幣值不是掛鉤的，那個時代經濟發展程度還無法支撐這樣的幣制改革。

總之，王莽的這些改革，空想的成分多，把整個社會都搞亂了。搞亂後民怨沸騰，就造成了各地流民起義。綠林、赤眉、銅馬，這裡面就有一個人叫劉秀。劉秀在戰亂當中脫穎而出，最後建立東漢。王莽在東漢的建立過程中，丟掉了江山，自己也被殺。

四 王莽末路

反觀王莽這個人，其家庭生活是很不幸的。他有三個兒子，均死於非命。有一個兒子，失手殺死了奴婢，按照當時法律，不是什麼大不了的事兒，王莽為了維護他個人的形象和聲譽，逼兒子自殺了。另一個兒子，由於為平帝講話，王莽也把他害死了。他的妻子，由於兒子一個個死於非命，傷心得把眼睛哭瞎了。他的第三個兒子叫王臨，被立為太子，居宮中照顧病重的母親，現在應該叫母后。這位皇后身邊有個侍女叫原碧，已經是王莽的人了，本來富貴人家的丫頭，身分就是侍妾，這種情況很常見，何況王莽是皇帝，皇后身邊的那些宮女，當然他是可以臨幸的。可是他這個兒子也不老實，也跟這個原碧私通了，害怕這事被他老爸知道了，兩人想要謀殺王莽。

王臨的妻子、太子妃劉愔，是國師劉秀的女兒。這個劉秀不是光武帝劉秀，他是著名的古文經學大師，後來改名為「劉歆」，他是支持王莽登基的。據說劉愔頗懂讖緯之類的神神祕祕的事兒，說宮中有什麼白衣會。王臨擔心王莽會發覺自己的不軌行為，給他母親寫了一封信，說我父皇對子孫要求很嚴，你看前面幾個兄長，都是到三十左右就死了，我也快三十了，我也恐怕要出事了，不知命之所在。

王莽他探視妻子的時候，看見這個信，大怒，懷疑王臨心懷不軌。妻子病死，王莽不讓兒子來參加喪禮。葬禮結束後，他就拷問妻子身邊的侍女原碧，原碧就一五一十地招了，於是，王莽又逼兒子王臨自殺，勒令兒媳婦也自殺了。這樣，王莽把自己的兒子都殺光了。

王莽將女兒嫁給平帝，平帝十幾歲就死了，她就守寡了。王莽又把孫女的姑娘嫁給子嬰，子嬰就是一個白癡，由於王莽看管很嚴，不讓人跟他說話，長大了，連豬、馬、牛、羊都分不清楚。

所以，王莽這個人，治國沒做成，治家也是一塌糊塗，機關算盡，反害了自己。

後人評王莽，是兩個極端的，有人把他罵得一塌糊塗，有人同情他，說他是個書生，書生治國一事無成。

王莽的新王朝，一共只有十四五年，他臨死的時候，還有很多人跟著他一塊死了。王莽最後被起義軍殺死在長安，人頭被懸掛在宛城的城牆上。這個宛城，在當時是劉秀他們漢軍起兵的都城，後來遷都，王莽人頭也轉掛到了洛陽，據說一直到西晉的時候，王莽的人頭還在。最後被一把火燒了，包括王莽的人頭、孔子的一雙草鞋，還有漢高祖劉邦起義斬白蛇的寶劍，一塊給燒掉了，這是後話。

西漢在王莽的禪讓中壽終正寢，王莽在他的改革中也灰飛煙滅了。

從秦皇到漢武，是王道霸道的興衰史。秦始皇用的是霸道，以吏為師，法家治國。漢武帝之前，雖然劉邦是休養生息，從陸賈的《新語》顯示，已經是儒、道並用，但是整個治國基調，是以道家清靜無為為主。漢武帝提出獨尊儒術，容納了諸子百家。這個時候儒只是他的一個外殼，漢武帝治國，無論是中央集權的加強，還是對外開拓疆土，都是很強勢的一種霸道作風，不是王道作風。所以漢宣帝才說，吾漢家本以霸、王道雜之。漢家的老規矩，就是既講霸道，又講王道，外儒內法。所以我們不能說漢武帝是個儒家皇帝，儘管他提出獨尊儒術，漢武帝晚年，改變了政策。昭、宣二帝，延續了這些政策，並不是改到儒家去了，還是外儒內法，只是說國家政策的操作層面，更加人性化了，有一些道家色彩，清靜無為，休養生息。但是到了漢元帝劉奭以後，這個人純用儒生，所以他爸爸批評他，壞我漢家規矩者，必太子也，那時候漢元帝還是太子，就是漢元帝時候，才改為真正講究儒家這套。王莽也是儒生，新莽政治的變態，就是在這一背景下產生的。

我們發現，儒家這套王道政治，其實有一點迂腐，從漢元帝到王莽這兒，不切合實際，王莽的改革不切實際，而真正切合實用的，還是霸王道雜之。歷朝的明君，既要講制度建設、法制規範，同時也要講儒家的大道理，關注民生。

再來比較一下霍光與王莽。如果說霍光的問題是不懂得急流勇退的話，那麼王莽比霍光幸運，時代讓他跨過了這一層局限，他最後稱帝了。王莽的問題，我覺得在於沒有處理好理想和現實的關係。王莽的學業專攻之一，是周朝的禮制，也許有大同的理想，他看到了西漢末年土地兼併，民不聊生的局面，希望通過改革，來讓老百姓得到好處。但是他的改革，變成了對老百姓的簡單的討好，通過給大家分配土地，來換取破產農民、無業遊民，甚至乞丐的支持和擁護。但是沒有一個長久的操作層面的解決辦法和制度保證，這樣解決國用和民富的思路，變成了簡單的政治上的討好或者說拉選票。當他手中的資源用完的時候，不光老百姓失去了政治熱情，而他之前觸動了這些大貴族既得利益者，也沒辦法去協調，導致他在上、下層同時失去了支持。他有天下大同的理想，但是他做起來過於把問題看得太簡單了。王莽沒有像霍光一樣，他恰恰缺少像霍光一樣從比較實際的層面，去以一個政治家的操作性的手段來實現自己理想的能力，我覺得這是他最大的遺憾。

我們現在評論歷史事件和人物，要有兩個角度：一個是歷史本來是怎麼樣，另一個是歷史記載的事實是怎麼樣。你看霍光其實一直在歷史上沒有人否定他。霍光他的家族被滅，但是霍光一直沒倒，霍光死的時候是以皇帝之禮葬的，在病榻前漢宣帝去看他，淚流滿面。漢宣帝雖然滅了霍氏家族，但是對霍光一直視為功臣，所以霍光的形象總是正面的，後世一直是伊尹、霍光並稱。因為，如果把霍光否定了，漢宣帝的合法性也有問題了，所以漢朝的史書，一定都是對霍光不否定的。

而王莽就不一樣了，不否定王莽，劉秀就沒有合法性。而且王莽確實篡人國、奪人位，歷朝歷代都不能容忍王莽的這些行為，因此不管真實的王莽如何，記載的王莽一定是不好的。

事實上，王莽直到他在漸台被殺死的時候，還有數以千計的官員，陪著他一塊去死，可見，王莽的政權，是受到相當多人擁戴的。那個本名劉秀、後來改名劉歆的國師，是劉氏宗親，王莽的兒女親家，也都支持王莽改朝換代。

王莽專攻周禮，儒生出身，有王道理想，但是缺乏操作能力，他是一個知識分子，知識分子上臺，按照理想執政。他按照周禮的這一套來治理國家，包括處理外交事務，處理金融事務，他做了金融改革，做了土地改革，想實行〈王制〉的理想，最後失敗了。

這告訴我們什麼呢？我想至少有兩條。第一個，漢武帝以後的問題，就是土地兼併，就是貧民吃糟糠，富家食粱肉，就是貧民無立錐之地，富家田連阡陌，而且富家徵租很重，貧民受他們剝削。在這種情況下要實行王道理想，但不能罔顧現實、脫離現實，如果現實跟理想有這麼大的差距，能不能做成事，關鍵是在理想跟現實之間找到一個平衡點。這個平衡是什麼呢？就是操作手段，就是解決問題的術。

第二個，就是一個人如果沒有這個本事，卻被放在這個位子上，也是災難。王莽就不該去當這個皇帝，他沒有解決當時社會問題的能力，他在這個位子上，既是民族國家的災難，也置個人於危險的境地。

這個時代是不是有人能夠處理這個問題呢？歷史沒告訴我們，也許有人是可以的。打個比方，北宋的趙匡胤，他就解決了唐末五代的問題，他也是通過禪讓方式上臺，儘管宋代積貧積弱，但是宋代整個社會發展，他解決了前代留下的這些問題。雖然石敬瑭失地的問題（幽雲十六州）沒解決，但是其他如晚唐五代藩鎮問題、土地兼併問題、經濟發展的問題，都不同程度地得到解決。

因此說王莽有上位的能力，但到了位上卻沒有解決問題的能力。

（參見《資治通鑑》卷三十至卷三十九）

【第十一講】

光武中興

南宋的陳亮認為，中興之盛，沒有能超過光武帝的，他的功業之大、成效之高，不光是靠天命，也靠人的謀略——「有一定之略，然後有一定之功」。

劉秀是個寬厚的人，也是個精明的人。精明用在大事上，厚道用在小事上，無論精明還是寬厚，劉秀都是從事業的需要出發的。

一　少年有志

一個王朝的衰敗，一定會伴隨著這樣一些現象，首先是社會矛盾尖銳。其次是用什麼措施去解決這些問題。最後，統治者是否有足夠的能力，去解決這些社會問題，而不是使社會矛盾更加激化。

西漢晚期最嚴重的社會問題，就是土地兼併、貧富分化。到了成帝、哀帝的時候，社會矛盾更加尖銳。王莽的改革，試圖改變這個境況，但是卻帶來更大的災難，因為他的措施是錯誤的，不切實際。所以地方動盪，民眾造反，造反的不僅僅是農民，還有一些有見識的社會中產階級，比如說像劉秀兄弟，就是這類人。他們不是沒有飯吃，而是想乘勢（農民軍之勢）而起。

劉秀，字文叔，高祖劉邦九世孫，先祖是長沙王劉發，傳到他父親劉欽，只是一個縣令了，世居南陽郡湖陽縣舂陵鄉（今屬湖北棗陽）。雖說劉秀也是王室遠支，可是，元帝之後皇室後裔，數以十萬計，劉秀這個家族，早就沒有了宗室特權。

劉欽與夫人樊氏生了三個兒子三個女兒。劉秀排行第三，自幼喪父，由叔父劉良鞠養。兩個哥哥叫劉縯、劉仲，另外還有兩個姊姊一個妹妹，分別是劉元、劉黃、劉伯姬。劉秀的家境十分平常，大概是個自耕農家庭。

劉秀給人的印象是忠厚本分，性勤稼穡。他的大哥劉縯經常笑話他，說你呀就是個鄉巴佬，就像當初高祖二哥劉仲。西漢開國皇帝劉邦，在鄉下的時候，不好好種地，他父親經常批評他，希望他能像二哥劉仲那樣，掙點家業產業，所以劉邦後來當了皇帝，就跟父親開玩笑，讓他父親看他現在置的家業產業，跟他二哥比怎麼樣。史書上說，劉縯性格剛毅，「慷慨有大節，自王莽篡漢，常憤憤，懷復社稷之慮，不事家人居業，傾身破產，交結天下雄俊！」你看，是不是有點像當年的劉邦。

其實，劉秀這個人是內秀，內藏心機不張揚，很有主見。舉個例子吧，有一次他跟姊夫鄧晨聚會，在場有人懂圖讖，圖讖就是那些可以應驗的預言，當時盛傳的預言說「劉秀當為天子」。我前面講了，國師公劉歆當初就叫劉秀，因為這句鬼話，為避嫌才把名字改了。有人就說，這個劉秀是國師公吧，劉秀（文叔）當時在場，他開玩笑說，「安知非僕耶」，怎麼知道不是我呢？劉秀這麼說著，大家於是開懷大笑，只當是句笑話。姊夫鄧晨卻心中竊喜，他認為劉秀開這個玩笑，說明心中不是沒有大志，他這位小舅子是有想法的人。

我想這句話的意義，大概類似於當初劉邦在咸陽，看見秦始皇的車隊，脫口而說出的，大丈夫當如是也。

有本史書叫《東觀漢記》，它記載說，劉秀在長安求學的時候，朝廷有什麼政策變動，他總比別人先知道，還能解說。他熱心時政，朝政有什麼新的東西，他不僅關心，還給同學解讀，說明他不是甘於埋首田園的莊稼漢。

與喜歡張揚外向的劉縯相比，內向不露心機的劉秀，在外人看來，可能更值得信賴、更可靠。有一次，劉秀到宛城（南陽郡治所在地）去賣糧，被李軼、李通這堂兄弟倆接到僻靜處商議大事。原來，李家兄弟認為，現在天下擾攘，漢當復興，我們這兒只有劉縯、劉秀這兄弟倆能成大事，我們應該跟他結交。所以劉秀到宛城賣穀的時候，李通兄弟就跟他相約，聯合起事，李通在宛城起事，劉秀他們在舂陵家鄉舉兵回應。這個故事說明大家對劉秀是信任的。

還有一件事，就是鄧禹追隨劉秀的故事。鄧禹在長安太學裡讀書的時候，最佩服的人就是劉秀，幾乎和劉秀形影不離。後來，劉秀在河北獨立發展，鄧禹馬上就從家鄉，「杖策而行」，追上去了。劉秀就是具有這樣的人格魅力，能得到大家信任和追隨。

二　榻下之對

劉秀是有號召力的。劉縯商量起兵的重要時刻，其他劉家子弟都害怕，想藏起來，因為劉縯經常惹官司，他們不想摻和。後來，當看到劉秀也穿著起義的服裝走出來的時候，大家一驚，這麼忠厚謹慎的人，都參加起義造反，也許是時候造反了，大家就安心了。你看是不是，劉縯出來大家害怕，劉秀出來，大家想也許起兵是對的。

這一年劉秀二十八歲，《東觀漢記》說劉秀經過深思熟慮，覺得天變已成，該改朝換代了。劉秀做事，不是憑藉一時的衝動。

地皇三年（二二）底，劉秀兄弟在舂陵鄉起兵，首先攻打湖陽縣。打下了縣城，分戰利品的時候，新市、平林兵這些綠林兵不滿意，「眾恚恨，欲反攻諸劉」。劉秀就把劉氏宗人獲得的戰利品，全都拿出來分給友軍，化解了一場內部火拚的危機。

轉年正月，他們再往南陽郡治所在地宛城進發。各路兵馬中，有下江兵，有新市兵，有平林兵，還有舂陵兵，他們都是綠林好漢。大家商量著，不同的部隊，得有一個統一領導，大家都想是劉氏為天下，就選劉氏宗親吧。這時候有一個叫劉玄的人在平林兵中，號更始將軍，更始就是從頭開始。有人就想推劉玄出來主事，也有人想起劉縯，但是多數人願意立劉玄，因為大家覺得劉縯為人太強勢了，劉玄比較懦弱，這樣的好掌控，最後就立了劉玄。

立劉玄的事，大家先商量好了，才把劉縯找來，把意思告訴他。除了劉縯厲害，劉玄好掌控這個原因以外，還有地位上的考慮，我們看看他們兩家譜系，劉縯跟劉玄，出自同一個高祖，就是劉買，但是劉玄的曾祖是長房，繼承了舂陵侯爵，所以要從宗室地位上講，劉縯、劉秀是要比劉玄差一點的，雖然都是姓劉的後代，劉玄的房支是長房，立劉玄更加名正言順。

事實證明，劉縯確實比較強勢，也許是不懂得籠絡人心吧。劉玄從後來的發展看，稍稍弱一點。面對既成事實，劉縯婉轉反對，他說，尊立劉氏，固然很好，但是現在呢，你看山東還有赤眉，如果他們也立個劉家天子，怎麼辦呢？互相不成對頭了？王莽未滅，互相就已經打起來了，這個不好吧！他主張先破王莽，降赤眉，然後再推舉皇帝不遲。他甚至還說，如果是赤眉先立了姓劉的為帝，他也不會奪掉我們的位置，我們也是一方諸侯。劉縯顯然想拖一拖。爭論不休之際，有個叫張卬的將軍，拔劍擊柱，說疑事無功，今日之事，不得有二，就這麼定了。張卬，還有朱鮪，這些人都是向著劉玄的，劉縯寡不敵眾，人家不支持他，所以最後就立了劉玄。

好了，現在已經立了一個劉家皇帝，國號也稱漢，也安排了劉家兄弟一些職位，從這個職位的安排來說，其實還是照顧了方方面面利益的。比如，劉縯任大司馬，劉秀任偏將軍兼太常，他們的叔父劉良，還擔任最高顧問呢。

王莽感到了壓力。因為新成立的漢軍，跟一般草莽農民起義不一樣，他們發表檄文，號令天下，搞宣傳攻勢，是以取代王莽為訴求的。所以王莽就急了，他糾集大軍前來鎮壓，直撲昆陽。六月，劉秀等領導的漢兵在昆陽（今河南平頂山市）大敗新莽四十多萬軍隊。劉秀昆陽大捷前夕，劉縯拿下了宛城。昆陽大戰，劉秀以少勝多，表現出卓越的軍事才能，一戰成名。

具體戰爭過程，不再贅述。劉秀兄弟立功了，又招來嫉恨。這天，在南陽召開了一個大會，據說劉縯下面的一個將領，不服劉玄指揮，最後被處死，劉縯為之爭辯，也被處死。當初，李軼本來是向著劉縯的，一看勢頭不對，劉玄當了皇帝，他又轉而諂事新貴。其實劉秀和姊夫鄧晨，都勸過劉縯，要他注意保護自己，可是劉縯都一笑置之，沒當回事。劉縯在六月份宛城和昆陽之戰勝利以後，戰場還沒打掃乾淨，就在內部爭鬥中被殺了。

這下要考驗劉秀了。這時候劉秀正在今天的寶豐縣繼續擴大地盤呢，哥哥被殺了，劉秀怎麼應對？首先，他馬上跑到宛城，向劉玄謝罪。兄長犯罪，自己作為同胞兄弟難辭其咎。劉秀跟劉玄不談哥哥的冤，只談哥哥犯上、對皇上不尊重。第二，他不接觸哥哥的部將，避免嫌疑，絕不談昆陽之功，也不為哥哥服喪，吃肉喝酒談笑自如，就表示哥哥死了是罪有應得，自己毫不悲傷，顯得沒肝沒肺。其實劉秀的心裡在流血，在晚上睡覺的時候，枕席上都是哭過的淚痕，長兄當父，他父親早死，雖然依附著叔父過活，可大哥沒少對他照顧，劉秀對大哥有著很深的感情。

這些做法暫時緩和了劉秀跟更始帝的關係，更始帝自己也不好意思，因為確實劉縯兄弟給他立過功，劉秀這個做法符合他平常在眾人中形象，昆陽之戰表示他有軍事才能，但是沒有政治野心，所以劉秀不但沒有受牽連，反而升了官，更始帝內心有愧，所以特意給了他一個位置，反正是劉氏宗親嘛。後來攻取洛陽，洛陽就暫時定為首都，這個首都的整治工作，還是劉秀做的。

六月劉縯被殺，九月王莽被殺，同月洛陽被攻占，十月劉秀做了司隸校尉，前去收拾宮室，準備遷都。更始帝就做進一步部署了，首先帶一部分人北上，平定河北這些地方，上谷、漁陽郡。

山東的赤眉一看漢兵勢力大，赤眉的首領樊崇也到洛陽來歸降，更始政權還派一支軍隊西上指向長安，也準備遷都長安了，以劉賜為丞相，先入關修宗廟宮室。

眼看劉玄的天下差不多搞定了，就差河北還沒有完全歸附。也就是在派誰去河北的問題上，發生了爭執。劉賜說河北很重要，我們劉家宗室的人裡面，只有劉秀有這個能力，山東赤眉歸附了，河北還有銅馬，河北再往北長城邊上，邊疆有新朝（王莽的朝代號「新」）重軍屯駐。可是朱鮪、李軼反對，因為他們覺得劉秀厲害，怕放虎歸山，他們曾慫恿更始帝除掉劉縯，害怕遭到報復，因此對劉秀心存疑慮。可是劉賜堅決支持劉秀，更始帝雖然也有點猶豫，但劉秀的低調，最終打消了他的顧慮，覺得劉秀不會有後患。當然，劉秀還是做了許多幕後工作的，他收買了更始帝身邊的親信曹氏父子，讓他們也為自己說情。於是，劉秀拿到了這份任務，以欽差大臣、代理大司馬的身分，去招撫河北，但是更始帝沒有給他軍隊，就是個光桿司令。

北巡河北，是劉秀事業發展的非常重要的機遇。他現在有了自己的戰略發展空間了，雖然沒有多少「資本」，但是他有了獨自施展拳腳的舞臺。他當年的至交，也是太學裡的同學鄧禹，杖策北上，追隨過來。當初，劉秀兄弟在劉玄手下幹的時候，鄧禹沒有出山，有人勸他參加他不參加，但當劉秀有了自己地盤以後，他知道機會來了，他就一路北上直接追隨過來了。

見到鄧禹，對榻而坐，劉秀跟他開玩笑，你是想做官嗎，我現在有發官帽的權力了。鄧禹就講出了自己的想法——「圖天下策」，我們把它叫「榻下對」，這可以跟後來的隆中對，還有以前的韓信的漢中對，具有同等意義。帝王起事，建功立業，確定自己的戰略發展目標，需要有一個清晰的規畫。鄧禹的判斷，揭示的戰略目標很清晰，這就是發展壯大自己的隊伍，謀求更大的發展空間，最後打出自己的天下。

作出這種判斷的兩個前提，第一個是對劉玄更始集團的認識，第二個是對劉秀本人的期待和認識。他說，更始帝是個平庸之輩，並不能完全掌控政局，手下的那幫將軍們更是庸人，志在發財爭權，朝夕自快而已，並沒有明確的發展目標，也不懂尊主安民的道理，所以，他們是成不了大事的。鄧禹認為，只有劉秀有這個能力，重建河山，光復漢室。眼下要做的事，就是要籠絡人心，「延攬英雄，務悅民心」。

鄧禹的這個「榻下對」，謀天下策，對整個時局的分析是非常清醒的，先把河北搞定了，然後再徐圖天下大業。這一席話，跟劉秀的內心，一定是不謀而合的。

三　劉秀立國

河北也不是沒有英雄。當時，河北有「三王」盤踞，其中以趙王劉林勢力最大，但是他自己不願意出頭，就在邯鄲推舉王郎稱帝。王郎何許人也？王郎自稱是漢成帝的兒子劉子輿，說由於趙飛燕姊妹倆嫉妒別的女人跟成帝生的兒子，多加殘害，所以他是流落民間長大的，現在他恢復本姓叫劉子輿。劉林推舉他稱帝，因為成帝的血胤，跟皇統的關係最近，於是在邯鄲建立一個「大漢」政權，我們把它叫趙漢，劉玄的漢政權叫更始漢。

劉秀是更始政權派來收復河北的，趙漢政權怎麼能容忍！他們就派人到處抓捕劉秀，說誰能夠抓捕劉秀的話，我們就封他為萬戶侯。劉秀勢力單薄，如果不是得到耿弇幫助，幾乎都要放棄了。

耿弇說服了父親上谷太守耿況歸順之後，前來接應劉秀。當時，河北的情況是，除信都太守任光之外，還有上谷太守耿況、漁陽太守彭寵，都歸附於更始政權。於是，劉秀隨耿弇北上，歸附的漁陽、上谷的騎兵數以萬計，都是邊疆勁旅，軍力強盛。

劉秀一行到了薊縣，城裡又出了事，廣陽王劉接也回應邯鄲王郎。劉秀此時正在城裡，趕緊逃跑出城，日夜兼程，在有人的地方都不敢停留，只能寄宿荒郊野外，一路上吃盡苦頭兒。所謂晨夜草舍，荒亭進粥，滹沱河麥飯，這些故事都是劉秀在逃亡的過程當中吃的苦。他早晨夜裡都趕路，住在草舍和荒亭裡，沒有米，一天只能吃一頓麥飯，身上都是濕的，烤火烘乾。有一次，他們到了饒陽城，謊稱是邯鄲王郎的使者，當地官吏就趕緊招待吃飯。一看這些人狼吞虎嚥的，哪像官方使者，就懷疑他，騙他說真的將軍來了，劉秀他們大驚失色，想趕緊逃，又怕逃不出去，只好故作鎮定，後來也沒見人來，原來人家是騙他們，考驗他們的。

他們這一行人，最後到了信都郡，信都郡守任光，是隸屬更始漢的。劉秀一度想放棄河北去長安，因為這時候劉玄已經遷都長安。任光就勸他，說你走也走不了呀，你放棄河北，誰跟你去長安呢？劉秀才打消了離開河北的念頭。接下來該怎麼辦呢？當時河北三王之一的真定王劉楊，與廣陽王劉接、趙王劉林情況不同，因為在擁護邯鄲王郎的問題上，劉楊態度還沒完全確定，有點兒猶豫，或者說他還可以爭取。

劉秀就全力去爭取劉楊，親自跑去真定，跟劉楊會見，還在劉楊的妹婿郭家莊與大夥開懷暢飲，當場娶了劉楊的外甥女郭聖通為夫人。其實，頭年六月，劉秀剛剛在家鄉結了婚，夫人就是劉秀的初戀、美女陰麗華。可是，這時候顧不得許多了，為了政治需要，劉秀當即娶了郭聖通。其實，他來河北之前，已經把陰麗華送到了家鄉安置，雖然長安方面多次要他把家屬送去，他也沒照辦，可見劉秀內心早就有脫離更始政權的打算。

劉楊手上有十萬軍隊，聯姻使他支持劉秀。現在，劉秀手裡有這麼幾支軍隊，有臨時招募的，有漁陽上谷騎兵，還有更始帝派尚書令謝躬帶來的一些支援軍隊，再加上劉楊的支持。劉秀於是進軍邯鄲，連戰皆捷，於西元二四年農曆五月，攻取了邯鄲，王郎被殺。

劉秀在王郎的邯鄲宮廷裡，發現了數以千計的書信，都是他自己手下的官兵將士，給王郎寫的效忠信。這些人擔心劉秀堅持不下去，想給自己留一條後路。劉秀怎麼辦？他當著諸位將士的面，當場銷毀。還說這都是偽造的，是離間我們關係的。劉秀這樣做，不僅是表示自己大度，而且是為了讓那些當初心懷兩端的人安心，所謂「令反側子自安」。

劉秀的這種見識，體現了他的領袖風度。古人講，「含垢藏疾，君之體也」，就是說當領導的胸懷要寬廣一點，當你劉秀都不能自保，風餐露宿，甚至要逃離河北，手下人自然也會有一些想法，對此你要容忍。如果察察為明，真的追究下去，不利於團結。「統一戰線」的意思就是，跟你的政治目標不完全合轍的人，你也要能容納他們，尤其是打天下過程中，應該團結一切可以團結的人。

劉秀從地皇四年（二三）十月，光桿司令空車單使出巡河北，到第二年的五月份，攻破邯鄲，僅用了七個月的時間。這種成功，得益於他的堅韌，他也猶豫過，想放棄，但是有人勸說，他馬上糾正了離開河北的打算。同時，他能夠團結一切可以團結的力量，最大限度地團結各方勢力，特別是與劉楊的政治聯姻，為他贏得了一支強大的軍隊，十萬軍隊，跟著他去攻打邯鄲。劉秀很寬厚，在處理部下給王郎寫的效忠信的時候，能夠妥善處理，沒有搞清理階級隊伍那一套。總之，劉秀在河北打敗王郎站穩腳跟，是一個重要的開始，儘管時間只用了七個月。

這個時候，更始帝已經對劉秀表現出猜忌。他封劉秀為蕭王，請他交出兵馬返回長安，讓尚書令謝躬就地監視劉秀的交兵行動，而且派人來接管幽州，接管上谷、漁陽，更始帝真正開始限制、架空劉秀的行動。

劉秀怎麼辦？這天劉秀在邯鄲宮裡休息，耿弇進來了，他說現在我們的部隊傷亡很重，請讓我回到上谷去增兵。劉秀也許是明知故問，說仗都打完了，王郎已滅，河北基本平定，還徵兵幹什麼？耿弇說，王郎雖破，戰爭才剛開始呀，有人從長安過來，想撤兵，你不要聽他的，赤眉、銅馬的人是我們的數十倍，聖公（劉玄字聖公）肯定抵擋不住。但是劉秀還裝模作樣說，你失言了！要斬耿弇，你怎麼能說更始皇帝抵擋不住赤眉呢！這是劉秀做姿態的。耿弇說他是跟劉秀推心置腹講實話，因為劉秀對他們有厚恩。劉秀才說他是跟耿弇開玩笑的。讓耿弇說說他的理由，耿弇說：老百姓苦王莽久矣，復思劉氏，所以漢兵才能夠成功。可是現在更始帝呢，你看看他都做些什麼？在都城內，將士們橫行霸道，「元元（元元指百姓）叩心，復思莽朝」，還不如王莽呢。在山東，他們的大將擅命，不聽中央的。內外都是這樣子搞法，我就知道他一定持久不了。你不一樣，你現在名聲已著，天下人都知道你劉秀愛民如子，而且你在河北的發展，已經作出了很好的一個樣子，你現在只要傳檄天下，就能平定。

司馬光這麼記載這件事，有什麼意義嗎？我想有兩個原因，第一個為劉秀背叛更始帝找一個合適的理由。按照正統說法，你勢力大了就背叛你的領導，不合適，所以要通過耿弇講出來，使劉秀這個形象不那麼齷齪，是部下鼓動他的。第二個本來更始帝也不行。

劉秀最後同意耿弇的分析。所以我想一定是劉秀心中早有此打算了，但是要通過別人講出來，這也是一種領導方法吧！自己主動去動員下屬，不如讓下屬主動談出來，這樣呢，領導的精神能得到更好的貫徹。

總之，耿弇的這一建議，把天下形勢分析得非常清楚，可以說體現了非凡的戰略眼光，跟前面鄧禹的榻下對，是前後相繼的。其實耿弇和鄧禹這兩個建議，加起來就是說，把河北經營好，以這個為基地謀圖長遠，不要急著攻取長安，讓更始帝的綠林好漢跟赤眉他們火拚去吧。你坐山觀虎鬥，然後得漁翁之利。

劉秀很快控制了劉玄派來的謝躬的軍隊，謝是個老實人，哪裡是劉秀的對手。他故意拖延，不急著往長安去，樊崇此時帶領的另一支起義隊伍赤眉軍，直撲長安，他們在路上，也找了一個姓劉的孩子，劉盆子做皇帝。劉秀在河北雖然還是打著更始帝的旗號，但已經自行其事了，他對燕趙之地進行整固，不管長安的事。

在劉秀平定河北的時候，長安的局勢已經發生了變化，赤眉的勢力，已經超過綠林。

西元二五年，也就是平定邯鄲以後的一年多一點，劉秀在眾人擁戴下，於六月在河北鄗城的千秋亭即位登基。這時候天下已經有很多皇帝了，劉秀只是其中之一。其實在劉秀稱帝的同月，赤眉擁劉盆子向長安進發，對更始政權發起進攻。劉秀卻不顧這些，在劉玄還在位的時候，他就稱帝了。不知此時的劉玄，是否後悔他當年放劉秀北巡。

當時天下至少有三個劉姓皇帝：長安更始帝劉玄，河北劉秀及赤眉擁立的皇帝劉盆子。其他還有很多割據稱雄的政權。九月，劉秀稱帝三個月後，劉玄投降赤眉被殺，更始政權瓦解了。

劉秀其後進行了十幾年的征戰才平定天下。建武三年（二七），在河南稱帝的劉永死；同年，劉盆子死，赤眉也被劉秀滅掉；建武七年（三一）平定關東，九年（三三）平定隴西隗囂，十二年（三六）平定巴蜀公孫述。劉秀即位以後十幾年的時間，平定各地割據勢力，恢復了大漢江山，號稱光武中興（劉秀謚號光武帝）。因為建都在洛陽，史稱東漢，或者後漢。

對劉秀的成功，南宋陳亮有一個評論——因為南宋的人也懷有「中興」的夢想——北宋滅亡了，他希望偏安一隅的南宋要中興。前面有西周宣帝的中興，然後是漢代的光武中興。陳亮認為中興之盛，沒有能超過光武帝的，他的功業之大，成效之高，不光是靠天命，也是靠人的謀略。有一定之略，才有一定之功。所以對劉秀的成功，我們可以做一個深度的分析。

第一點，劉秀有他的特點，他很注意做好當前的事情，不好高騖遠。不是他沒有理想，但是他一定要做好當前的事。造反之前，劉秀是個出了名的乖孩子。建武十七年（四一）冬十月，劉秀回到了家鄉，家鄉的一些父老鄉親就誇劉秀，說他少時就是個謹慎柔和的人。劉秀確實是如此。該讀書就讀書，該種田就種田，該賣糧就賣糧，還暗戀著鄰縣的美少女，就是個普通的農村青年。他的志向是「仕宦當作執金吾，娶妻當得陰麗華」，但是劉秀不甘於平庸，他讀書長安，解讀時政的高度熱情，聊「天變」讖語，「安知非僕」的脫口而出，也流露出他並不是胸無大志的人。劉秀總是做好當前該做的事，當下該幹什麼幹什麼。這給我們什麼啟發呢？一個不能做好當前事情的人，很難做好未來的事。

劉秀在長安讀書的時候，用今天的話說，他挺善於理財的，他跟朋友們湊錢買了頭小毛驢，再把它租出去，然後用租金供應生活費。就像現在的孩子到北京、上海去念書，他把家長給他的錢投資一輛計程車租給人，然後拿這個租金來過日子。劉秀其實是個很務實的人，這是第一點。

第二點，把好吃的放到最後吃，處理好當前利益和長遠利益的關係。何炳棣先生在他的回憶錄裡面說，小時候家裡人跟他說，吃飯的時候吃紅燒肉，要把一塊肉放在飯底下，最後一口吃的是肉，不是飯，將來有福。學會克制自己當下的欲望，不光對於小孩來說很重要，對於胸懷大志的領導很重要。昆陽之戰時，很多農民軍都希望保住錢財，只有劉秀明白這些浮財無用，只要把仗打勝了，自然就有錢了，集中所有的力量，盡可能拿到前線去，所以那一仗，劉秀贏了。

第三點，劉秀很善於把握住自己的發展目標、機遇和路徑。在他大哥去世的時候，他白天談笑風生，好像沒肝沒肺，吃肉喝酒，跟沒這件事一樣，晚上蒙著被子哭，打落牙齒和血吞。哥哥冤死了，他卻向更始帝道歉，因為他有更高的目標，他要忍，不作匹夫之怒。

劉秀到了河北以後，需要一支自己的隊伍，可是更始帝沒有給他。鄧禹就建議劉秀招徠英雄、務悅民心。雲台二十八將，排名第一的是鄧禹，因為鄧禹最早幫助劉秀確立了發展前景，堅定了劉秀在河北的發展定位。

第四點，劉秀這人既精明又厚道。一個人精明加精明可怕，厚道加厚道太傻，劉秀是大事精明小事厚道。劉秀在處理跟更始帝關係的時候，在處理大量投誠書信的時候，都手段柔軟，表現出精明與厚道的結合。

再舉個例子吧，河北有很多農民軍，如銅馬，如果要把投降的軍隊都殺了，不僅名聲不好，而且也不利於擴大隊伍，最好能夠把他們收編。但是被收編的人能安心嗎？肯定不安心。劉秀知道他們的心思，所以就輕裝簡從，來到這些收降的軍隊裡，檢閱軍隊，毫不戒備。銅馬降軍受到震動：蕭王（指劉秀）推心置腹，我們能敢不投誠乎！當初凱撒打敗龐培的時候，龐培的部隊怎麼處理，凱撒也做了類似的安排，所以龐培的軍隊就都歸順他了，古今中外，智者都有相同的智慧。

在赤眉還沒到達長安，更始帝沒出事的時候，劉秀就自立為皇帝了，堪稱精明。這個時候他當斷則斷，他一方面舉大事不忌小怨，一方面做大事的時候，該拉下面子就拉下面子，這時候他不會顧忌更始帝的感受，自立為帝，儘管你沒有死還沒有敗。精明用在大事上，厚道用在小事上，無論精明還是寬厚，都是從事業的需要出發。

最後，劉秀在治國的問題上，也有值得一談的。他輕徭薄賦，加強吏治，減輕稅收。有個故事，可以從中看出劉秀治理天下的方法。

劉秀的姊姊湖陽公主劉黃的丈夫死了，劉秀就想再給她找個對象。湖陽公主看上了御史大夫宋弘。宋弘人長得帥，氣宇軒昂，公主心中愛慕，認為沒有誰能超過他。劉秀就答應來給姊姊說媒。這一天他把宋弘找來，讓他姊姊坐在屏風後面，然後就勸宋弘說：貴易交，富易妻。一個人地位高了就換朋友，一個人錢多了就換老婆，人之常情嘛，提醒他換換老婆。宋弘說出了另外一番道理：貧賤之知不可忘，糟糠之妻不下堂。顯然，宋弘不同意休妻另娶公主。劉秀等宋弘走了以後，跟自己的姊姊說這事不成，既不能強迫人家離婚，又不能強行嫁給他，讓他的正妻降為妾，宋弘肯定也不願意，所以這個事情沒辦成。劉秀不以皇家威勢脅迫人，而是尊重對方的價值觀，體現出明理寬厚的一面。

還是這個湖陽公主，她有一個很得用的僕人，那時叫蒼頭。這個蒼頭在洛陽犯事了。有個書生進京城來，投親靠友，朋友不在，盤纏也沒了，就把自己的馬拿去賣，是一匹駿馬，很值錢。湖陽公主的蒼頭就用石頭假充銀兩，騙走了書生的駿馬。這個書生發現後就找他拚命，蒼頭一刀就把書生給殺了，周圍看熱鬧的老百姓嚇得四散而逃。當洛陽縣令董宣前來偵辦的時候，這個蒼頭早逃到公主家裡去躲起來了。董宣不露聲色，等風聲過去以後，這個蒼頭以為已經沒事，就跟湖陽公主坐著車出來了，董宣攔住公主的車馬，宣布蒼頭的罪狀，當場就把他拉下處死。湖陽公主氣壞了，跑到劉秀面前去哭訴。劉秀一聽也很憤怒：欺負到我姊姊頭上了，我姊姊已經夠可憐的了！就把董宣找來，說要處死他。董宣說你不要處死我，陛下依法治天下，公主的奴僕光天化日殺人，能夠不治罪嗎？你不要給我治罪，我自己撞死算了。劉秀知道董宣是在理的，所以就把他拉住了，說你跟我姊磕個頭認個錯。董宣說自己沒錯，劉秀堅持讓他磕頭，讓兩個官吏按著他的頭往下按，董宣用手死撐著地，按不下去。劉秀說：你真是強項令！令是縣令，項是脖子，強脖子按不下去，就是不認錯。劉秀於是作罷，還重賞了董宣。這件事說明劉秀明白事理，不徇私枉法。

湖陽公主嘟囔著說，文叔（劉秀的字）當布衣的時候那麼厲害，當地的官府都怕你，你怎麼當了皇帝，一個縣令都管不住呢？劉秀笑著回答說：「天子不與白衣同。」當天子得守規矩，當老百姓你想幹點兒什麼倒無所謂。我很欣賞這句話，就是一個領袖人物，有重大的社會責任，職位在身的時候，你的行為要更加規範。

劉秀死的時候，六十二三歲。很有意思，三劉，劉邦、劉備、劉秀，都是差不多這個年齡死的。劉秀一生非常勤勉，處理朝政也很勤奮，而且還提倡儒學，所以在歷史上，劉秀應該是一個很不錯的皇帝。

關於東漢重視儒學，提倡以儒學治國，還有幾點補充。我們前面講過，西漢元帝之後的儒學，尤其是到王莽時，就有點迂腐了。東漢光武帝講儒術，這個儒術不迂腐，比較務實。東漢功臣多近儒，這是後代史家講的。劉秀本來就好學問，他曾親自去太學裡講經，他兒子明帝劉莊也經常去太學演講，那些儒生還圍著他，請教經學的問題呢。

這是西漢開國功臣，跟東漢開國功臣的差別，西漢開國功臣都是平民，東漢開國功臣大都是儒士，這是兩漢政治文化很不一樣的地方。

但是東漢政治體制，在這個基礎上發展，卻走向了儒學的神學化和庸俗化，為魏晉玄學的出現提供了土壤。這也是必然的，因為東漢的儒，似乎在開國的時候跟王莽、元帝有所不同，但是在讖緯方面，在神學目的論方面，還是一脈相承的。

東漢前三位帝王，劉秀、劉莊，以及繼之者劉炟，這爺孫三人還基本上是正常的。劉莊即位的時候，已經三十出頭了；劉炟即位的時候，接近二十了；此後的和帝劉肇及其以下的皇帝，都是少年皇帝，沒有超過十五歲的，小的才幾個月，從此開始了淒慘的「童工皇帝」史。

這對東漢中後期的政治，造成了很負面的影響。皇帝小，其母就要出來垂簾聽政；母親掌大權，難免要倚重娘家的哥哥或者父親，這樣就形成了外戚專權。皇帝長大了，對舅舅對外公的掌權不滿意，用身邊的宦官打掉外戚。於是宦官借著皇帝的信任上來掌權專政。這些皇帝即位年紀小，活的也短命，然後有新的小皇帝繼位，如此周而復始。

東漢末年桓帝、靈帝的時候，朝政日非，社會混亂，黃巾起義，為三國的到來，提供了一個契機，曹操、劉備、孫堅（孫權之父），都是在平定黃巾起義過程當中，湧現出的一方豪傑。

（參見《資治通鑑》卷三十八至卷四十三）

【第十二講】

士風矯激

桓帝和靈帝時期，宦官掌握著朝廷大權，士人羞與為伍，卻又與之爭權奪利。他們實現自己政治和經濟訴求的途徑，是利用輿論工具：第一批評時政，評騭公卿；第二互相抬高，激揚名聲。

東漢的士人們標榜自己的行為是為了伸張社會的正義，但實際上這種行為背後潛伏的卻是自身的政治訴求和經濟利益。他們鼓動全社會瘋狂，實際上無助於社會的進步。

一　宦官專權

東漢宦官參與政治，在和帝以及鄧太后時就有了，比如，忠心耿耿的鄭眾和大名鼎鼎的蔡倫（造紙專家），都曾是皇帝和太后的得力助手。但宦官整體得勢，是安帝去世之後。由於閻太后的干預，安帝獨子劉保不能順利即位，宦官孫程等十九人歃血為盟，發動宮廷政變，殺死閻氏兄弟子侄，將閻太后遷出宮，擁立年僅十一歲的劉保為帝，是為順帝。事後十九位宦官因擁立之功全部封侯。漢順帝劉保靠宦官上位，宦官自然得勢，但是此時的宦官還談不上擅權。

建康元年（一四四），順帝死去，無嗣，沖帝即位，順帝的皇后梁妠升為皇太后，父親梁商、兄長梁冀先後以「大將軍」的身分掌權。幾個月後沖帝夭折，質帝即位，年號本初，朝廷依然是梁家的天下。數月後的一天，年僅九歲的質帝在朝堂上指著梁冀的背影說，此跋扈將軍也。梁冀得知後，如芒刺在背，竟然毒死了這位童言無忌的小皇帝。短短兩年，「皇綱三斷」（順帝、沖帝、質帝三位皇帝駕崩），東漢陷入深重的皇位繼承危機。梁冀在立帝問題上一手遮天，一意孤行。最後，梁冀妹婿、蠡吾侯劉志，繼立為帝，是為桓帝。梁家的勢力歷經順帝、沖帝、質帝、桓帝，勢焰熏天，是東漢外戚最跋扈的時期。

外戚勢力強盛，反外戚的勢力聚結起來，必然也更有衝擊力。史稱「（梁）冀秉政幾二十年，威行內外，天子拱手，不得有所親與」，尤其在梁太后死後，梁冀與桓帝發生了嚴重的權力衝突。

延熹二年（一五九），桓帝把宦官唐衡叫到廁所裡商量對策，隨後祕密召見幾位不滿梁冀專權的宦官，共定其議，歃血為盟。皇帝與宦官歃血為盟（儘管是桓帝嚙宦官單超的手臂出的血），去做一件除掉外戚的事情，可見事件的嚴重性，遠遠超過了順帝時期十九個宦官歃血為盟的程度。

八月，桓帝派軍隊包圍了梁冀住宅，強行收回了梁冀的大將軍印綬，梁冀夫妻即日皆自殺。從此之後，宦官全面掌握著朝政，特別是所謂「十常侍」，更是跋扈囂張，竊威弄權。地方上「兄弟姻戚，皆宰州臨郡」，瓜分了原本屬於士大夫的那份進仕之路，激起了士人的普遍憤懣。特別是當這種不滿情緒與外戚和宦官的衝突發生共振的情況下，孕育起來的風暴，威力就會更大。

二　清議名士

東漢的儒學，由於光武帝、明帝、章帝等的提倡，十分繁榮發達。到了桓帝靈帝時期，京師的太學生和地方郡國及私學的儒生數量，總數已超過十萬人，他們互相推引，互相聲援，其中的一些名士，更是聲望隆重，萬人景仰，構成了重要的政治與社會勢力。

東漢士人做官，多數通過公府辟召和地方察舉等手段。地方察舉制度，是指各郡國推舉孝廉（孝子、廉吏）：一般按照郡國人口比例，每二十萬人舉一人，全國大約二百二十八人。入圍條件一般是年四十歲以上，「經明行修」。

公府征辟制度、朝廷辟召，是指朝廷徵召一些社會名士，直接到中央任職。比如以德行高尚聞名的陳寔僅任太丘縣長，每次朝廷三公缺位，總有人會想到他。太尉楊賜、司徒陳耽，「每以寔未登大位而身先之自愧」。東漢末經學家鄭玄，直接被徵召為大司農（農業部長），朝廷安排專車去迎接，一路上所過之處，「長吏迎送」。

但是，在宦官外戚的黑暗統治下，州郡牧守在察舉征辟時，往往逢迎當朝權貴的私意，望風行事，而不附權貴的剛正士人則受到排斥。士人們通過品評時政人物，表達自己的政治意見，稱為「清議」。太學是清議的中心，太學生們試圖通過清議影響現實政治，反對當權的外戚宦官，為了爭取自己的權益，也為了拯救沉淪的東漢王朝。這自然會招致外戚宦官的反對。在這種矛盾環境下，士人們或智或愚，各顯神通，盡露本色。

東漢名士頗有傲人的品行。如楊震不接受昌邑縣令王密的賄賂，「天知、地知、你知、我知」，千古傳播；其子楊秉，官至太尉，「為人清白寡欲」，自稱：「我有三不惑：酒、色、財也。」除楊震父子外，還有許多士人，表現出獨特的名士風範，然而，一旦過了頭，就成了「矯激」。

什麼叫矯激呢？矯是矯情，激是偏激。求名過了頭，名不副實；謙虛過了頭，弄得不真實，就是一種矯激。

比如，南陽樊英，「少有學行，名著海內」。名士的成名條件，一般是「經明行修」，前者是經書讀得好，後者指品行超群。品行超群，大多表現為具有一些難得的正面品質。比如，拒絕徵召入朝為官，推辭州郡聘請入仕。樊英曾經多次放棄入仕的機會，甚至「安帝賜策書征之，不赴」。於是，安帝一方面賜予厚禮，一方面給郡縣官員下了死命令，綁也要把樊英綁來。就這樣，樊英「不得已」到洛陽見皇帝，到了之後，還是裝病不起。你看這是不是有些矯揉造作呢。

安帝沒辦法，安排皇家太醫給樊英看病，國家供給羊酒調養。過了些日子，大約沒有發現有什麼毛病，安帝就為樊英專門設立了一個論壇。論壇開講的日子，由皇家車隊的領導（公車令）出面導引，內廷尚書親自陪同，「賜幾杖，待以師傅之禮，延問得失」，還拜為五官中郎將。這樣待了幾個月，樊英又鬧著說身體不好，詔以為光祿大夫，賜告歸，「令在所送穀，以歲時致牛酒」。待遇確實優厚。樊英堅決辭謝，安帝一再開導，最後下詔，不准推辭。樊英三番四次的推官，安帝特別隆重的推崇，弄得樊英的名聲更大了。但是，其後關於時政的應對中，樊英表現平平，「無奇謀深策，談者以為失望」。

時人在談到這件事的時候，說了一句很有名的話：「陽春之曲，和者必寡；盛名之下，其實難副。」為什麼大家都很失望呢？為什麼「毀謗布流，應時折減」呢？「豈非觀聽望深，聲名太盛乎？」要麼你堅持不出來做官，真正成為一個名士；要麼你出來就拿出一點濟世安民的真知灼見來。樊英的矯激，是作為名士的表演過了頭。這樣徒有虛名的名士，印證了一個普遍的道理：吹得越高，跌得越重。

東漢名士中也有另外一種不那麼矯激，比較中庸務實的人。代表人物是胡廣。

胡廣，字伯始。歷事漢安帝、順帝、沖帝、質帝、桓帝、靈帝，為官三十多年，可謂六朝元老。在風雨如晦的東漢政治舞臺上，胡廣是不倒翁。

胡廣曾經與宦官丁肅結成兒女親家，這對反宦官的士人來說，就是一個汙點，可是這位丁肅卻是個比較廉潔謙謹的人。順帝內寵太多，在女人中擺不平，不知道應立哪一位寵妃為皇后，提出讓幾位寵妃抓鬮。對於如此荒唐的做法，胡廣上書反對。他說，皇后是天下仰望的國母啊，怎麼能求之於筮龜呢？應該從門第尊貴、德行賢淑、為人謹良的貴人中選任皇后。於是，梁妠獲選。順帝死後，梁太后臨朝，娘家父兄梁商、梁冀執政。胡廣因為在當初支持了梁妠，所以在梁家掌權的時候，胡廣自然得到信任和重用。由此胡廣也就與梁冀家族結下了一層特殊的關係。

胡廣為官，有三個特點：

第一是識時務，胡廣與梁冀的特殊關係，顯然與他當初支持梁妠為皇后有關。他不像李固專與梁冀對著幹，但是也談不上為虎作倀。在沖帝、質帝駕崩之後，李固、杜喬力主立清河王劉蒜為帝，胡廣開始也與李、杜主張一致，其後，看到梁冀在宦官曹騰等的支持下，堅持要立桓帝劉志，胳膊擰不過大腿，於是胡廣知趣地選擇了沉默。

第二，胡廣數起數落，各種勢力對他都能接受。胡廣人生起落，與天災示警、自動辭職有關，也與政治態度失當有關。如延熹二年（一五九），梁冀被除，胡廣亦因之被黜。但是，不久後，再度被桓帝啟用。延熹九年（一六六），胡廣進位司徒。漢靈帝即位後，胡廣依然活躍，與太傅陳蕃、大將軍竇武參錄尚書事，共同輔政。建寧元年（一六八）九月，陳蕃與竇武謀誅宦官，失敗被殺。胡廣因未與其事，進為太傅，位居「上公」，總錄尚書事。此時的胡廣，已經年近八十，但依然「心力克壯，繼母在堂，朝夕瞻省，傍無幾杖，言不稱老」。

第三，不管朝廷風向如何，誰在掌權，胡廣都恪盡職守，做好自己的事。靈帝賣官，公然標價，胡廣頒行了他寫的《百官箴》四十八篇，依然提出整頓吏治的系統意見。司馬光也讚揚他的識人處事才能：「所辟多天下名士，與故吏陳蕃、李咸並為三司。練達故事，明解朝章。」當時京師有諺語說：「萬事不理，問伯始；天下中庸，有胡公。」朝政之事，搞不明白的，就問伯始（胡廣字伯始）；天下事務，按中庸之道妥善處置的，只有胡公！

歷史上對於胡廣的評價是兩極的，許多人說他滑頭，沒有原則。最著名的名士李膺、杜密都是他所舉薦提攜的，但是，兩次黨錮之禍，他本人卻從來沒有受到過牽連。李固因為反對梁冀立帝而丟了性命，他也只是流涕惋惜而已，不能贊一詞。司馬光在上述讚揚之後，也不忘用「然」字轉折說：「然溫柔謹慤，常遜言恭色以取媚於時，無忠直之風，天下以此薄之。」但也有人讚揚他，說他「性溫柔謹素，常遜言恭色」，一生「體真履規，謙虛溫雅」，「柔而不犯，文而有禮，忠貞之性，憂公如家」，最終「窮寵極貴，功加八荒」，活到八十二歲高齡。

與胡廣形成最明顯對比的，是東漢名士的第三種類型：李膺、張儉，號稱「黨錮名士」。

三　黨錮之禍

黨錮名士，因桓帝和靈帝時期的兩次黨錮之禍而得名。所謂黨錮，就是把結黨的名士，禁錮起來，不得做官。史稱黨錮之禍，「成於李膺、張儉」。

為什麼這樣說？因為這兩位以極端做法反對宦官，導致了一場清洗士人的運動。

先說李膺。李膺是東漢的大名士，士人能被李膺接見，叫作「登龍門」，身價立馬就高了。延熹八年（一六五），李膺擔任司隸校尉，陳蕃為太尉。宦官張讓之弟張朔，為野王縣縣令，貪殘無道，殺人為樂，害怕李膺追查，逃還京師，藏匿於兄長張讓家裡的合柱中。李膺知訊，闖入張家，從柱子里拉出張朔，當場逮捕，並立即處死。宦官張讓訴冤於桓帝，桓帝召來李膺，責問為什麼不先履行程序便加以誅殺。李膺答非所問：「昔仲尼為魯司寇，七日而誅少正卯。今臣到官已積一旬，私懼以稽留為愆，不意獲速疾之罪。」對於李膺的「政治正確」而程序枉法行為，桓帝並沒有追究下去。

延熹九年（一六六），李膺再一次以非常手段「收捕」並「案殺」術士張成，卻惹出了事端。張成是一個妄人，以懂占卜術知名，「推占當赦，教子殺人」。推算出皇帝有大赦，教兒子殺仇人。李膺抓捕其子，繼而果然朝廷大赦，張成洋洋得意地說：「你看，詔書下來了吧。不怕司隸校尉不把我兒子放出來。」這話傳到李膺耳朵裡，他不禁火冒三丈。不久，張成之子果然在大赦之列。李膺憤怒至極，竟不顧朝廷赦令，匆匆結案，把張成之子立即殺了。因為懂占卜術的緣故，張成與宦官的關係很密切，甚至桓帝也為占卜的事諮詢過他。於是，宦官們唆使張成的弟子牢脩等上書，控告李膺等藐視王法，「養太學遊士，交結諸郡生徒，更相驅馳，共為部黨，誹訕朝廷，疑亂風俗」。

於是，桓帝下詔全國抓人，太尉陳蕃反對，說所抓「皆海內人譽，憂國忠公之臣」，不肯簽字。「帝愈怒，遂下膺等於黃門北寺獄」，陳寔、范滂之徒二百餘人都遭牽連。「或逃遁不獲，皆懸金購募，使者四出，相望於道。」陳寔自往請囚，陳蕃復上書極諫，桓帝託以陳蕃用人不當，免去其職務。這是第一次黨錮之禍。

永康元年（一六七）冬，桓帝駕崩，無嗣，年僅十一歲的靈帝即位，竇太后垂簾聽政，太后之父竇武為大將軍執政。當初，竇妙被立為皇后，太傅陳蕃曾是最積極的支持者，因而大獲竇太后信任，這種情況略同於前文所說的胡廣之於梁太后。胡廣與梁冀的關係不壞，陳蕃與竇武的關係更鐵。竇武素有剪除宦官之意，與不滿宦官專權的陳蕃一拍即合。於是，他們在盡除宦官這一共同的政治思想下結成同盟。

第一次黨錮之禍，只是禁錮了黨人，並沒有大規模的殺戮之舉。黨人因為禁錮而聲望更高。如今，在竇武和陳蕃的主持下，在桓帝時期被逮捕審訊的名士李膺、杜密、范滂等名士，均被赦免並獲得重用，禁錮的黨人被釋放。他們摩拳擦掌，共商治國大計，意欲整頓朝綱，而整頓的重點，就是打擊宦官勢力，天下士人聞風，莫不揚眉吐氣。

次年五月，日食，竇武以此為由，請求誅除宦官，並先除掉了中常侍管霸、蘇康，竇太后覺得事情不可過分，反對盡數誅除宦官，竇武猶豫未決。宦官們獲得喘息之機，慫恿靈帝出手，說太后和大將軍要廢黜皇上。於是宦官們簇擁著皇帝，發動反撲，動用禁軍，殺死了竇武和陳蕃，李膺等名士也被抓被殺。

但真正引發第二次黨錮之禍的是名士張儉。

張儉據說是楚漢之爭時代趙王張耳之後，靈帝時擔任山陽郡東部督郵。建寧二年（一六九），張儉憤於宦官侯覽專權貪瀆，用激烈手段抓捕侯覽家人，甚至掘開侯覽母親的新墳，沒收其家的財產。為此，侯覽十分怨恨張儉。侯覽的鄉人朱並是一個奸佞之人，為張儉所輕視，他得到侯覽的授意，「上書告儉與同鄉二十四人別相署號，共為部黨，圖危社稷」，而張儉是其中的魁首。朝廷下詔刊發文書追捕張儉等人。於是，引發第二次黨錮之禍。「凡黨人死者百餘人，妻子皆徙邊」，「其死徙廢禁者又六七百人」。

對於東漢的黨錮士人，多數人肯定其大無畏的向邪惡勢力鬥爭的勇氣。北宋蘇軾幼時家教，讀書至東漢的范滂，心生羨慕之情，其母也大加鼓勵。但是，今日我們反思一下當日的情景，出於對黨人及因為黨人而受牽連的生命的珍重，還是可以有深入分析之處的。

首先，黨人行事，牽連到許多無辜之人受難。特別是張儉亡命，「困迫遁走，望門投止，莫不重其名行，破家相容」。許多人都因為幫助張儉的逃亡而惹禍。十五年之後，靈帝中平元年（一八四），黃巾造反，「大赦黨人」，黨禁始解。張儉也回到了鄉里，年八十四而卒。有人聽到張儉亡命之事，感嘆地說：「孽自己作，空汙良善，一人逃死，禍及萬家，何以生為！」東漢黨人為維護自己的政治與經濟利益，把自己置於一種崇高的理想境界之中，禍及千家萬戶，其正當性其實是很可質疑的。張儉晚年生活優裕，家境富裕。政治上反對宦官是一回事，經濟上攫取財富是另一回事。余英時說，東漢的士大夫也都有土地的訴求，「為家族置產的思想，在當時甚為普遍」。我們無須因為黨人維護自身的經濟和政治利益而拔高他們。

其次，黨人的激進行為，呂思勉先生稱之為矯激。桓帝和靈帝時期，宦官掌握著朝廷大權，士人羞與為伍，卻又與之爭權奪利。他們實現自己政治和經濟訴求的途徑，是利用輿論工具，第一批評時政，評騭公卿；第二互相抬高，激揚名聲。「婞直之風」大行。所謂「婞直」，就是過於剛直、倔強激烈的意思。有人把這種作風，叫作「狹儒」，我覺得有一定道理，意思是像戰國秦漢的俠客那樣，以激烈的手段，表達所謂正義的訴求。

最後，黨人的做法，除了沽名釣譽、抬高自己的聲譽之外，對於改進東漢政治，並沒有多大價值。王夫之的《讀通鑑論》是這麼說的：李膺、杜密，天子之大臣也，「攻末而忘本」，「搏殺以快斯須者」，諸如野王縣令張朔、富賈張汎、小黃門趙津、下邳縣令徐宣、妄人張成，「是何足預社稷之安危，而憤盈以與仇殺者邪！侯覽也，張讓也，蟠踞於桓帝之肘腋，而無能一言相及也。殺人者死，而誅及全家；大辟有時，而隨案即殺；赦自上頒，而殺人赦後」，類似這樣一些做法，無法無天，不是給人以抓捕的口實嗎？「倒授巨奸以反噬之名，而卒莫能以片語只詞揚王庭以袪禍本。然則諸君子與奸人爭興廢，而非為君與社稷捐軀命以爭存亡乎！擊奸之力弱，而一鼓之氣易衰，其不敵凶慝而身與國俱斃，無他，舍本攻末而細已甚也」。

東漢名士標榜自己的行為是為了伸張社會的正義，實際上潛伏的是自身的政治訴求和經濟利益，鼓動全社會為自己瘋狂，實際上無助於社會的進步。這是我們在看待東漢矯激士風之時，應有的一個維度。

（參見《資治通鑑》卷四十至卷六十）

【第十三講】

曹操成敗

曹操是個很有爭議的人物。《三國演義》中的曹操很奸詐，《三國志》中的曹操很正面。如果歷史上的曹操不是正面形象，少年李隆基怎麼會以阿瞞自詡呢？

年輕時就以睿智知名的曹操，有非常精準的審時度勢的判斷力，這使他在數次大事關頭都能處理得當，未居不惑而雄霸一方。然而，一世英雄的曹操卻也躲不過人性最低級的弱點——驕傲輕敵，他被之前的勝利沖昏了頭腦，赤壁之戰慘敗而回。

曹操是個很有爭議的人物。《三國演義》中的曹操很奸詐，《三國志》中的曹操形象就比較正面了。至少在唐玄宗時代，李隆基少年時以阿瞞自詡。曹操如果不是正面形象，誰會以他自詡呢？

一 機警權變

青少年時代的曹操，最大的心結是家庭出身問題。他的父親曹嵩是大宦官曹騰的養子，而父親究竟本姓什麼？最權威的史料《三國志》只是說「莫能審其生出本末」，吳人作的《曹瞞傳》說「嵩，夏侯氏之子」。在重視名士和家世的東漢末年，生長在這樣的家庭裡，曹操無疑會有些包袱。

在東漢末年的宦官貴戚中，曹騰為人總體上是比較收斂的，曹嵩也很謙卑低調，雖說花錢買了一個太尉，但並不仗勢欺人，也不炫富爭名，因而在官場的人緣一直不錯。曹操青少年的生存環境就是這樣：一方面衣食無憂，家境物質條件優渥，另一方面精神上有些自卑。桓靈時代，士人名士與宦官簡直勢同水火，兩次黨錮之禍，加劇了二者的矛盾。這對於自尊心極強的曹操，不能不產生影響。作為宦官養子之後，曹操心中不會沒有陰影。官渡之戰中，陳琳替袁紹寫的討伐檄文，是這麼罵他的：「司空曹操，祖父騰，故中常侍，與左悺、徐璜並作妖孽，饕餮放橫，傷化虐民；父嵩，乞匄攜養，因贓假位，輿金輦璧，輸貨權門，竊盜鼎司，傾覆重器。」翻譯成現代漢語就是說，曹操的祖父曹騰，是臭名昭著的中常侍之一，與左悺、徐璜這些妖孽一起，貪得無厭，興風作浪，傷害百姓。父親曹嵩，不過是一個要飯的孩子，被曹騰收養，貪瀆財貨，買得官位。曹操本人盜竊權位，擅作威福。這樣的話，從曹操曾經的親密朋友袁紹嘴裡說出來，至少說明了正牌名士心裡的看法。只是在翻臉之前，袁紹他們心裡鄙薄嘴上不說而已。

曹操是個很要強的人，詩文一流，文韜武略，這源自其天賦，更依靠他的努力，因為他的父祖都不是文化人。從曹操的交遊圈看，他始終注意結交名士。最親密的朋友中，袁紹就是大名士，張邈也是頂級名士圈裡的「八廚」之一，何顒與名士郭泰、賈彪交好，為李膺、陳蕃器重。顯然，他最在乎的就是要與這些名士套近乎。橋玄是大名士，很欣賞曹操的睿智，對他說：「君未有名，可交許子將。」許子將，名許劭，以善於品評人物知名，曹操於是去拜訪許劭，「子將納焉，由是知名」。其實，許劭只是比曹操年長五歲而已。

曹操對名士一直很仰慕。大學者、大名士蔡邕絕對是他的長輩，曹操常向他請教書法和文學。建安十二年（二〇七），曹操將蔡邕之女蔡琰（蔡文姬）從匈奴贖回。這時候，蔡文姬在匈奴已經生活了十二年，還留下了兩個兒子。曹操的這份情懷，顯然是來自與名士蔡邕交往的記憶。熹平四年（一七五），蔡邕為「熹平石經」書丹之時，曹操只是二十出頭的青年，對名動京城的蔡邕，一定是十分神往的。

可是，曹操是做不了名士的。晚年的曹操曾談到自己年輕時的志向：「孤始舉孝廉，年少，自以本非岩穴知名之士，恐為海內人之所見凡愚，欲為一郡守，好作政教，以建立名譽，使世士明知之。」真正的名士行為，是拒絕入仕，千呼萬喚始出山的。比如袁紹，為父母守孝六年，「禮畢，隱居洛陽，不妄通賓客，非海內知名，不得相見。又好遊俠，與張孟卓（張邈）、何伯求（何顒）、吳子卿、許子遠（許攸）、伍德瑜（伍瓊）等皆為奔走之友。不應辟命」。中常侍趙忠與諸黃門（宦官）議論說：「袁本初坐作聲價，不應呼召而養死士，不知此兒欲何所為乎？」叔父袁隗敦促，袁紹才應召入何進大將軍府任職。

曹操第一次出來做官，為洛陽北部尉。在任第一個重大舉措，就是棒殺違犯宵禁令的宦官蹇碩的叔父。他還曾跑到大宦官張讓家裡，有過暗殺張讓的舉動，被對方發覺，幸而脫險。曹操還曾上書朝廷，指斥宦官，為被宦官殺害的陳蕃、竇武鳴冤叫屈，說他們正直而被陷害，「奸邪盈朝，善人壅塞」，言辭剴切。所有這些行為，完全是名士做派，意在表示他與宦官劃清界限。

黃巾起義的時候，曹操年屆而立，因討伐有功，任濟南相。這是一個相當於二千石的位置。曹操對於治下的十幾個縣，進行了大刀闊斧的改革，革除弊政，廢罷淫祀，繩治貪瀆。朝廷徵調他出任東郡太守，從級別上說，與濟南相是相當的職位，但是，曹操感覺到了背後的凶險。其時「權臣專朝，貴戚橫恣」，他發現，靠模仿名士的做派，靠治理政績的輝煌，不僅無法實現自己的理想，恐怕連命都會丟掉：「數數幹忤，恐為家禍，遂乞留宿衛。拜議郎，常托疾病，輒告歸鄉里」，實質是辭職不幹了。「築室城外，春夏習讀書傳，秋冬弋獵，以自娛樂」。既然按常理出牌不行，曹操於是辭去地方實職，以虛名的「議郎」，託病歸鄉里，邊讀書習武（弋獵於古人為習武），邊思考未來的人生發展方向。

曹操年輕的時候就以睿智知名，「少機警，有權數」，他不僅取得了歷史公認的文學成就，更重要的是他鑽研武學，身手了得，「才武絕人，莫之能害」。所博覽的群書中，特好兵法，「抄集諸家兵法，名曰《接要》，又注孫武十三篇，皆傳於世」。什麼叫《接要》呢？我想，曹操不僅是摘抄要點，而且有連綴諸家、自出機杼接著講述的內容吧。這在漢末亂世，就派上了用場。橋玄欣賞曹操的，也就是這一點。

許劭不愧為知人，他說曹操是「亂世之奸雄，治世之能臣」，時勢造英雄。漢末的亂世，給了曹操不按常理出牌的機會。

二 亂世奸雄

曹操的機敏睿智，首先表現在大事上不糊塗。靈帝末年，冀州刺史王芬與曹操好友許攸、陶丘洪（與孔融、邊讓齊名的名士）等，謀廢皇帝，立合肥侯（具體人物不詳），身為議郎的曹操反對。說這種危險的事情，「古人有權成敗、計輕重而行之者，伊、霍是也」。可是，你們有伊、霍當年的條件嗎？他們當年成功，不僅僅是「懷至忠之誠」，而且「據宰輔之勢，因秉政之重，同眾人之欲，故能計從事立」。你們呢？「今諸君徒見曩者之易，未睹當今之難，而造作非常，欲望必克，不亦危乎！」結果證明曹操是對的。

靈帝死後，袁紹勸大將軍何進盡誅宦官，甚至要召外軍進京，以脅迫何太后同意。曹操當即指出：「宦者之官，古今宜有，但世主不當假之權寵，使至於此。既治其罪，當誅元惡，一獄吏足矣，何至紛紛召外兵乎！欲盡誅之，事必宣露，吾見其敗也。」曹操主張用司法手段懲治宦官，而不必假手外軍進京。事實證明，曹操又是對的。曹操能審時度勢，於此可見一斑。

關東軍討伐董卓，袁紹為盟主，曹操對戰爭態勢的分析，無疑是很專業的，袁紹不聽。董卓劫持獻帝西逃，真正拿出自己的血本，真刀真槍與董卓拚命的，只有曹操和孫堅。曹操的勇於勤王，為他贏得了很好的聲譽，後來漢獻帝身邊的董昭等人，首先聯絡曹操迎護救駕，這應該是一個原因。此前，袁紹想立幽州牧劉虞為帝，劉虞本人不敢，曹操也堅決反對。顯然，在這一系列問題上，曹操的判斷力都驚人的準確。

曹操命運的第一次大轉折，是初平三年（一九二），出任兗州刺史。兗州刺史劉岱被黃巾餘部擊殺，州政無主，陳宮、鮑信、張邈都看好其時擔任東郡太守的曹操。東郡太守這個職位雖然是袁紹提名表授，這塊地盤卻是曹操擊敗黑山軍而占有的。在兗州任上，曹操打敗青州黃巾餘部，「得戎卒三十餘萬，男女百餘萬口，收其精銳者，號青州兵」。這可是三十萬軍隊啊！此後，讓這些軍人的家屬（他們本來是農民）屯田種地，曹操獲得了軍事和經濟上的雙重收益。從此，曹操才有了自己打天下的資本。

這個時候，曹操才三十八歲，未屆不惑的曹操一舉獲得如此巨大的成功，有地盤，有隊伍，有人物（荀彧等謀士），大約有些飄飄然。曹操想接父親曹嵩前來兗州團聚，沒想到，路上曹嵩被人殺害。凶手的背後，居然有徐州牧陶謙的影子。

曹操怒火中燒：一是殺父之仇必報，二是吞掉陶謙勢力是曹操的下一個目標。於是，為父報仇的正當性和吞併徐州的利益驅動，使曹操大張旗鼓地興師問罪。手握三十萬青州兵的曹操，在利益和仇恨的雙重作用下，直撲徐州，不惜燒殺劫掠，雞犬不留。就是這個時候，後院起火，兗州背叛了曹操。這是在一九四年，挑起這次事變的是陳宮。陳宮、張邈等迎呂布為兗州牧，抄了曹操的後路。

為什麼陳宮要背叛曹操？因為曹操殺了名士、前九江太守邊讓及其一家。邊讓奚落和批評了曹操，曹操就殺害了人家。憑什麼？因為曹操驕傲了，因為曹操不能忍受被名士奚落鄙視，青年時代的陰影，揮之不去。

曹操最終還是擊敗了呂布，重奪兗州。經過這次慘痛的教訓，曹操成熟了許多。一年後他迎駕漢獻帝，建都於許，其發展漸入佳境。

唐人趙蕤總結曹操的北方統一大業時說：「昔漢氏不綱，網漏凶狡。袁本初虎視河朔，劉景升鵲起荊州，馬超、韓遂雄踞於關西，呂布、陳宮竊命於東夏，遼河海岱，王公十數，皆阻兵百萬、鐵騎千群，合縱締交，為一時之傑也。然曹操挾天子，令諸侯，六七年間，夷滅者十八九。」

三　成敗關口

真正考驗曹操的重要戰爭有兩次：一次是建安五年（二〇〇）的官渡之戰，一次是八年後的赤壁之戰。前一仗，曹操作為弱者，戰勝了強者袁紹；後一仗，曹操是強者，卻敗給了弱小的一方——孫、劉聯兵。

建安十三年（二〇八），曹操帶著勝利者的驕傲，首先接受了劉琮的投降，拿下了荊州，接著問鼎揚州的孫氏政權。這就是著名的赤壁之戰。赤壁之戰分荊州作戰階段和赤壁作戰階段。前一階段，曹操大勝；後一階段，曹操大敗。

在荊州作戰階段，曹操表現了一個偉大軍事家的戰術能力。首先，他出兵宛、葉做戰略佯攻，七月，親率大軍以迅雷不及掩耳之勢，直撲荊州，八月，劉表死，辦喪過程中，曹軍取道新野，向襄陽進發，大軍未到，劉琮就不戰而降。這時候劉備屯樊城，包括孫吳方面，還根本不知道荊州已經丟失。曹操前鋒到了宛城，劉備才知道劉琮已經投降。於是，倉促南逃，「操以江陵有軍實，恐劉備據之，乃釋輜重，輕軍到襄陽」。曹操為了防止劉備利用江陵軍用物資構成抵抗陣線，當機立斷，放棄輜重，輕兵進擊，占據了江陵，並以輕騎一日一夜三百里的速度，追擊劉備於長阪坡，一舉擊潰劉備。曹操百日之內，幾乎占有了荊州全境。這似乎是曹操打得最輕鬆的一仗。

接下來，曹操就有些飄飄然了。

簡短地說，曹操在赤壁作戰階段，犯了三大錯誤。首先，曹操漠視了劉備的存在。曹操寫信給孫權，要「會獵於吳」。對於劉備糾集荊州殘部的能力重視不夠。其次，曹操採取沿江下寨、直進平推的戰術，沒有別部策應，也沒有佯動配合，給了孫劉聯合進攻的機會。再次，曹操在荊州的統治尚不鞏固，而孫權在江東的政權已歷三世，士民歸附；劉備在荊州經營多年，深得民心，「劉琮左右及荊州人多歸備」，曹操客軍遠鬥，不習水戰，都是不利因素。

為什麼久經沙場的老將，會犯這樣一些低級錯誤呢？這就是人性的弱點，驕傲輕敵，被勝利沖昏了頭腦所致。曹操企圖用聲威來震懾孫吳君臣，沒有想到在周瑜、魯肅等人的輔佐下，孫權集團有著頑強的抵抗意志與實力。至於黃蓋詐降，曹操上當，更凸顯了曹軍因虛驕而輕信的一面。「操軍吏士皆出營立觀，指言蓋降。」黃蓋揚帆詐降，曹操官兵都走出營外觀看，指著前來的船隻說，你看這是東吳人來投降啦。史家這淡淡的一筆，把曹軍的輕佻，表露無遺。

（參見《資治通鑑》卷五十二至卷六十九）

【第十四講】

劉備百折

劉備在江湖上的美譽度，隨著他一次一次兵敗而不斷提升。仁厚，是他的智慧所在。在困境中求生存，借力發力，則是他仁厚之外堅忍、通權變的特徵表現。比起曹操的雄才偉略，劉備確實甘拜下風。然而他廣播恩信，「折而不撓」，最終成就了一番偏安的霸業。

劉備，字玄德，涿州涿縣（今河北涿州）人，出身農家。都說劉備以賣鞋、販草席為業，實不盡然。他的父祖「世仕州郡」，可見也是有身分人家。劉備的祖父劉雄，「舉孝廉，官至東郡范令」，就是當過東郡范縣縣令，父親劉弘大約是一般吏職。

可是，要與曹操、袁紹、劉表、劉璋比，劉備就差遠了。袁、曹暫且不論，劉表曾是「八顧」之一的名士，黨禁解除後，他入大將軍何進幕府，出來就是荊州刺史，劉璋的父親劉焉在朝為太常，出為益州牧。雖說都姓劉氏，他們之間的差距真是太大了。裴松之曾經感嘆，為什麼劉備稱帝之時，史料中沒有留下他所追尊的「元祖」名諱。其實劉備自己死後只有謚號昭烈帝，並沒有廟號。我懷疑，劉備當初稱帝之時，就沒有認真地追尊過「元祖」。他應該是繼承漢獻帝「皇侄」的位子。

劉備在父親故去後，與母親相依為命，少年時代也沒有認真向學，只是在鄉里糾集一幫無良少年，自己當孩子王，偶爾接受涿州經商的富商的經費資助，然後為商人們提供安全保護，也完全可能。

察舉入仕，這是東漢最正牌的出身。曹操、袁術、孫權都曾經舉孝廉，劉備的同學公孫瓚家世二千石，也曾舉孝廉。劉備卻是與黃巾軍打仗出身（舉孝廉還是祖父劉雄時候的事）。這還比不得董卓，董卓在西北邊與羌人作戰，劉備是與黃巾軍作戰，略有微功，獲得一官半職。這一下就比人家矮了半截。

一　江湖聲譽

劉備以軍功出身，擔任過幾任低級職務，如安喜縣（河北定州市區東面）縣尉、下邳（江蘇徐州附近）丞、高唐縣（山東濰坊高唐）縣尉和縣令。結果不是被人裁員，就是自覺無趣，主動去職，還有被賊人趕走的。走投無路之際，劉備只好去找老同學公孫瓚。

劉備雖是打仗出身，實則不會打仗。曹操手下的人就曾說劉備是「拙於用兵，每戰則敗」。公孫瓚派劉備去幫助徐州陶謙。陶謙被曹操所逼，不甘心將徐州留給曹操，臨死前，請劉備接守徐州，這其實是天上掉餡餅啊。結果劉備卻輸給了呂布，丟掉了徐州。此後，他就在呂布手下苟且過活。呂布亦不能容，於是他先後投奔曹操、袁紹、劉表。漢高祖劉邦四十八歲時出來起義。劉備四十八歲時還在劉表手下混飯吃，鬱鬱不得志。

可是，自出道以來的二十多年，劉備在江湖上的美譽度，卻因為他一次次的失敗而不斷抬升。劉備贏得了人才，贏得了人心，贏得了仁厚的美名。

先說人才。關羽、張飛在劉備出道之前，就是他的鐵杆兄弟。公孫瓚帳下的趙雲忠勇善戰，性情謙和，劉備一見傾心，深相接納，從此子龍（趙雲字子龍）追隨劉備一生，甘苦與共。最有名的是諸葛亮，劉備三顧茅廬，成為千古佳話。諸葛亮比劉備年輕二十歲，劉備不僅能用諸葛亮，而且坦誠託孤，使諸葛亮鞠躬盡瘁，死而後已。史學家陳壽讚美劉備在籠絡人才方面可以媲美高祖劉邦，說：「先主之弘毅寬厚，知人待士，蓋有高祖之風，英雄之器焉。」至於「舉國託孤於諸葛亮，而心神無貳，誠君臣之至公，古今之盛軌也」。可以說比劉邦還要更高一籌，為古今罕見之美談。

再說人心。陶謙請劉備出任徐州刺史，而此前劉備最多做過縣令，沒有履歷，沒有家族背景，於是他心中膽怯，對於不遠處的袁術，心存疑慮。可是袁紹、陳登、孔融這些不同背景的人，都認同劉備領徐州。特別是北海相孔融，看不起曹操，卻特別看好劉備。《三國志・蜀書・先主傳》載，北海相孔融謂先主曰：「袁公路豈憂國忘家者邪？冢中枯骨，何足介意。今日之事，百姓與能，天與不取，悔不可追。」劉備遂領徐州。這就是劉備的過人之處，天與之，百姓與之，地方實力派如陳登、麋芳都與之。

劉備在荊州，受到劉表的猜忌，難有作為。可人心卻在劉備這邊。劉表死後，荊州士民皆歸附於劉備，諸葛亮勸他襲取劉表遺孤——懦弱的劉琮，劉備不聽。曹操南下攻荊州，劉琮投降，數以十萬計的百姓追隨劉備南逃，每天只能走十幾里，有人勸劉備放棄百姓，劉備說：「夫濟大事必以人為本，今人歸吾，吾何忍棄去！」走筆至此，晉朝史學家習鑿齒也不禁讚歎道：「雖顛沛險難而信義愈明，勢逼事危而言不失道。」

最後說仁厚。劉備無疑有忠厚的一面。裴松之就說，劉備「追景升之顧，則情感三軍；戀赴義之士，則甘與同敗」。說他不願意襲取荊州，愧對劉表於地下；不願意拋棄百姓，寧願與之同患難。其實，從另外一面說，劉備的仁厚，也是他的智慧所在，即使他起意襲取荊州，他能夠確保一定成功嗎？即使襲取成功了，面對曹操南下的大軍，他能保住荊州嗎？劉備心中應該是很清楚的。

總之，與眾豪傑混江湖，劉備可以打的牌不多，可依賴的本錢也很少。全憑他自己這點仁厚的長者形象，往往絕處逢生，逢凶化吉。劉備動不動就以劉皇叔自詡，其實最不靠譜的就是這個「皇叔」頭銜。

二　困境機遇

赤壁之戰是劉備一生的轉折點。赤壁之前，劉備很少有得意的日子。

赤壁之戰期間，劉備以及關羽、劉琦（劉表長子，其手下軍隊萬餘人歸於劉備）有兩萬人，周瑜所動員的軍隊也只有三萬人，照理說，二人出兵相當，確實是孫劉聯盟。可是，無論是曹操，還是孫權，都沒有把劉備真正作為一方而平等相待。孫權只是把劉備看作前來投奔自己的，就像當初劉備在袁紹、曹操和劉表手下那樣。這是導致孫劉二家為荊州問題大動干戈的原因之一。

先說當初劉備投靠曹操是被呂布所逼，曹操遇之甚厚，上表漢獻帝封劉備做豫州刺史、左將軍，禮之亦重，出則同輿，坐則同席。劉備後來稱劉豫州、左將軍，就是本乎此。豫州在河南，是曹操的地盤，劉備任豫州刺史，只是虛名。劉備心知肚明，所以他從來就沒有想在曹操手下安安心心地過日子。為什麼？曹操不會放過他。青梅煮酒論英雄，曹操說，當今之世，堪稱英雄的唯有你劉使君和我曹操，「本初之徒，不足數也」——袁紹之流，是不能算的。這番話把劉備嚇得筷子都掉下了地。我們佩服曹操的眼力，更要讚賞劉備的柔術，他畢竟瞞過了曹操的眼睛，逃了出來。

接著劉備去了袁紹麾下。袁紹除了派人前往迎接之外，他自己也到兩百里之外親迎之，可見對於劉備的重視。劉備於袁紹之子袁譚有恩（袁譚舉茂才，劉備是恩主），可是，儘管如此，袁、曹還沒有分出勝負，劉備就「陰欲離紹，乃說紹南連荊州牧劉表」。為什麼劉備暗中謀畫離開袁紹呢？因為他自己不能俯首於袁紹，袁紹也不可能放心於劉備。官渡之戰結束後，劉備就投奔荊州劉表而去。

可是，劉備在荊州深為劉表所忌憚。從劉表等人身上，我們看出漢末名士的不堪。「景升父子皆豚犬」（葉劍英詩句），此言不虛。曹操出兵東北的烏桓，劉備建議乘許下空虛，襲擊曹操的後方。劉表猶豫不決，失去了機會。劉表的這種態度，被郭嘉等人看得一清二楚，故建議曹操放心前行。劉表身居天下要衝，採取中立態度，實際上是坐以待斃。劉備在荊州一共有七年時間，這期間他廣結恩信，又先後得到了徐庶、諸葛亮這樣的人才，就等一個出頭露面的機會。劉表去世後，曹操南下，荊州局勢崩盤，孫權暴露在曹操的打擊之下，從而給了劉備新的機遇。

曹操屯軍於江北的烏林（今湖北洪湖市境內），其著名的〈短歌行〉：「月明星稀，烏鵲南飛。繞樹三匝，何枝可依？山不厭高，水不厭深。周公吐哺，天下歸心。」就是赤壁之戰前與諸將宴飲時的興會之作。據說其中的「烏鵲南飛，繞樹三匝，何枝可依」，是很不吉利的徵兆。接著，黃蓋詐降，火燒曹營，劉備從陸路，周瑜從水路，並進追擊，曹操大敗而逃。孫劉聯軍贏得了赤壁之戰的勝利。

劉備一再投靠他人（公孫瓚、陶謙、呂布、曹操、袁紹、劉表、孫權），困境中求生存，借力發力，表現了他於仁厚之外，還有能堅忍、通權變的性格。

三　赫然寂滅

赤壁之戰結束後，劉備終於得到了一塊屬於自己的地盤。這是他失去徐州之後，再一次真正擁有一塊根據地。可是，荊州與徐州類似，也是四戰之地。憑劉備如此單薄的實力，根本不可能固守。所以，需要孫劉聯盟。

機會來自益州。割據漢中的張魯投降了曹操，漢中成為曹操進攻成都的跳板。益州牧劉璋在僚屬張松、法正的鼓動下，決定迎請劉備入川，北擊張魯。劉備於是有了染指益州的機會。諸葛亮「隆中對」提出的「橫跨荊益」的誘人前景，正在向他招手。

可是，有人不看好劉備在四川的軍事行動。「初，劉備襲蜀，丞相掾趙戩曰：『劉備其不濟乎？拙於用兵，每戰則敗，奔亡不暇，何以圖人？蜀雖社區，險固四塞，獨守之國，難卒並也。』」曹操手下的幕僚長趙戩看不上劉備：「拙於用兵，每戰則敗，奔亡不暇，何以圖人？」能夠逃命保住自己就不錯了，還想算計別人呢？趙戩鼻子裡不屑的哼聲，彷彿可聞。

可是，著名思想家傅玄的父親傅幹，卻有獨到的看法：「劉備寬仁有度，能得人死力。諸葛亮達治知變，正而有謀，而為之相；張飛、關羽勇而有義，皆萬人之敵，而為之將。此三人者，皆人傑也。以備之略，三傑佐之，何為不濟也？」傅幹認為劉備會成功奪取益州。理由之一，劉備寬仁有度，寬仁而且能把握尺度（不甚迂腐），能夠讓人死心塌地跟隨他。理由二，諸葛亮通達權變，懂政治而有謀略；關、張忠義勇敢，為萬人敵。他們都是一流人才。理由三，團隊精神好，能互相配合，以劉備的領導韜略，加上能文能武的團隊的輔佐，有什麼事情做不成呢？

建安十六年（二一一），應劉璋邀請，劉備帥龐統等人統數萬兵馬進川，劉璋甚至沒有讓其進城，就遣他直接去白水關前線，準備攻打張魯。有人建議劉備在劉璋迎接的儀式上就襲取成都，劉備覺得根基不固，沒有輕舉妄動。次年，張松勾結劉備取益州的陰謀敗露，劉備調諸葛亮等進川輔佐。建安十九年（二一四），劉備攻入成都，劉璋被送往江陵安置。

建安二十四年（二一九），劉備攻取漢中，並自任漢中王，事業達到峰巔。劉備在成都，魏延在漢中（梁州），關羽在荊州，當初橫跨荊益的藍圖已經成為現實。可是，這個現實包含著一個巨大的風險，就是荊州與益州之間的水上通道，要經過三峽，十分險阻，兵馬與物資均難以順暢調動。而益州是「險固四塞」，劉備的兵力被切割為三。益州之外，北邊的漢中（梁州）直面曹操西北的軍事壓力，荊州面臨孫權的覬覦和曹操河南地區的軍事壓力。連接荊益之間陸上通道的關鍵點——襄陽和樊城，掌控在曹操手上。

於是，關羽急吼吼地在荊州搞出大動作，要攻打襄、樊，但他沒有照顧到孫權的情緒，沒有在外交上作出恰當的安排，最終急於求成，功虧一簣。關羽失荊州，敗走麥城，給了劉備沉重的打擊。我們要反思的是，當初諸葛亮設計的「橫跨荊益」，成為鏡花水月，成為劉備失敗的原因。

不久曹操去世，曹丕禪代。劉備也於魏黃初二年，即西元二二一年即位稱漢帝，年號章武。此時的蜀漢，本當鞏固政權，徐圖良策，可是劉備卻以為關羽報仇的名義，發動了征討東吳的夷陵之戰。戰前張飛已經被殺，諸葛亮、趙雲都無法阻攔劉備的衝動行為。夷陵戰敗，蜀漢元氣大傷，劉備一病不起。

劉備駕崩於西元二二三年農曆五月，《資治通鑑》沒有像曹操去世時那樣，留下一段蓋棺論定式的評價。《三國志．蜀書．先主傳》之末有段評語，除了讚揚劉備的弘毅寬厚、知人善用之外，還特別提出，「機權幹略，不逮魏武，是以基宇亦狹」。這是實事求是的評價。比起曹操的雄才武略，劉備確實要甘拜下風。「然折而不撓，終不為下者，抑揆彼之量必不容己，非唯競利，且以避害云爾。」

「折而不撓」，奮鬥不止，陳壽對劉備的這個評價，洵非虛言。說劉備之所以這樣做，「非唯競利，且以避害」，也是洞察人心的確當之論。

在東漢末年的政治江湖上，劉備曾屬於弱者。行伍出身，最不會的就是打仗；自稱皇叔，最弱的一項就是出身。論心機，劉備不如曹操；論家業，劉備遜於孫權。但是，劉備能識人、團結人，致其死力；劉備能廣播恩信，所在之處均能獲得民心歸附，也能爭取到當地豪強的支持；劉備性格堅忍，能屈能伸，百折不撓，最終成就了一番偏安的霸業。

「天下英雄誰敵手？曹劉！」「本初之徒，不足數也。」在劉備落魄寄人籬下的時候，曹操有這樣的眼力，不得不令人佩服。

（參見《資治通鑑》卷五十七至卷七十）

【第十五講】

孫權偏霸

與父兄相比，孫權不善於挺矛操戈、衝鋒陷陣，他的特點是能像越王勾踐那樣屈身忍辱、籠絡人才。曹操說：「生子當如孫仲謀。」孫權善於識人用人，能夠駕馭部下；也能把持自身，改過遷善，約束權力。但在古代權力結構中，長壽的帝王晚年往往恣意妄為，造成悲劇，孫權也沒有逃脫這個宿命。

孫權及其父兄孫堅、孫策，在三國英雄譜中構成了一道獨特的風景，與他們對應的是劉表父子。曹操曾說：「生子當如孫仲謀！若劉景升兒子若豚犬耳！」劉景升，荊州刺史劉表也。葉劍英〈七律．遠望〉「景升父子皆豚犬」，辛棄疾〈南鄉子．登京口北固亭有懷〉「生子當如孫仲謀」，出典即在於此。

然而，三國人物中，與曹操、劉備相比，孫氏父子的事蹟，是傳說最少的一個。

一　父兄好漢

《三國志》說孫堅是孫武之後，生長在富春江邊，十七歲時隨父親到錢塘，因勇擒盜賊而知名。此後，因為孫堅在地方治安中表現出色，歷任盱眙、下邳縣丞。時在漢靈帝熹平初年。

少年孫堅出道，以勇猛知名，其後的事蹟，也都與打仗有關。朝廷徵召他去征討黃巾軍，平定西涼羌人，在靈帝生前，他已經是長沙太守，因軍功封為烏程侯。別說劉備比不上，就是與曹操相比，孫堅的成就也不遑多讓。更突出的是孫堅在隨關東軍討伐董卓中的卓越表現。董卓西遁途中，曹操被董卓部將徐榮打敗，孫堅的軍隊一直打到了洛陽城。董卓曾說：「關東軍敗數矣，皆畏孤，無能為也。惟孫堅小戇，頗能用人，當語諸將，使知忌之。」董卓曾經動念想與孫堅結成兒女親家，籠絡孫堅，被斷然拒絕。

孫堅的失誤，在於追隨了袁術。袁術上表讓孫堅為豫州刺史，派他去攻打荊州劉表，在與劉表部將黃祖的戰爭中，不幸身中暗箭而亡，其部眾為袁術所控制。

與孫堅酷似，其長子孫策也是一員猛將。孫堅死時，孫策年僅十六歲。父親早逝，給他留下的基業雖然有限，但在老家揚州地區，孫家已經有一定的社會勢力。孫策的舅舅吳景是丹陽太守，從兄孫賁為丹陽都尉。孫策招募了數百人繼續跟袁術幹，戰功卓著。可是，袁術經常忽悠他，許諾他為九江太守，後來卻用了別人；又讓他去打廬江，說打下讓他當廬江太守，還歉意地說上次九江太守的事用錯人了，這回一定兌現。待孫策攻下廬江，袁術又安排自己的老部下為太守。忽悠孫策，是因為忌憚孫策。孫策對此十分惱火。總之，在袁術這裡幹是沒有出路了。於是，孫策以協助舅父吳景平定江東的名義，討回父親的親兵舊部，袁術也給了部分資助，孫策回到了家鄉。到故鄉去創業，這是孫策成功的一個關鍵。

孫策在江東所向披靡，敵人聞孫郎之名而喪膽。這個時候，孫策身邊已經有了張昭、秦松、張紘等一班謀士，周瑜等一班朋友，程普等一班軍將。袁術稱帝，讓新掌朝廷大權的曹操很難堪，也給了孫策重要的戰略機遇。他一方面聲討袁術的叛逆，借機擺脫袁術，另一方面在江東大力拓展地盤。孫策自領會稽太守，舅父吳景為丹陽太守，從兄孫賁為豫章太守；分豫章為廬陵郡，以孫賁之弟孫輔為廬陵太守，另用心腹朱治為吳郡太守，又薦李術為廬江太守。曹操為拉攏孫策，代表朝廷任命孫策為討逆將軍，封吳侯。袁術死後，曹操的壓力主要來自北邊的袁紹，不僅認可了孫策的行動，還與之結為婚姻之好。

孫家的基業其實是孫策奠定的。遺憾的是在官渡決戰前夕，孫策被吳郡太守許貢的門客暗箭射殺，年僅二十五歲。

二　任才善謀

孫堅出身江東，卻一直在荊州地區做官。孫策在父親死後，只有九年的光景，回到江東的時間也不長，但畢竟已經控制了江東的幾個郡。但是政權並不鞏固。司馬光是這麼分析孫策死後的形勢的，「時策雖有會稽、吳郡、丹陽、豫章、廬江、廬陵，然深險之地，猶未盡從，流寓之士，皆以安危去就為意，未有君臣之固」。鞏固江東政權的任務是孫權完成的。

孫策在臨終之前，給年僅十八歲的孫權打氣說：「舉江東之眾，決機於兩陳之間，與天下爭衡，卿不如我；舉賢任能，各盡其心以保江東，我不如卿。」意思是孫權更善於當領導，孫策更善於打仗。這番話有孫策的自謙之詞和鼓勵之意。

孫策在征服江東的過程中，「一無所犯，民乃大悅，競以牛酒詣軍」，能夠做到「軍令整肅，百姓懷之」，說明他善於團結當地豪強，也獲得了南下士族和當地豪族的擁戴和支持，張昭是流寓之士的代表，周瑜是當地勢力的代表。降華歆、赦魏騰，都說明孫策是很有戰略頭腦的人。史家讚揚道：「策為人，美姿顏，好笑語，性闊達聽受，善於用人，是以士民見者，莫不盡心，樂為致死。」孫權繼承了父兄善於邀人死力、樂為致死的領袖魅力。

與父兄不同的是，孫權的優勢不是在戰場上勇猛殺敵。《三國志．吳主傳》陳壽對孫權的評價是：「孫權屈身忍辱，任才尚計，有勾踐之奇，英人之傑矣。故能自擅江表，成鼎峙之業。」結合孫策的鼓勵之詞和陳壽的讚美之詞，可以得出一個看法，孫權不像其父兄那樣善於挺矛操戈、衝鋒陷陣，他是一個有陰柔手段的人。他的優勢是，能夠像勾踐那樣屈身忍辱，籠絡人才，善用計謀。

舉一個例子。孫權執掌江東後的第一要務，是「分部諸將，鎮撫山越，討不從命」。廬陵太守孫輔擔心孫權年輕不能保住江東，暗通曹操，孫權剪除其親信，並將之調到自己的側近加以控制。廬江太守李術雖然當初蒙孫策舉薦，孫策還撥給了他三千兵馬，也不服孫權管束，甚至招納孫權的部眾。孫權移書討要，李術回復說：有德者歸附，無德者叛離，哪有歸還之理！孫權大怒，但是，他沒有莽撞從事，而是先上書主持朝政的曹操，說李術這傢伙殺了您任用的揚州刺史嚴象，我現在要剿除他，他肯定會向中央報告求援，希望您不要理睬這傢伙。果然，孫權進攻李術，「術求救於操，操不救」。孫權「遂屠其城，梟術首。徙其部曲二萬餘人」。能夠忽悠住曹操，讓其聽任自己兼併異己勢力，可見年未弱冠、初出茅廬的孫權，確實不同凡響。孫策死後，江東大老張昭、孫策密友周瑜都看好孫權。「張昭、周瑜等謂權可與共成大業，遂委心而服事焉」。不是沒有原因的。

三　處世用人

任何一個成功的領袖人物，其領導風格、成功原因各不相同，但是，治國理政，莫先於用人，用人始終是領導藝術的核心內容。孫權的領導風格，有什麼過人之處呢？

第一，處事謹慎，對發展戰略心中有數。

孫權即位不久，與魯肅初次見面。魯肅是周瑜推薦的。二人合榻對飲。孫權說：「今漢室傾危，孤思有桓、文之功，君何以佐之？」意思是要學習齊桓公、晉文公，匡扶漢室。這其實是場面上的話。主政一方，當為漢家社稷效力。

魯肅非常直截了當地說，您恐怕不夠格啊。當年漢高祖劉邦欲尊事義帝而不獲者，以項羽為害也。今日之曹操，猶昔日之項羽，將軍何由得為桓、文乎！以我淺見，漢室不可復興，曹操不可卒除，為將軍計，惟有保守江東，割據一方，以觀天下之釁耳。若因北方地區多務，我們可以伺機剿除黃祖，進伐荊州劉表，完全據有長江天塹，此王霸之業也。

其實，在孫策臨終前，就提出了「保有江東、徐觀天下」的偏霸之策，魯肅只是捅破了這層窗戶紙，並且更具體地論及發展路線圖而已。但孫權新領江東，極力與曹操斡旋，不宜立馬表態，暴露自己的政治意圖。他現在的身分還是漢臣，所以他假裝糊塗說：「今盡力一方，冀以輔漢耳，此言非所及也。」孫權這番表態，與四十八歲的劉備後來對於諸葛亮「隆中對」的立馬表態，有顯著的不同。應該說，各有千秋。劉備立馬表態，是要給自己和團隊打氣；孫權故作沉吟，則是為了掩蓋自己的戰略方向。兩位都是高人！可是，人家孫郎當時只有十八歲。

《資治通鑑》記載了孫權就任之初在人事上的一些安排：「權料諸小將兵少而用薄者，併合之。別部司馬汝南呂蒙，軍容鮮整，士卒練習。權大悅，增其兵，寵任之。功曹駱統勸權尊賢接士，勤求損益，饗賜之日，人人別進，問其燥濕，加以密意，誘諭使言，察其志趣。令皆感恩戴義，懷欲報之心，權納用焉。」這段話說了三件事：一是孫權一上臺就進行了一次軍隊改革，合併裁剪了一些兵少能力弱的幹部；二是重用提拔了呂蒙，因為呂蒙帶兵出色；三是採納駱統的建議，尊賢納士，聽取其建言，關心其生活，觀察其志向，以便進一步發現人才。

第二，善於識人用人，能夠駕馭部下。孫權割據江東，除了地理優勢，還有人才優勢，始終有一批文武人才忠心輔佐他。這一點，為曹魏出使江東的使者觀察到，諸葛亮在蜀漢也多次提到這一點。治國理政，人才終究是第一位的。孫權用人最大的特點是：不求全責備，人盡其用。

孫權曾經評論過吳國的三個重要人才——周瑜、魯肅和呂蒙。對於周瑜，他肯定其膽略過人，赤壁之戰，開拓荊州，建立偉業。對於魯肅，他肯定其見識超群，並舉二事為證。一是榻中對，二人初次見面，魯肅論及發展大略，謀求帝王之業，此是一大快事！二是曹操大兵壓境，張昭、秦松等人都主張投降，只有魯肅力主抗擊，勸孫權召周瑜，總領兵事，最終獲勝，這是兩大快事。

但是，孫權說魯肅也有錯失，認為魯肅力主借荊州給劉備的事，是其明顯失誤；當劉備不願意歸還荊州之時，魯肅向關羽討要不成，說關羽沒有什麼了不起，這是魯肅「內不能辦，外為大言耳」！但是，孫權說，瑕不掩瑜，我並不苛責於他。孫權還讚賞魯肅帶兵，軍令嚴肅，路不拾遺，有完美的法令制度。

對於呂蒙，孫權讚賞他不僅果敢有膽，而且是「學問開益，籌略奇至」。關於這一點，還有一個故事呢。

呂蒙帶兵後，有一次孫權對呂蒙說，「卿今當塗掌事，不可不學」。你現在掌權用事，不可不學習，建議他花時間讀讀書。呂蒙推辭說，軍中事情繁忙，哪有閒工夫讀書啊。孫權說，「不是讓你讀書去當經學博士啊！但當涉獵閱覽，了解歷史成敗嘛。你說自己事務多，與我比怎麼樣？我的事情也多，但是，我常讀書，自以為大有裨益」。從此，呂蒙注意讀書，進步很快。以致魯肅見到後，大呼：老兄今日之才學，非復當年的吳下阿蒙啊！呂蒙不無得意地說，有道是士別三日，當刮目相待，老兄怎麼現在才明白呀！孫權稱讚呂蒙通過學習，進步很快，與周公瑾相亞，唯有議論的風采稍遜而已。

再舉一個例子。赤壁之戰後，曹操與孫權在濡須——合肥一帶有過多次拉鋸戰。孫權常年屯兵在濡須口（今安徽無為縣北）。他讓大將周泰在濡須前線統兵，發現大將朱然、徐盛等輕視周泰。周泰不僅出身寒微，而且也沒有什麼背景，他們歸周泰統屬，心中不服。前線統兵將帥不和，這是兵家大忌。怎麼辦呢？孫權沒有採用生硬的手法批評不服的將領，而是動了些心思，用溫和的辦法化解了矛盾。

孫權約會諸將宴飲，酒酣耳熱之際，命周泰解開衣襟，見其身上傷痕累累，故意問道，周將軍啊，你這遍體鱗傷是怎麼回事啊？周泰老老實實地一一作答說，這一處傷疤，是何時何地的哪場戰鬥所致，哪一處傷疤是何時何地的哪場戰鬥所致。等到周泰說完，穿好衣服，孫權已經淚流滿面。他緊緊拉住周泰的手臂說：「幼平（周泰字幼平），卿為孤兄弟，戰如熊虎，不惜軀命，被創數十，膚如刻畫（身體上的刀劍傷痕像刻畫的線條一樣），孤亦何心不待卿以骨肉之恩，委卿以兵馬之重乎？」宴會結束後，孫權請周泰帥兵馬導從，鳴鼓角作鼓吹而出。於是，徐盛等乃服。你看，孫權做思想工作，絕不魯莽，而是講究方式方法的。

這一特點也體現在處理陸遜與諸葛恪的關係上。所謂「夫不舍小過，纖微相責，久乃至家戶為怨，一國無復全行之士也」。

第三，對外戰略靈活，善於審時度勢。三國的外交縱橫中，東吳的身段最柔軟，聯劉抗曹，或者是降魏攻劉，端的看國家利益，沒有個人感情。赤壁之戰前的事情不說。赤壁之戰後，孫權與曹操有過多次交手，互有勝負。但是，如果國家利益受到威脅或者損害，孫權從來不吝惜與劉備翻臉。孫權有多次投降曹魏的舉動，又有多次與蜀漢盟誓的事情。一切以國家利益為重。

當初劉備借荊州，一是因為劉備赤壁之戰確實有功，二是魯肅力主孫劉聯盟，對付北邊的曹操，把劉備當作看家護院的。其實，劉孫兩家對於荊州的歸屬，有明顯的分歧。建安十九年（二一四），劉備取益州，孫權就嘀咕著荊州的事情。魯肅死前，由於曹操在漢中的行為威脅到劉備，劉備作出讓步，孫劉兩家分荊州為二，東邊三郡歸孫吳，西邊三郡歸劉備，算是暫時熄滅了爭論。

建安二十四年（二一九），劉備拿下漢中，稱漢中王，關羽在荊州地區採取配合行動，猛攻襄、樊，意欲從陸路上打通荊益。孫權不想劉備在中原得計，更想乘劉備無暇東顧，將其勢力從荊州徹底清除出去。司馬懿看出了孫權心中的小九九。於是，孫曹一拍即合。孫權與曹操暗通款曲，關羽丟了性命。

不久，延康元年（二二〇）十月，曹操去世，曹丕禪代稱帝，改元黃初。次年八月，「孫權遣使稱臣，卑辭奉章」，對此，曹丕欣然接受，封孫權為大魏天下的藩王——吳王。對於孫權的甘做藩臣，曹魏陣營的人看得很清楚，無非是權宜之計，防止劉備報仇時，「蜀攻其外，我襲其內」。孫權面對曹丕派出的使者浩周，信誓旦旦，說是絕對有誠意，甚至一把鼻涕一把淚地解釋，「為之流涕沾襟，指天為誓」。可是「多設虛辭」，絕不派質子。

及至夷陵之戰，蜀漢失敗，孫權馬上不認帳。曹丕大怒，派大兵征討，孫權「乃卑辭上書，求自改厲」。孫權還在上書上說：若陛下認為我罪在難除，不能原諒，臣當奉還土地民人，「寄命交州，以終餘年」。把我流放到交州去，終其餘生。同時，孫權又與上過當的魏國使臣浩周寫信：「欲為子（孫）登求昏宗室。」又云：「以登年弱，欲遣孫長緒、張子布隨登俱來。」說得跟真的一樣。這就是孫權的手段。

但是，這次曹丕不上當了，決計親征東吳。孫權於是一方面發兵臨江拒守，另一方面又「使太中大夫鄭泉聘於漢，漢太中大夫宗瑋報之，吳、漢復通」。蜀漢這時候已經沒有力量再戰，與曹魏又不存在和解的可能性，只好接受了東吳的和平使者。在劉備死前，蜀吳已經實際和解。劉備駕崩後劉禪繼位，諸葛亮實際主持朝政。諸葛亮主動遣使東吳修好。於是東吳與蜀漢維持了四十年的和平，直到三國局面的結束。

孫權晚年犯了許多錯誤。孫權是一個疑心比較重的人，只是他不一定放在臉上。在赤壁之戰前，他為了牽制周瑜，派程普與周瑜為左右督。及至呂蒙帶兵圖荊州，又想要派孫家人牽制，呂蒙點出此事，說當初周瑜與程普的不協調，幾乎鬧出事故來，孫權才作罷。當年的孫權，尚能改過遷善，約束權力，把持自己。可是晚年的孫權，聽信讒言，昏聵驕狂，手握大權不放，疑心重而聽不進勸諫。他任用的宰相，不是平庸之輩，就是遠離京城的前線統帥。前者不敢用權，後者無法執政。孫權也想改革，可是，他用呂壹進行的改革，變成了苛政。特別是在接班人選擇上，反覆無常，終致留下了一個爛攤子。孫權是三國英雄裡面壽命比較長的一位，神鳳元年（二五二）辭世的時候，已經七十歲。在古代王朝權力結構中，長壽的帝王晚年往往不知道約束自己，形成悲劇，孫權也沒有逃脫這個命運。

（參見《資治通鑑》卷五十七至卷七十五）

【第十六講】

曹魏國運

與曹操的格局相比，曹丕實在相去甚遠。繼位之前發生的瑣屑小摩擦，曹丕卻在繼位後用帝王的權力來實施報復，其格局可見一斑。

曹魏政權，從曹丕到曹叡，片面接受東漢末年的教訓，把權力集中於祕書，依靠祕書治國，導致了大權旁落，江山不保。在集權時代，領袖人物的才能和智慧，對國家安全和治理，起著非常重要的作用。

一　曹丕稱帝

延康元年（二二〇）年初，曹操在洛陽逝世，世子曹丕繼位，不久漢獻帝禪讓，曹氏取代東漢，建立大魏政權，史稱曹魏，標誌著三國歷史紀年的真正開始。三年以後，劉備稱帝，旋即去世，孫權大約在這些魏蜀元老去世後，又統治了東吳三十年。我們知道，最後三國是統一於西晉的，為什麼最強大的曹魏沒有統一三國，最終是西晉完成了這項偉業呢？下面我們來講講曹魏的國運。

魏文帝曹丕是曹操的長子，據說曾與弟弟曹植爭奪過太子之位，《資治通鑑》也這麼記載。所謂〈七步詩〉就是講他們兄弟爭權的：「煮豆燃豆萁，豆在釜中泣。本是同根生，相煎何太急。」其實他不光跟兄弟爭權位，而且還爭老婆。當初曹操打敗袁紹之時，對於袁紹之子袁熙的妻子甄洛這個美女，據說三曹（曹操、曹丕、曹植）都感興趣。最後曹丕先得手。還有傳說，甄妃死後，曹丕曾把甄妃的玉鏤金帶枕送給曹植，他看出曹植的〈洛神賦〉就是為甄妃寫的。

曹丕這個人，很有文學天才，一篇〈典論．論文〉流傳千古，但跟他父親比，格局卻是差了許多。曹丕繼位以後，報復心很強，過去得罪過他的人，不管曾經有多大功勞，他一定要想辦法置之於死地。

《資治通鑑》給我們舉了兩個例子。

先舉一個冤殺鮑勳的例子。鮑勳是曹操的莫逆之交鮑信的兒子。這個鮑信可是有名了，在初平元年（一九〇）年初，當關東各軍在袁紹的旗下聯合起來討伐董卓的時候，鮑信也參與了，當時他最看好的就是曹操，向著曹操。可是，力主追擊董卓的曹操，部下五千人馬被董卓部將打散了。加上關東軍內部不睦，董卓西逃長安（現西安），關東軍也作鳥獸散，各人各搶地盤去了。轉年，曹操在袁紹的支持下出任東郡（今河南濮陽）太守，其實手下沒有什麼實力。

曹操的轉機出現在初平三年（一九二），鮑信當時在山東，協調各方關係，徵得各方同意，請曹操去出任兗州牧，因為兗州刺史劉岱在與黃巾軍的征戰中戰死，曹操有了自己獨立的地盤。他到了山東以後，就有了一個發展基礎。荀彧也是頭一年離開袁紹跟隨曹操走的。

當時兗州最大的威脅是黃巾軍遺部，青州的黑山軍。在跟黑山軍鬥爭當中，鮑信不幸戰死。曹操後來搞定了黑山軍，從此他就有了自己發展的軍隊基礎，從中選的精兵也有三十萬。所以說，鮑信真正是跟曹操患難與共，既是知己又是功臣。那麼作為這樣一位功臣之後的鮑勳，是怎麼得罪了曹丕，犯了什麼重大罪過，而被殺害的呢？

曹丕當太子的時候，他的小舅子，就是他的正妻郭夫人的弟弟犯事了，正好鮑勳是管司法的，受命處理這個案子。曹丕為妻舅求情，鮑勳還是依法辦事，沒給太子這個面子，曹丕懷恨在心，這是緣由。

曹丕繼位後，鮑勳多次直言極諫，史書上講「帝益忿之」，更加氣憤了。本來就結下了梁子，我當太子的時候不給我面子，現在我當皇帝你又說三道四。曹丕心裡很不爽。

鮑勳講真話，提意見，其實如果曹丕是個英明的君王的話，他應該對鮑勳的正直大加褒獎才對：鮑勳是個正直大臣，並不由於你是太子而枉法，也不由於你當皇帝就阿諛奉承。有明君才有諍臣，可是曹丕根本沒有這個心胸，只是更加痛恨鮑勳。

那找個什麼藉口呢？曹丕在征討東吳的時候，沒有任何斬獲，回軍途中駐紮在陳留（今開封附近）。陳留太守孫邕來見皇帝，見過皇帝後順道去看看老朋友鮑勳。軍隊駐紮要立營壘的，這是最基本的治軍的路數，不能鬆鬆散散就住下來，得有營壘，比如帳篷、壕溝等才夠安全，便於埋鍋造飯，防止敵人的偷襲。但是當時營壘還沒有正式做成，只插了一個界標，諸如這個地方是大道，這個地方是營壘，那個地方挖壕溝，就是地上畫了點什麼，大概就是這個樣子。

這個孫邕抄小道，他斜著走，穿過了地上畫的營壘範圍。軍中有管司法的，就要調查他，報告到鮑勳這裡，鮑勳打圓場說，這個溝壑營壘還沒挖成，就是做了一個記號，你就不要彈劾了。這個事情讓曹丕知道了，勃然大怒，下令交給司法部門處理，廷尉說判刑五年，另外也有審核此案的官員提出異議，說這種情況只能罰款，按法律的規定，要罰金二斤。曹丕大怒，犯這種罪還能活？你們公然放縱他！把這些說情的監察官，交給廷尉處置，說他們徇私枉法，審判後把幾個人都一個坑埋了。

這件事做得太過分了！一個當地長官，因不熟悉情況，走路時無意誤入了地面上營壘的印記，鮑勳只是說了一句不值得法辦的話，居然就被判死刑。所以當時的高官，包括鍾繇、華歆、陳群、辛毘、高柔，紛紛上疏說請看他父親面上給鮑勳寬恕，但曹丕不許。廷尉高柔，拒絕服從詔書，曹丕很生氣，把高柔調開以後，直接派人到廷尉府，不經完整的司法程序就把鮑勳殺了。

這個小心眼的曹丕，由於他當太子的時候，他的小舅子犯罪，鮑勳執法嚴格，他懷恨在心，就借這點小事就把人給殺掉了。

下面再談第二件事，看過《三國演義》的都知道，有個大將叫曹洪，差點被殺死了，最後幸運沒死，被雙開了。他又是怎麼得罪曹丕的呢？

曹洪這個人很有錢，史稱家富而性吝嗇。曹丕在東宮當太子的時候，有時手頭拮据，曾經向曹洪借錢，借大概一百匹絹這麼多錢。那時候絹是可以當錢用的，史書講曹丕「不稱意」，也許是利息太高了，也許借的時候態度不好，反正「不稱意」，曹丕就恨他。我們知道曹洪除了《三國演義》中講的那些戰功外，曹洪功勞最大的是，救過曹操的命。初平元年（一九〇）年初，關東聯軍討董卓，曹操帶著五千人去追董卓，在汴水附近，被董卓的軍隊打敗，曹操也負了傷，丟了坐騎。曹洪對曹操講，曹家可以沒有曹洪，不能沒有你曹操，於是把他的馬讓給曹操，催促曹操趕緊騎馬逃走。曹操曾說：如果不是曹洪把他的戰馬讓給我，此刻我已經命喪呂布戟下了。

曹操有兩次由於別人給他馬得以逃命，這是第一次。第二次是後來收編張繡的時候，因為他跟張繡的嬸子私通，張繡覺得受侮辱了，非常生氣，本來已歸附曹操，突然又向曹操發起進攻。當時典韋在門口守衛，就在這次突襲當中死於亂軍。由於典韋爭取到時間，曹操才有可能穿著衣服逃跑。曹操的大兒子曹昂把馬給了他，自己卻死在這次變亂當中。

由於太子曹丕向曹洪借錢借的不如意，懷恨在心。等到繼位以後，處處找曹洪的麻煩，最後找到曹洪的家人犯法，下獄當死。舍客犯法，曹丕居然讓曹洪去死，群臣都為之求情，說曹洪是老勳臣，立了多少功，不能就這點小事就判處死刑，可曹丕不聽，堅決要處曹洪死刑。

最後是曹丕的媽媽氣不過，她責怒曹丕說，梁、沛之間，非子廉（子廉是曹洪的字）哪有今天？但是曹丕聽老婆郭皇后郭女王的。「女王」是郭皇后的名字。曹丕的媽媽跟郭女王說：曹洪今天死，我明天就讓皇帝把你給廢了。看來這個事跟郭皇后有關係。婆婆這麼說，這郭皇后就哭著跟丈夫求情。於是殺曹洪之事才算了，乃得免官，削爵土。曹洪保住一命，但免官削爵，被雙開了。

這兩件事都是生活當中的小事，可是曹丕卻利用自己帝王的權力來報復，他的格局可見一斑，這點比他父親差遠了。

二　格局有別

與曹操的大格局相比，曹丕的小心眼注定了他格局不會太大。

其實曹操格局也是有個變化的過程。

曹操當初在兗州的時候想把父親曹嵩接來，結果其父在來的路上被殺了。到底是盜賊由於貪財把他殺了，還是陶謙為了謀財害命殺的，歷史上有兩種不同的記載。曹操的父親曹嵩應該是有很多錢，據說有幾十車財物。他本來是個部級幹部，跟他那個當宦官的養父曹騰還有關係，花了錢買了一個太尉，最後死於非命。

曹操大怒，他去征討徐州，打下來以後大肆屠殺，雞犬不留，他拿下徐州的政治目的可能有的，但是他為父親報仇不顧一切也是真的，所以他雞犬不留，不像當個天子、王者之師的樣子，所以激起了兗州的叛亂，兗州當時守官陳宮他們就背叛了，給曹操沉重的打擊。

其實這就是曹操當時私人感情跟整體利益產生矛盾，他當時還沒有更大的格局，衝動之下意氣用事，所以差一點把根據地都丟了。後來頂住危局，把呂布打敗了。

到建安元年（一九六），他迎漢獻帝。這時候曹操有一個明顯的改變，他以治國平天下自居，對未來有更高的期待了。張繡之變時曹操落荒而逃，他兒子把馬讓給他，結果兒子和大將典韋都死了。但在官渡之戰之前，當賈詡勸張繡投奔他的時候，曹操居然放棄前嫌，接受了張繡的投降，還跟他做了兒女親家。

曹操這時候，已經把私人的恩怨都放在一邊了，為大事者不計小怨。志在天下者不會計個人的恩怨。

兗州之變中背叛過曹操的很多人，曹操都能夠根據具體情況加以寬待，就是他要爭取最大的可能性，把這些人團結起來。官渡之戰之後，他發現在袁紹軍營裡有很多他手下人給袁紹寫的效忠信，他看也不看，當場燒毀，說袁紹強大的時候，我都保不住命在何方，何況他人呢？別人有一點留後路的想法，不要計較。

所以從曹操的這個格局作對此，彰顯出他兒子曹丕這方面心眼兒太小。

曹丕的心胸問題，還不是最典型的，在接班人的選擇上，他也有問題。曹丕從登基到去世（二二〇—二二六），一直沒有立太子。他不是沒有兒子，只是他那個寵愛的郭皇后沒兒子，而當初他即位以後被無緣無故處死的甄妃是有兒子的，這個兒子叫曹叡，《資治通鑑》這樣講，曹丕讓郭皇后撫養平原王曹叡做養子。古代凡是一個人家，這個正宮或者是正妻沒有孩子，就在她丈夫跟別的女人生的孩子裡邊找一個，做自己的嫡嗣養子。但是因為甄夫人是非正常死亡的，所以他沒有立曹叡為嗣，可能還有一些別的原因存在。

但是曹叡這個人侍奉母后非常謹慎，關係處理得不錯。據說有一次，曹叡跟曹丕一塊去打獵，看見母子兩隻鹿，曹丕一箭把這個母鹿射死了，向兒子說你快射那個小鹿，沒想到曹叡哭了，說陛下已殺其母，臣不忍再殺其子。曹丕當下放下弓矢，惻然。這是不是表示曹丕對甄妃之死有點歉疚呢？

曹丕才四十多歲就病得很重，這時候他才匆忙立曹叡為太子，曹真、陳群、司馬懿受遺詔輔政。

《三國志》的作者陳壽是這麼評論曹丕的：文帝天資文藻，下筆成章，博聞強識，才藝兼該，如果再加上大度一點，公平一點，志向高遠一點，胸懷廣博一點，那麼他離古代的賢主就不遠了。

曹丕對自家人防範很深。這種防範，如果與總結歷史成敗得失結合在一起，就會顯得特別的理直氣壯。

東漢怎麼亡國的呢？第一，外戚宦官專權，曹丕針對性的措施是從此以後宦官官級不得超過署，署就是相當我們今天司局的幹部。群臣不得向太后奏請事情，就說太后不能干政。後族外戚之家不能輔政，而且也不得受分封。

第二，地方割據問題。東漢雖然沒有同姓藩王的問題，但是漢末那些地方州牧的權力很大，導致東漢中央朝廷不振，所以曹丕做了一些制度上的規定，這些規定主要是吸取東漢亡國的教訓。

三　曹魏之弊

曹魏政權如此短促，就被司馬政權取代了。那麼，曹魏是如何滅亡的呢？

我前面講了，曹丕為了革除東漢政治弊端，鞏固中央皇權，第一限制后黨外戚的權力，第二限制內廷宦官的權力，第三限定藩王的權力，曹家子弟得不到分封，限制他的政治和軍事權力。但是皇帝不能獨自掌大權，必然要輔弼之臣來襄助他，那他的輔弼之臣是誰呢？

《資治通鑑》在這裡給我們做了一個交代。當初曹操擔任魏國公的時候，他不信任宦官，不信任外戚，也不信任家裡的兄弟子侄輩，他信任誰呢？信任祕書，這個祕書就是劉放、孫資，他的職位就是祕書郎。咱們今天講領導的祕書就從這來的，當然祕書這個詞早就有。

為什麼用祕書？第一，曹操的第一謀臣荀彧，是反對曹操稱魏公的，為此荀彧鬱鬱而死，他認為輔佐曹操是輔佐漢室，認為曹操不該有野心。荀彧在這方面有點不通世故。第二，司馬懿不貼心，司馬懿當初跟曹操的時候，他就對曹操看不上，裝病不出，在曹操執政期間，司馬懿出的主意不多。後來曹操死了，司馬懿能輔政，就是因為他在曹植跟曹丕爭位的時候，是站在曹丕一邊的。

這輩老人不貼心，曹家的人又限制使用，那麼劉放、孫資，就成了參與曹操決策的腹心幕僚。曹操死了以後，曹丕繼位，他就把祕書改為中書，這個中書就是後世隋唐時代中書省的前身。劉放和孫資，一個任中書監，一個任中書令，專掌機密。什麼叫機密呢？內廷決定的大事，外面發布給丞相，讓他去執行，在執行之前，商量如何操作，這是機密。比如說重大官員的任命，重大軍事行動，重大經濟財政決策，這都是先與皇帝商量，各種方案商量好了，然後才去告訴丞相，才去實施，所以這個時候，中書是非常重要的。

可是這跟曹操那時候不一樣，幕僚是魏國公的祕書，是私人安排，現在的中書是朝廷命官，是體制性安排中書監和中書令，是國家制度裡面的一部分。

曹丕在位六年後去世了，長子曹叡繼位，就是魏明帝。劉放、孫資，依然是內廷決策的關鍵人物。《資治通鑑》這麼記載，帝親覽萬機，數興軍旅，多次發兵打仗，腹心之任，皆委之於二人，每有大事，朝臣會議，常由他們來定其是非，擇而行之。就是說，他們是曹叡的高參，重要的事情，都要聽取他們的意見商量，由他們來決定。

我們就發現，皇帝身邊有兩種輔臣：一種是將相大臣，陳群、司馬懿、曹真等這些大臣；一種就是祕書班子，孫資、劉放，當時職務就是中書令、中書監。其實後來，就是祕書們變成了唯一有權的人了。外戚沒權，宗室沒有權，大臣不掌機密之權，掌機密就是皇帝身邊的祕書班子。這種情況，在中國古代政治中是常見的，漢武帝以後尤其常見。

對於這樣一個權力結構，當時另外一個大臣蔣濟就上書皇上，提出自己的看法。他講了一番道理：第一，大臣不能侵犯皇權，但是近臣也不能壟斷資訊來源，否則就障蔽君王的判斷力；第二，這些人天天在皇帝身邊，他們的聰明、正直、深謀遠慮未必超過大臣，但是他們更善於諂媚逢迎，便辟取合，會影響皇帝的決策；第三，現在外面都說中書大權在握，即使他們謙恭謹慎，只要有這個名聲在外，他們參與重大決策，那麼就有人走他的門路，這樣的話，如果稍有不注意的話，臧否毀譽，他們就有機會上下其手，功過賞罰，他們就隨便操縱，正直的人不用，阿諛奉承者夤緣而上，因為受到信任而竊威弄權，所以需要皇帝注意。這些話都是直指劉放和孫資的。

我把蔣濟這話拿到這來講有兩個用意。第一，這個道理很對，在我們生活當中也有的。一個老總如果不重用左右的副總，卻把公司重大事務決策託付給身邊的司機、祕書等，或者是家裡的七大姑八大姨，甚至保姆都會左右他，那麼這個公司就沒法運行了。第二，這件事還真對曹魏的政治起了關鍵作用。

儘管蔣濟明確地表示，希望明帝能夠採納自己的意見，改變目前的過度依賴近臣的做法，但是明帝不聽。

蔣濟說，仁明之君必然要把政事交付給一些大臣，如果這些人不像周公旦那麼忠誠、管夷吾那麼公正，可能他就會弄機敗官；雖然找不到周公、管仲這種至公至忠之人，但品行可治理好一個州，智慧可以當好一個官，忠誠事上的人還是多的是了，君主何必就把國事委託給這麼一兩個近臣呢。

《資治通鑑》上記載，明帝不聽蔣濟勸告。而蔣濟提出的這兩點——第一不要光依靠劉放、孫資之類的親信，要廣泛用各種各樣的大臣；第二不要讓我朝有這些小吏專權，直指中書——已經告訴我們，劉放、孫資這樣的人，其實完全依附於帝王而生存。皇帝的信任在，他們權力在，皇帝的信任一朝不在，甚至皇帝本人去世後，他們可能就有生命的危險。

四　明帝託孤

景初三年（二三九），魏明帝病危，年僅三十六歲。從西元二二六年到二三九年，魏明帝在位共十三年。但是他沒有兒子，所以他也沒立太子。

明帝病危，劉放、孫資感覺到危險，大臣們看到了權力重組的機會。蔣濟都跟皇帝說得這麼明白了，這個祕書班子能沒有危機嗎？魏明帝跟叔父燕王曹宇的關係不錯，於是，任命曹宇為大將軍。我們知道，大將軍從西漢以來就是內朝的領袖，外面是丞相，內是大將軍。夏侯獻，也是曹操的族人，任領軍將軍。還有曹爽，曹爽是曹真的兒子；還有曹肇，曹休的兒子；曹真、曹休，都是曹操那時候的大將。他們這幾個人共同輔政。

夏侯獻、曹肇，言行有點不穩重。有一次，他們看見一隻雞飛到樹上去了，就指桑罵槐地說，看你在樹上還能待幾天！雞就是在地下跑嘛，怎麼就飛到樹上去了？他們的意思是說，你劉放、孫資還能風光幾天，等皇帝沒了，看我們怎麼收拾你們。

劉、孫二人聽了這些背後議論，感到危險了。他們怕如果這些人出來輔政，自己不得善終。所以他們要趁曹叡病重，促使他換掉原先擬定的輔政大臣，不要用這些人輔政。

夏侯獻、曹肇就算輔政了，也未必行。從這件事就可以看得出來，他們胸無城府，言談隨意，都是粗疏之人。事兒還沒辦，就把話說出來了。在政治權力鬥爭當中，你還沒出手，就先把想搞掉對方的這個意圖暴露出來，不是在提醒對方先下手嗎？

曹宇這個人，史書是這樣講的，性恭良儉讓，陳誠固辭，他不想做第一輔政，他覺得這個他做不了。明帝跟劉放、孫資商量，說為什麼燕王這麼堅決地推辭輔政之任呢？這倆人說，燕王有自知之明，知道他不堪大任，所以他不幹。那誰行呢？當時正好曹爽在旁邊，他們推薦曹爽可以。皇帝說，曹爽你行嗎？曹爽嚇得流汗不敢說話。劉放踩著他的腳，教他說：「臣以死奉社稷。」這個曹爽，從他當場這個表現看，就不怎麼樣。於是，劉放和孫資說，可以讓司馬懿給曹爽做幫手，一起輔政。

《資治通鑑》沒講司馬懿是不是從中做了工作，但是大家可以想像，司馬懿一定是做了劉放、孫資的工作了。我們知道司馬懿是老臣，在曹操時期就有他，然後在曹丕時期、曹叡時期，三朝元老。劉放、孫資也是三朝元老。因此說，劉放、孫資把曹爽和司馬懿推出來輔政，不光是要排擠掉那些對他們不利的人，而且也因為司馬懿長期對二人做了工作。

皇帝於是採納了劉放、孫資之言，欲用曹爽、司馬懿共同輔政。過了一會兒，魏明帝又改變主意了，他說，曹爽、司馬懿輔政的命令先不要下發。似乎顯示出皇帝對這個決定不放心。劉放、孫資又進去說服曹叡，皇帝就又依從了他們。劉放說不行，光口頭說不行，你得簽字，寫個手詔，皇帝說，我沒有辦法寫字，劉放就爬到床上去，拿著曹叡的手，寫了詔書，簽上字。然後走出御所，大聲說，有詔請燕王曹宇等回家去，不要留在宮中了。後來這些人就都流著淚，悻悻然出去了。

魏明帝好像沒有完全糊塗，雖然依了劉、孫，託孤曹爽，但是覺得曹爽太弱了，就增派了能力比較強的孫禮，當時他的職位是尚書，擔任大將軍長史，就是曹爽的祕書長。我們看得出來，託孤大事，劉放、孫資在從中弄權。

輔政之臣確定了，趕緊詔回司馬懿。此前司馬懿平定遼東之後，燕王曹宇建議皇帝，讓他直接到關中去，去西邊對付蜀漢的姜維，不必回京。現在的詔書卻說，你趕緊到洛陽來，到朝廷來，我屏息待卿至，來了以後直接進宮見駕，無須通報。三日之間，詔書五至，看來皇帝真的不行了。

司馬懿看到前後詔書變化如此之大，就知道洛陽有變，快馬加鞭進京。這已經是二三九年的正月了。明帝拉著他手說，我把後事交給你，請你跟曹爽輔佐少子，我是屏著這口氣等你來呀，現在你來了，再沒有遺憾了。然後，明帝指著八歲的齊王曹芳說：就是這個孩子，你看清楚了，別看錯了。明帝還讓司馬懿把曹芳抱起來，這孩子抱著司馬懿的脖子。當下，即立齊王為皇太子。

曹魏政權，從曹丕到曹叡，在國家政治制度建設方面，沒有什麼有力的鞏固政權的措施，依賴兩個祕書治國。祕書為了鞏固自己的權位，為了一己之私，等於是脅迫皇帝，改變了託孤大臣。

史書上是這麼評價明帝為人的。明敏，就是反應很快，聰明，看事看得很明白，任心而行，有什麼想法他就會去做，他不搞虛的一套，所以大家都佩服他還是有大略的。而且記性特別好，左右的小官，只要一經耳目聽過見過，這麼一次兩次，他的履歷，他的事蹟，父兄子弟是誰，他就記住了，終不可忘。

晉朝的有個史學家還記載說，聽父老輩說，魏明帝這個人頭髮很長，立髮垂地，有點口吃，結巴，平常不怎麼說話。有判斷力，他對大臣很優容，即使對他犯顏直諫，他也能夠容忍，有度量。但是「不思建德垂風，不固維城之基」。「建德垂風」是什麼意思呢，就是在道德風範上，沒有作出一個榜樣；在制度建設上，沒有鞏固的基礎，所以使得「大權偏據，社稷無衛」，大權旁落，江山不保。

這個江山被誰拿下了呢？司馬懿家族。

五　司馬篡權

司馬懿是世族出身，看不上宦官出身的曹操。司馬懿名氣很大，曹操派人去請他出山，他推說有風病，不願意出來輔佐曹操。

有一次，天下雨，外面晒著衣服，司馬懿就起身去收衣服，被他家一個丫鬟看見了。司馬懿害怕了，不是裝作不能起床嘛，怎麼能收衣服呢？他怕這個消息走漏出去，就把丫鬟給殺了。你看，司馬懿手段很狠，做事很果決。後來曹操說，你不出山我就派人把你抓來，他只好出來了。但在曹操手下，他並不活躍。

我們在《資治通鑑》裡的曹操時期，只看到兩個司馬懿的故事，一個是得隴望蜀，一個是對關羽的評估。這都跟蜀漢有關係。也就是說，曹操的晚年，司馬懿才開始露頭，來了一點計策，這兩招都是高招。

第一次是建安二十年（二一五），曹操拿下了漢中之後，司馬懿建議他進一步去攻取成都，曹操急著要回師，沒有去。第二次是建安二十四年（二一九），劉備自封漢中王，奪取了漢中，關羽在荊州回應，動作很大，水淹七軍、斬龐德、降于禁，威震華夏。洛陽附近的一些草莽武裝，都回應關羽的行為。搞得曹操都想遷都了。司馬懿建議曹操穩住陣腳，他說，于禁投降，龐德被殺，並不是關羽的軍威如何，只是由於下大雨，不是我們軍事上不行，所以不要急於遷都；

再說，關羽搞的響動這麼大，孫權一定不願意，我們不妨跟孫權聯合，鼓勵他從背面抄關羽的後路，答應將來把江東封給他。後來，曹操就是按這招做的，關羽被殺。

曹植與曹丕爭位過程中，司馬懿支持曹丕，因而曹丕時期得到重用。到曹叡時期呢，他是主要的統帥，對付蜀漢，平定遼東，帶兵打仗。現在，曹芳時期，他受託為顧命大臣，與曹爽一起輔政。

齊王曹芳即位那年，才八歲。司馬懿跟曹爽一起接受遺詔，輔佐少主，曹爽為大將軍，司馬懿任侍中、持節、都督中外諸軍事、錄尚書事。

剛開始，兩人合作得很好，他們各統精兵三千，輪流值宿，共執朝政。問題出在曹爽身邊的人物，何晏、丁謐等出謀畫策，說重要的權力，不可以委於別人。於是，以天子的名義下詔書，升司馬懿為太傅，罷錄尚書事了，名頭好聽，可是，實權沒有了。這樣就把司馬懿排擠出了權力中樞。排擠司馬懿的同時，曹爽用自己的親信擔任朝中要職，曹爽的幾個兄弟也都掌控禁軍。兩人輔政，變成了曹爽大權獨攬，司馬懿靠邊了。

如果曹爽有獨自輔國之才，為什麼當初明帝不放心？要能幹的司馬懿共同輔政呢？現在曹爽大權在握，內心膨脹，覺得可以踢開司馬懿了。

曹爽大權獨攬，更改朝章，還把郭太后遷到永寧宮，雖說是因為皇帝年長了的緣故，但是太后肯定心中不爽，這個心結使她有可能被司馬懿所用。

隨著曹爽志得意滿，從正始八年（二四七）開始，司馬懿就稱病請假在家，不與政事，撂挑子了。曹爽對此也不是沒有懷疑，曹爽曾經讓心腹李勝去探視司馬懿的病情。李勝說，天子命他出任荊州刺史，現在特來給太傅辭行。司馬懿知道來意，故意裝傻，表現得耳聾體弱，思維混亂。侍女進粥，他裝作手抖不能持匙，喝粥也故意灑得滿身都是，還說自己死在旦夕，希望大將軍多照顧自己的孩子。李勝這一看，老頭子都病成這樣了，回去跟曹爽他們一說，曹爽就放心了，覺得司馬懿老態龍鍾，狀如朽木，都安排後事了嘛。

曹爽的問題是什麼？第一，他想排擠的對手遠比他自己有本事有謀略；第二，他信任的幫手都是輕佻狂妄之人；第三，有本事的人，如號稱「智囊」的桓范，曹爽卻不相信。除了這些問題以外，還有曹爽本人並不過硬，他驕奢淫逸，貪戀富貴，大權在握，卻不懂得用權，自然就會給司馬懿留下翻盤的機會。

曹爽兄弟經常一起出洛陽城遊玩。桓范提醒他，你們一起離開京城，一旦有人把城門關了，不讓你們回洛陽，控制不住局面，怎麼辦？曹爽不以為然地說，誰敢呢！

嘉平元年（二四九）正月，真的就出事了。十年前的正月，魏明帝託孤，十年後的正月初六，皇帝曹芳帶著曹爽兄弟，到城外高平陵去拜謁皇陵。司馬懿在洛陽發動政變，史稱高平陵政變。

首先，他以皇太后的名義，關閉城門，拿出武器，給城外的皇帝送去表文，指責曹爽背棄顧命、禍亂國典、內則僭擬、外則專權、伺察至尊、離間二宮、傷害骨肉，天下洶洶、人懷危懼，要求皇帝罷免曹爽及其兄弟的兵權。

司馬懿還給了對方一個誘餌，說你只要交出兵權就可以了，我們指洛水為誓，保你性命無虞。並且特地派曹爽信任的官員尹大目傳達這個資訊。曹爽就猶豫了，第一，魚死網破跟司馬懿拚命的話，怕自己幹不過；第二，死拚的話，捨不得在洛陽家中的嬌妻美妾、金銀財寶。曹爽猶豫了一宿，決定投降，以為若乖乖認輸，交出兵權，也許司馬懿會留他一條命，做個富家翁得了。

老謀深算的桓范特地跑出城外，勸阻曹爽，並且跟他講，匹夫手上只要有一個人質，就會作為砝碼拚死一搏，何況你跟著天子呢？像你現在這樣身分，你即便投降，怎麼能回去過平靜的富家翁生活？你看看，這兒到許昌，不過半宿路程，許昌有錢財、有武庫，周邊有屯田，我也帶著大司農軍印，你只要挾持皇帝到許昌去，我們就能發文書徵調天下兵馬來勤王。桓范要曹爽以天子的名義直接與司馬懿對著幹！可是，正如蔣濟跟司馬懿講的，桓范雖然有智慧，但是曹爽一定不會聽從的。所謂「駑馬戀棧豆」，是說曹爽目光短淺，不想吃苦拚鬥，他那點兒出息，就想守住現有的榮華富貴。

蔣濟是對的，桓范看錯人了。桓范痛心疾首地哭著說，曹子丹（曹真）何等英雄，生你這幾個兄弟，真是豬狗不如啊！

最後，曹爽束手就擒，司馬懿卻沒有兌現不殺的承諾。曹爽等人都以謀反罪被殺。曹魏的大權完全掌控在司馬懿手裡了。

從曹操開基，到曹丕建國，曹魏的國運，命途多舛，至司馬懿高平陵之變，掌握政權，離建國不過短短二十多年。這不僅僅是因為司馬懿這個人奸詐陰險，還因為曹丕和曹叡，沒在國家制度上作出符合時代需求的選擇，他們片面接受了東漢末年的教訓，以致「大權偏據，社稷無衛」。祕書治國，在一個小圈子裡理政，自然會人亡政息。當然，重要的還有，第三位皇帝曹芳年紀太小，又沒有經國之才，否則，在高平陵之變的時候，年屆十八，如果是英雄的帝王，已經是顯山露水了。漢武帝十六歲即位的，北魏的那幾個開國的，像拓跋珪、拓跋燾都是十六七歲即位幹事兒的。所以在集權時代，領導人個人的才能智慧，在國家的安全與治理方面，起著非常重要的作用。

（參見《資治通鑑》卷六十九至卷七十五）

【第十七講】

西晉亂局

東漢之後，國家分裂了近兩百年才重現統一。司馬昭之子司馬炎作為西晉的開國皇帝，有統一之功。可是為什麼統一之後只有三四十年，這個王朝就滅亡了呢？

制度是否符合當前社會發展需要是一個問題，有沒有能力強、合適的人來執行制度，是另外一個問題。在帝制時代，一個政權能不能找到優秀的接班人，對於王朝興衰，非常重要。

一　三分歸晉

司馬懿掌權以後不久，就去世了。他大兒子司馬師進一步鞏固了政權後，不久也去世了，二兒子司馬昭繼位。司馬昭之心路人皆知，這個成語是說，司馬昭要篡位，已經是眾所周知的了，可是司馬昭並沒有篡位，在他統治下，滅掉了蜀國，滅蜀以後他的權威就得到進一步提升，後來他就把家業留給長子司馬炎，司馬炎改朝換代，登上了皇帝的寶座。

我們知道，司馬炎的江山也是很快就滅亡了，這就跟他的傻兒子司馬衷有關係。為什麼西晉王朝這麼短暫呢？我們下面討論一下。

後世的唐太宗，對西晉歷史很關注，現行的《晉書》就是唐朝編的，唐朝以前也有好多不同版本的《晉書》，房玄齡領銜主編的《晉書》中《武帝紀》的評論，是唐太宗親自撰寫的。唐太宗肯定了司馬炎有統一之功。東漢之後，國家分裂近二百年才統一。可是，為什麼統一之後三四十年，這個國家卻滅亡了呢？

《資治通鑑》和《晉書．劉毅傳》都記載了這麼一件事，晉武帝有一次到南郊去祭祀，祭祀完以後，他就問大臣劉毅，他可以跟漢代哪個帝王相比？劉毅回答晉武帝說，您可以和桓帝、靈帝比比。武帝大吃一驚，說自己平定江南，統一天下，何至於此？劉毅回答說，桓帝、靈帝的時候，賣官的錢入國庫，陛下您賣官的錢，都入了自家私房，由此看來，恐怕還不如桓、靈帝呢。

晉武帝不但不生氣，還大笑起來，說，在桓帝、靈帝的時候，聽不到這樣子的直言，現在能聽到這樣的進諫，說明我還是比桓帝、靈帝要強。

這就是司馬炎的性格。為人比較溫和，不輕易發火，但是，從另一方面來看，這個人也有些窩囊，古人叫「婦人之仁」。人家跟他說的話不對啊，東漢桓帝、靈帝，公開賣官，錢不就是入了私庫嘛。窩囊到不明是非，不辨黑白，西晉的皇族貴族們生活優裕，縱情享樂，豪華奢侈，大家都喜歡比富。羊琇、王愷、石崇都有錢，互相攀比，你用飴糖來涮鍋，我就用蠟來當柴火燒，你做四十里的布障，我就做錦的布障五十里，你用香料塗屋，我就用赤石脂來塗屋。司馬炎作為皇帝，不但不禁約鬥富歪風，反而用國庫的珍寶給自己舅舅王愷助陣。開國皇帝都縱容這種腐敗風氣，西晉王朝如何能夠不短命而亡！

二　繼位風波

在接班人的選擇上，司馬炎的態度有如兒戲，犯了大錯。

司馬炎與皇后楊豔生了三個兒子，一個夭折，剩下大兒子司馬衷、二兒子司馬柬。可司馬衷是個傻子，這一點父母都是知道的。《資治通鑑》記載，司馬衷有一次聽見蛤蟆叫，他說，哎呀，這個蛤蟆在叫，它是為官家叫呢，還是為私家在叫？天下災荒，百姓餓死了，他聽後說：「何不食肉糜？」沒米吃，吃肉粥啊，肉粥也挺好吃的。

一個這樣的人，為什麼選他當太子？說來話長。

首先因為他是長子。可是，長子是傻子難道也選為太子？楊皇后認為，孩子傻，做母親的懷有內疚，若因此而不讓他當太子，豈不是自己錯上加錯？覺得不能虧待孩子。司馬炎也有自己的想法。當初他父親司馬昭，差一點兒就立了次子司馬攸為嗣，而不是他這個做哥哥的。想起來都不爽，因此，他也不願意做廢兄立弟的事情。這是一層原因。

再一層原因，還與司馬衷生了一個聰明的兒子有關。父母考慮到司馬衷腦子有點傻，怕他不知道男女之事，就選了一個叫謝玖的宮女，去為司馬衷侍寢。後來，司馬衷就讓謝才人懷孕了，生了個孩子，名字叫司馬遹，非常聰明。

有一次，宮中起火，司馬炎在那指揮救火，他孫子拉著爺爺的衣服，說爺爺你進來，爺爺問為什麼，他說你站在亮的地方，大家都能看見你，夜黑，事起倉促，有危險，你到暗的地方來，你能看見大家，大家看不見你。晉武帝一聽，心花怒放啊！皇帝特別喜歡這個孫子，聰明伶俐，而且還是長房長孫啊。比起他爸爸的這個弱智，那是強多了。

歷史上太子有立有廢。楊豔皇后在西晉滅吳之前，就去世了，難道司馬炎在皇后死後就沒有廢黜無能太子的想法？可是晉武帝的續弦皇后楊芷，是前皇后楊豔的堂妹，對這個太子起到保駕護航的作用。

當初，為司馬衷選太子妃的時候，本來要選衛家的美女，後來卻娶了賈充的女兒賈南風。賈南風的母親叫郭槐，她做了楊皇后許多工作，還給她送了很多錢，賈充也找很多人幫忙為她姑娘說好話。進呈畫像的時候，他們把賈南風畫成一個大美女，成功騙過了晉武帝。直到結婚過後拜見舅姑，大家才知道賈南風粗黑短胖，為太子妃實在不堪。可是，司馬炎並沒有追究一干人等欺君蒙蔽之罪。你說他窩囊不窩囊！

賈南風性格強悍，自己不生兒子，就對懷孕的妃嬪下毒手，謝玖也被趕走。司馬炎想廢掉她，皇后楊芷以保護堂姊利益為己任，拚命保護這對夫婦，力勸司馬炎不要把賈南風廢了。皇后一堅持，司馬炎也就罷了。

司馬炎執政二十五年，病了，要選輔政大臣。他本來是想在宗室和外戚中各選一人。一個是汝南王司馬亮，一個就是皇后的父親楊駿。為什麼用楊駿呢？楊駿既無才幹，又無名望，因為女兒楊芷做了皇后才發跡的，以前也就是當過縣令之類的小官，朝中很多人都看不起他，說他器量狹小，承擔不了社稷大任。

可是司馬炎有他自己的盤算。歷觀前朝，弱主當朝，宗室強盛，就是因為這些輔臣太強大了，霍光、王莽這樣有本事、有手段的輔臣，所以才會出現弱主臨朝，然後強臣當權。正因為楊駿平庸無能，司馬炎覺得讓他輔佐新君更放心，他既沒野心又沒能力，就必須搞好與宗室的關係，搞好跟宗室的平衡。其次，他是皇后的父親，小皇帝的外公，是至親，一定會悉心輔佐。最重要的是，楊駿沒兒子，「孤公無子」，即使有非分之想，也沒意義，也傳不下去。

可是，就在晉武帝病重期間，楊駿為了獨專朝政，排擠了司馬亮，而且撤換了武帝身邊的侍從人員。武帝一時糊塗、一時清醒，發現司馬亮沒有來，身邊的人員都換掉了，也只是對楊駿說了句：「你怎麼能這麼幹？」」太熙元年（二九〇）四月，武帝生命垂危，皇后召大臣宣皇帝的口諭，以楊駿為太尉、太子太傅、都督中外諸軍事、侍中、錄尚書事。「帝視無言」，就是他眼看著事情變成這樣，卻沒法說話了。就這樣，晉武帝留下了一個傻子皇位繼承人、一個強悍的皇后，還有一個志大才疏的輔佐大臣楊駿。

《資治通鑑》在這裡給司馬炎做了一個「蓋棺論定」，說「帝宇量弘厚，明達好謀，容納直言，未嘗失色於人」。沒有給過人難看的眼色。你也可以講他寬宏大量，我怎麼就覺得他是窩囊糊塗呢！

三　八王之亂

武帝死後，變亂首先從宮廷裡爆發。太子司馬衷即位，就是晉惠帝。這位糊塗愚蠢的皇帝，成了皇后賈南風的傀儡，王朝大權很快落在了賈南風的手裡。

最初，楊駿獨攬大權，想用些小恩小惠收買人心，並不管用。永平元年（二九一），賈南風利用被楊駿排斥的官員，利用宗室諸王的不滿，矯詔引楚王司馬瑋領兵入朝，殺了楊駿，奪回權力。而且把楊太后、太后的母親龐氏處死。

賈南風有一個心病，這就是太子司馬遹的存在。自己不生孩子，丈夫有智障，可是，司馬遹卻聰明過人，性格剛勁。雖然未必賢能，卻足以讓賈南風擔心自己的未來。

於是，賈南風設下陷阱，廢掉了太子司馬遹，太子的部下謀畫政變，賈南風乾脆殺害了司馬遹。賈南風的惡行，引起了諸王和朝臣們的不滿。永康元年（三〇〇），本來與賈南風勾結在一起的趙王司馬倫，利用這個機會，殺死賈南風等人，拉開了八王之亂的序幕。從永平元年（二九一）到光熙元年（三〇六）十六年間，先後有八個司馬家宗室加入了權力的混戰，這就是八王之亂。

八王之亂，徹底消耗了西晉的國家實力。其間，永安元年（三〇四），在蜀中的成氏和在山西的匈奴劉淵，率先起來造反，揭開了「五胡十六國」天下大亂的序幕。

回顧一下，西晉末年八王之亂的原因，除了賈南風的政治操作引發危機之外，西晉立國以來的制度安排，也值得反思。

建國初年，晉武帝接受曹魏沒有分封同室宗親的教訓。他既用外戚輔政，又封了二十七個同姓王，都是司馬家的，建立諸侯國。這些諸王，可以選拔自己封國中的文武官員，收取封國的租稅，還統領著軍隊。歷史好像回到了劉邦初建國的時代。這樣的制度留下很大的不穩定因素。

東漢末年，朝中有外戚宦官專權，地方有軍閥割據，所以朝綱不正。曹魏接受這個教訓，外戚宦官靠邊站，宗室靠邊站，最後就給了司馬家族以篡權的機會。只要中央發動政變，朝中無奧援，地方無屏藩，江山就易色了。現在司馬氏分封了二十七個王，賈南風和楊駿這些外戚，他們都參與到前臺來，最後司馬氏也亡了。

可見，制度本身無好壞，關鍵看什麼？歷史條件。什麼時候應該有什麼樣制度，片面的接受教訓，好像防範了前朝的問題，卻引發了新問題。古人對此有很多的討論，這是第一層意思。

第二，再好的制度，關鍵還是靠人，看是在什麼樣人的掌控之下。這就跟接班人的選拔密切相關了。在帝王時代，一個王朝的接班人，就是皇帝的兒子，他本身或昏或明，或賢或愚，對王朝的興衰，國家的命運，關係很大。帝制就是這樣子。晉武帝選了一個智商極低的兒子當皇帝，再好的制度，他也沒有能力掌控嘛！中央君主糊塗，地方諸王坐大，社會矛盾尖銳，加上對內遷少數民族的管理漏洞，那不是坐在火山堆上嗎，西晉的滅亡，勢所必然。

大家注意到沒有，《資治通鑑》的這種敘事，雖然也有「臣光曰」之類的直接評點，但是它最有價值的部分，其實就是從具體事情上記述和探究王朝的興衰。我們如果非要深入探究人事背後深層次原因，什麼土地問題啦，賦役制度啦，不是完全不可以。但是，那樣許多問題就扯得很遠了，那是推脫了當事人的責任。尤其是西晉，如果不是上層的生活靡亂，奢侈誇浮，那麼皇帝弱勢一點，大臣有為一點，也許還能夠撐起來。

總之，在帝制時代，一個政權能不能找到優秀的接班人，對於王朝興衰，非常重要。世襲制度下，能否在皇家子胤裡找到優秀的接班人，本身就是問題，何況還有立嫡以長的限制，選擇範圍更小。在中國的皇帝制度下，皇帝不行，就必須有一個賢能的宰相來幫襯，宰相來解決現實執政問題，儒家和道法家都講「垂拱而治」，未嘗不包含這層意思在內。如果輔佐大臣，宰相制度也不行的話，有什麼機制可以糾正皇家子孫的不肖呢？昏君奸臣，這兩個疊加在一起，就必然會亡國。對曹魏來說，就是司馬家族取而代之；對於司馬政權來說，君主昏庸，輔臣不行，外戚也不行，就只有分崩離析的命運了。

（參見《資治通鑑》卷七十五至卷八十九）

【第十八講】

隋唐霸業

從東漢末年董卓進京到楊堅統一南北，結束了中國歷史長達四百餘年的分裂。從入宮輔政到當上皇帝，楊堅只用了幾個月的時間，難怪清代史學家趙翼說：「古來得天下之易，未有如隋文帝者。」但古來失天下之快，也未有如楊隋者。短短三十幾年時間，楊隋就被李唐取代。罷黜高熲、廢黜太子楊勇改立楊廣，是隋文帝政治由明到昏的轉折點。

隋末起兵的各個勢力中，李密和李淵是最有實力的兩隊人馬。開始是李密占優勢，而最後卻是李淵得天下。為什麼呢？

一　北朝政局

從西元一八九年董卓進京，曹操、袁紹離開洛陽，三國分裂開始，到五八九年隋朝統一，四百年間，除了西晉短暫的統一，五胡亂華，國家分崩離析，北方出現了十六國，晉室南渡、東晉滅亡後，宋、齊、梁、陳為南朝。十六國最後統一於北魏。北魏立國一百多年，又分裂為東魏、西魏，進而演變為北齊、北周，最後北周裡面出來一個隋，統一了南北。四百年的分裂，別人沒有搞定，楊堅搞定了。

可是楊堅的朝代比西晉還短暫。西晉於二六五年建國，到三一七年亡國，延續四十多年，其實在西元三〇四年時就已經亂了。楊隋從五八一年建國到六一八年隋煬帝被殺，還不到四十年呢，楊堅的隋朝比西晉還短。楊堅為什麼能夠統一，又為什麼會亡國，《資治通鑑》在這方面給了我們什麼啟示呢？

清朝著名的史學家趙翼在《廿二史箚記》中曾這樣講：「古來得天下之易，未有如隋文帝者。」就是說歷史上再沒有像隋文帝一樣得天下那麼容易的了。隋文帝得天下的確太容易，他入宮輔政幾個月後就當上皇帝。為什麼隋文帝有如此幸運？讓我們從一個更大的歷史背景來分析原因。

魏晉南北朝已分裂數百年，走向統一是大趨勢。走向統一，有一些關鍵的階段性節點。這段歷史中一個重要的事件，就是北魏孝文帝改革。北魏太和九年（四八五），魏孝文帝開始在他的祖母馮太后的指導下進行改革，馮太后去世以後他繼續推進改革，甚至把首都從平城遷到了洛陽。孝文帝改革的內容主要包括：俸祿制、三長制、均田制，等等。

俸祿制，就是官員吃俸祿拿工資。你可能會問，這算什麼改革？你要知道，北魏是鮮卑族建立的政權，鮮卑是草原出來的遊牧民族，他們原來哪會有工資制度呢？吃俸祿拿工資，是漢族政權的基本制度。孝文帝採用俸祿制其實是一個轉變，是它的基本國家制度——官僚制度的重大轉變。尤其是北魏建國初的拓跋珪、拓跋燾父子，在統一北方過程當中，重用了很多漢族知識分子。北方士族知識分子，像崔浩、高允，還有李沖，跟北魏政權合作，他們出主意，幫助穩定統治，高允跟崔浩一樣，當過中書令，但是家裡依然很窮。武人可以靠打仗、搶劫，獲取戰利品，還可以因戰功赫赫，得到大量的賞賜，文人要是沒有工資，又沒有其他經濟來源，就會很窮，窮到家裡飯都沒得吃。所以這個俸祿制度改革，是國家管理邁向正規化的象徵。

三長制是地方基層組織的建設，這與前面講過的商鞅建立保甲制類似。這是對此前的宗主督護制的取代。在宗主督護制下，或百室合戶，或千丁共籍，豪強隱蔽戶口，政府無法監管，也無從徵稅。三長制規定，五家立一鄰長，五鄰立一里長，五里立一黨長。「三長」就是基層幹部，其任務職責就是檢查戶口，防止隱漏，監督耕作，徵收租調，保證傜役和兵役的徵發。

均田制是土地制度，也可以說是基本的經濟制度。均田制就是通過分配的方式讓老百姓有田種，北魏太和九年（四八五）頒布的均田令，規定凡年齡十五歲以上，男子每人授「露田」四十畝，女子二十畝。露田用來種糧食，土地需要休耕輪作，也稱「倍田」（四十畝休耕輪作，就是八十畝）。家有奴婢和丁牛者，也另有授田規定。另外有桑田二十畝，無桑之地，授麻田十畝，種植桑麻等經濟作物。露田在本人年老身死後，要還給官府。桑麻之地則可以傳給子孫。此外還規定擁有若干宅基地。

均田制的推行，說明從草原遊牧走向中原農耕過程中，北魏政權認識到，發展農業的重要性，改變過去他們靠遊牧業，靠搶劫的生存方式。這些制度也成為其後隋唐帝國的立國基礎，隋唐一直推行均田制，唐代由於政局持續穩定，推行的最為徹底和全面，唐前期國家的發展就是以均田制為基礎。均田制是對漢武帝後期，至於新莽時代，「窮者無立錐之地，富者田連阡陌」，嚴重土地兼併的一種撥亂反正，也是對「授田制」下西漢前期經濟社會發展的一種制度回歸。自王莽以來，兵荒馬亂，百姓流離失所，戶口耗散，出現了大量荒地，但是，沒有政府認真解決過這些問題。

孝文帝改革的，不僅是經濟與社會管理制度，還有一個重要內容，就是推進胡漢融合。我們知道，魏晉南北朝分裂，一個重要的原因是民族矛盾。從匈奴人劉淵發難建立的劉漢，到羯人石勒的後趙統一北方，之後又有鮮卑人苻堅的前秦，和拓跋氏的北魏，都先後統一過北方。每次統一都是民族不斷融合的一個過程。所謂五胡，即匈奴、鮮卑、羯、氐、羌，五個少數民族，你方唱罷我登場。到北魏孝文帝，就進行了系統、徹底的促進胡漢融合的改革。

主要的改革措施，包括：胡漢通婚，孝文帝親自帶頭兒娶漢族姑娘；改講漢語，不得講鮮卑語，根據年齡，三十歲以下的年輕人必須要講漢語，三十歲以上稍年長的，允許多給一點兒學習時間；改姓氏，不要鮮卑姓氏了，都改漢姓，他帶頭改姓元，元是老大，大哉乾元嘛；改籍貫，都改成河南人；改用漢王朝的祭祀禮儀，尊孔，太和十七年（四九三）遷都洛陽。孝文帝的這些改革，儘管北齊、北周出現過反覆，但是整體來說，加速了北方的民族融合，為漢人出身又具有胡漢雙方人脈基礎的關隴貴族楊堅，建立以漢族為主體的隋王朝，奠定了基礎。

胡漢融合的改革，也引起了很大的問題。什麼問題呢？這就是入遷中原的鮮卑貴族，與留在邊塞鎮守的將士之間，因為政治待遇和文化生活的差異，而產生的矛盾。矛盾的集中爆發，就是北方六鎮起義。

遷都洛陽之前，北魏的首都是平城（現山西大同）。平城是靠近長城邊塞的一個城市，那裡以遊牧民族為主，在那個地方長年駐紮有許多軍鎮，以懷朔、武川、沃野、懷荒、撫冥、柔玄最著名，號為六鎮。這些軍鎮的設立是為了守衛邊疆，防止以柔然為主的草原遊牧民族南下。

六鎮靠近長城邊塞，位置很重要，不是誰都可以當六鎮軍人的。遷都洛陽前只有身分高的鮮卑貴族，才能做到六鎮軍官。可是現在情況大不一樣了，有身分的鮮卑人都遷到洛陽去了，內地定居的生活，舒適安逸，當然不是苦寒邊塞的生活條件能比的。人們的價值觀發生變化了，現在六鎮軍官們，已經不是時代的寵兒，有些在中原犯罪的人，就被發配來守邊。這樣的身分，跟原來的那些駐紮邊疆的貴族子弟，完全不同了。在六鎮內部，因軍官們對鎮民的殘酷壓迫，也有尖銳矛盾。這種情況下，懷荒鎮由於鎮將發放糧食的問題，一個非常偶然的事件，就觸發了鎮民暴動，從而引爆了六鎮起義的大火。

這時候，北魏是胡太后掌權，她兒子孝明帝元詡，年已弱冠，卻不能親政，朝政大權掌握在胡太后的情夫手裡。孝明帝不滿，想請北邊軍閥爾朱榮，入朝為援。結果消息走漏，孝明帝被胡太后及其情夫毒死，另立了一個小孩子為皇帝，後來胡太后又說這新立的皇帝其實是女孩，以此為由又換立另一個孩子為皇帝，這樣將皇帝廢立視同兒戲的做法，引起統治階級內部的矛盾。駐紮山西太原的爾朱榮，以查清孝明帝死因為由，起兵攻打洛陽，北魏的朝政就發生了混亂。經過各種複雜的激烈鬥爭，最後北魏分裂成東西兩部，高歡及其家族統治了東魏，宇文泰及其家族統治了西魏。之後，高氏北齊取代了東魏，宇文氏北周取代了西魏。

雖然這個六鎮暴動，表面上是一種對融合的反抗，實際上不過以非常手段，加速了融合而已。這次六鎮起義之後，尤其是到了北周宇文泰時期，他用府兵制和《周禮》六官的方式，把胡漢因素完全融合起來，隋文帝最終順理成章地繼承了這個融合的成果。

二　楊隋代周

楊堅之所以能統一南北，這裡邊還有幾個自身的有利條件。

第一點，楊堅是關隴集團的核心成員。六鎮起義後，宇文泰等主要是來自武川鎮的六鎮軍將，建立了西魏、北周政權，他們甚至也構成了隋及唐初統治集團的核心。這樣一個相對固定的統治集團，陳寅恪先生把它稱作關隴集團。

這關隴集團裡有什麼人呢？核心人物是八柱國、十二大將軍，八柱國有宇文泰、元欣（西魏的宗室）、李虎（李淵的祖父，李世民的曾祖父）、李弼（瓦崗軍起義領袖李密的曾祖父）、獨孤信（楊堅和李昺的岳父）、趙貴、于謹、侯莫陳崇。楊堅也屬於關隴集團，他的父親楊忠，就是十二大將軍裡面的一個。楊堅通過兩次聯姻，在關隴集團內部獲得了特別突出的位置。第一次聯姻是楊堅本人娶了獨孤信的一個女兒，獨孤信是八柱國之一，而獨孤信的另外兩個女兒分別嫁給了宇文泰的長子宇文毓和李虎長子李昺（李淵的父親）。另一次聯姻，是楊堅的女兒楊麗華，嫁給了周武帝的太子宇文贇，後來就成了周宣帝的皇后。通過兩次聯姻，楊堅實際上成為關隴集團內部一個舉足輕重的關鍵人物。北周皇上周武帝是他的親家，太子儲君未來的周宣帝是他的女婿。至少在外人看來，楊堅是關隴集團的核心成員。

第二點，楊堅其人非常有謀略。西魏、北周時期，上層權力關係錯綜複雜。他能處理好各方的關係。宇文泰臨終時，因為他兒子還小，就讓侄子——他大哥的兒子宇文護出頭，為改朝換代保駕護航。

宇文護沒有辜負所託，輔佐宇文泰的嗣子宇文覺，逼迫西魏禪讓，殺掉了西魏的皇帝。但宇文護專權，引起資深元老趙貴、獨孤信等人的不滿。宇文護除掉了這些大臣，又殺掉了宇文覺這位皇帝堂弟。繼位的宇文毓，不久也因為不滿宇文護專權而遭毒手。宇文護連續殺了兩個堂弟皇帝，權勢自然炙手可熱。當宇文泰的另一個兒子宇文邕，即周武帝即位之後，就格外小心翼翼，隱忍潛伏了十幾年，才把宇文護除掉。

在宇文護專權的時候，曾經想籠絡楊堅，納其入丞相府。但楊堅謹遵他父親的指示，始終與宇文護保持距離，避免靠得太近。所以當周武帝除掉宇文護以後，覺得楊堅不是宇文護陣營的人，在除掉宇文護的第二年，也就是北周建德二年（五七三），讓兒子娶了楊堅的女兒做太子妃。

第三點，楊堅除了家世、謀略之外，還有一些重要的社會關係。楊堅很善於處理各方面關係，包括當時宣帝身邊那些大臣，鄭譯、劉昉對他都不錯，鄭譯過去還跟他是同學。同學不一定關係都處理得好，有的同學還會反目成仇，楊堅多年以前的同學還記著他，說明他把關係處理得很好。楊堅家裡的兩個女人，即楊堅的妻子和女兒，也給楊堅一些特殊支持。楊堅的妻子獨孤氏有謀略，有廣泛的社會關係網，女兒楊麗華又在宮中。

第四點，楊堅的運氣頗好。楊堅的地位曾引起皇帝的忌憚，他為避禍想到揚州去做邊防總管。那時候揚州的首府在壽春（現安徽壽縣），是防備南朝的前線。恰好這時他的腳壞了，不能去，等腳好了時，宣帝病倒了，病重到不能說話，很快就去世了。如果不是腳壞了，楊堅也許就到外地去了；他要是到了外地，由於宇文家族的人很多，輔政的美差可能就輪不到他了。楊堅最後被請到中央去輔政，為什麼請他去輔政呢？因為周宣帝死時才二十二歲，新繼位的小皇帝才七八歲，他身邊的那兩個大臣劉昉和鄭譯沒有足夠的威望，而周宣帝之前把幾個兄弟都打發到地方上去了，這也給楊堅提供了最佳機會。楊堅能輔政，確實有他時運特別好的因素。

第五點，楊堅在關鍵時刻有人幫扶。在輔政期間，楊堅也不是沒有挑戰，很多朝廷官員態度猶豫：是跟楊堅還是不跟他？他要是篡位可怎麼辦？小皇帝身邊還有一個陪臣，他是宇文氏的宗室——周宣帝的弟弟，小皇帝的叔父。地方上還有總管尉遲迥等人，對楊堅篡位時刻保持警惕。因此，必須在關鍵時刻，有人挺身相助。比方說，禪位當天，近衛將軍盧賁，就在大家都交頭接耳、猶豫不決，不知道怎麼辦才好時，他帶著軍隊來了，到了小皇帝所在的東宮，守門的不讓進去，這個盧賁大吼一聲，瞋目叱之，守門的人都往後退了，楊堅就進去了。從當時的情境看，楊堅輔政這一步，實際上很多人是有牴觸情緒的。

第六點，楊堅輔政實施的舉措得當。周宣帝是楊堅的女婿，他當了幾年皇帝，已經把他有影響力的兄弟們，都打發到地方上去了，所以給了楊堅權傾中央的機會。那麼楊堅首先要除掉誰呢？顯然是那些北周宗室。他輔政的時候，大象二年（五八〇），恰逢千金公主要與突厥和親，他就以辦婚禮的名義，把諸王都召到中央來，然後把他們一網打盡。地方上的三總管起兵反叛，也很快被楊堅派兵鎮壓了。當時也是人心思定，楊堅輔政符合大家的期待。楊堅一開始就廢除了周武帝廢佛的政策，佛道二教在當時已經深入人心了，周武帝廢佛、廢道政策，引起了百姓的不滿，怨聲載道，楊堅恢復佛教、道教，還取消了一些繁苛的法律，這些都起到了爭取人心的作用。

最後一點，楊堅能夠取得成功，還得益於他的用人得當。他用了兩個值得拿出來討論的人。第一個是高熲，第二個是蘇威。

高熲是楊堅的親信，當時楊堅請大家出山輔政的時候，別的人還有些猶豫，高熲就很堅決地表態擁護支持，他跟楊堅說：「即使你將來事情不成，我也赴湯蹈火在所不辭。」高熲為什麼能說出這樣的話來呢？原來高熲的父親高賓，是獨孤信家族的門客，曾改姓獨孤，後來雖又恢復姓高了，但楊堅有時候還叫他獨孤，而不直呼其名。高熲跟楊堅是有私人關係的——高熲是楊堅妻子的娘家人，所以楊堅用高熲就等於是用自家人。

蘇威是高熲全力推薦的。蘇威被請出來後，楊堅很是重用，可是剛過了一個多月，聽說楊堅要禪位，取代北周，蘇威就辭職不幹了，他不願意捲入這些事兒。蘇威其人，一貫在政治上不願冒險。當初他很有名，宇文護就硬把女兒嫁給他，但宇文護專權，他怕捲入進去，就棄官而逃，躲到山中念書，隱居起來了。之後宇文護被殺，蘇威也沒受影響。現在楊堅要受禪取代北周，他又逃避了。高熲想把他拉回來，楊堅說：「他明擺著是不想摻和咱們的事，你權且放過他，等咱們事成了，再請他出來。」後來楊堅稱皇帝了，大隋的江山穩定了，又把蘇威請出來，讓他擔任各種職位，太子少保（太子的國師）、納言（宰相）、度支尚書（財政部長），後來還擔任大理卿（最高法院院長）、京兆尹（首都一把手）、御史大夫（最高監察官），五六個重要職務兼於一身。楊堅重視蘇威的才幹，給他權力很大，很集中。

蘇威的再度出山，意味著什麼呢？蘇威的出山，代表著西魏、北周的舊官僚體系，對楊堅政權的支持啊。所以用高熲呢，是用自己人，是啟用無資歷的新人，為了給人示範，雖然高熲沒有資歷，但只要忠於楊堅，就能夠當上宰相；用蘇威呢，則是要告訴那些忠於西魏、北周的舊臣，即使像蘇威那樣的人，也能重用，既往不咎。所以，讓新人攀附他，舊臣也效忠他，這就是楊堅用人的一套手法。

三 罷黜高熲

開皇九年（五八九），楊堅統一了南朝，此前又平定了突厥，江山也坐穩了，挑戰者也都收拾了。本該勵精圖治。就在此時，卻出了問題：先是蘇威下臺了，之後不久高熲也下臺了。

蘇威下臺，是因為朋黨。大約蘇威的作用已經發揮足了。但為什麼高熲會下臺呢？事情就複雜了。

首先跟楊堅的妻子獨孤皇后有密切關係。對於楊堅來說，高熲在外，獨孤后在內，相得益彰地輔佐他。可是獨孤后嫉妒心太強，她十四歲時嫁給了儀表非凡的楊堅，她相夫教子，為了楊堅的政治仕途，廣結人緣。她也喜歡讀書，跟楊堅討論時政，大多能符合楊堅的心思；而且很節儉，倡導宮中生活簡樸之風，不收藏奢侈物品。獨孤后還很有見識，有時幫助楊堅出出主意，頗得肯定，威信很高，因此，隋的開國皇帝和皇后，合稱「二聖」。

獨孤后也以善妒著稱，每次楊堅上朝，她都一路陪送著去，下朝回來，她就在門口等候，所謂「同反燕寢」。雖然講起來是夫妻情深，另外也是把丈夫看得很緊。獨孤氏當初嫁給楊堅的時候，楊堅才二十多歲，她跟楊堅講，你不能跟別的女人生孩子。最後楊堅的五個兒子，都是跟這個獨孤氏生的。楊堅那時候也不知道自己將來能當皇帝呀。楊堅沒跟皇后以外的女人生過孩子，這在歷代皇帝裡面，也屬於比較少見的。

獨孤氏概括起來有三大特點：第一睿智，第二嫉妒，第三節儉。睿智輔佐夫君，節儉也跟皇帝能合得來，楊堅也是一個非常節儉的人。但是嫉妒心強，有時就難免出事。曾經有一次楊堅親近一個妃嬪，獨孤皇后知道後就趁楊堅上朝的時候，把她給殺死了，楊堅知道後大怒，覺得當皇帝沒意思，都不想活了。他騎著馬到郊外的山谷間亂跑，最後高熲他們把他找回來，「扣馬苦諫」。楊堅嘆息道：「吾貴為天子，而不得自由！」我當皇帝都沒有自由，沒有喜歡別的女人的自由。高熲勸他說：「陛下貴為天子，豈以一婦人而輕天下？」怎麼能因為一個女人就把天下都不要了呢。楊堅慢慢明白過來了，待到半夜才回宮，夫妻倆又和好如初。當然，此後獨孤皇后可能也收斂點了。後來高熲說的話被傳到獨孤皇后耳中。高熲居然敢說皇后不過是一個婦人，讓皇帝不要跟婦人一般見識。獨孤皇后覺得高熲太不把自己放在眼裡了！從此，獨孤皇后就懷恨在心，一心想除掉高熲。

罷免高熲，更直接的原因，還涉及太子廢立一事。隋文帝當了二十三年皇帝，廢太子、罷高熲是他的一個轉折點，是他晚年昏政的標誌性事件，而這兩件事情是有密切關係的。

高熲和太子楊勇是兒女親家，高熲的兒子娶了太子的女兒，高熲自然就被視為太子一黨。其實，這段婚姻，當初還是隋文帝為了表達對高熲的重視而結成的，是一種政治聯姻。可是現在呢，高熲成了楊勇的親家，隋文帝把對高熲和太子的不滿，兩者疊加到一起了。

有幾件事，促成了太子楊勇被廢。第一，楊堅不願意過早地把皇位傳給太子。在歷史上，太子的位置都是非常尷尬的。作為皇帝會怎麼看太子呢？他發現太子的任務就是等自己死，他好來接班。所以身為太子的人，要特別小心，皇帝要是看著這個人不合適，就會起疑忌之心，以為他盼著自己早死，好早點接班。早在開皇初年，就有人上書，建議隋文帝讓位做太上皇，把皇位傳給太子。隋文帝對此非常不高興，說：「朕承天命，撫育蒼生，日旰孜孜，猶恐不逮。」我還年輕，奉天承命撫育蒼生，努力工作還恐怕來不及呢，怎麼能效法近代的皇帝，把皇位交給兒子，自己去享福呢？因為他的女婿周宣帝，是二十多歲就讓位了，去當太上皇，把皇位交給他了六七歲的兒子，所以楊堅很忌憚這事，不會去效仿。這個事情後不久，楊堅就讓太子楊勇出鎮洛陽了。

楊堅從此對於太子的許多事情特別敏感。比如東宮的宿衛衛隊，楊堅下令把壯勇的士兵都挑走，只留下些老弱病殘的。宰相高熲提出異議，說：「健壯的衛士都挑走了，東宮宿衛力量太弱了。」楊堅不高興地回應道：「我進進出出的，需要壯勇的衛士護衛，太子是儲君，他要這麼多身強力壯的衛士幹什麼？前朝的各種陳規陋習，我見得多了，你不需要跟我說這個。」高熲沒有注意到自己已經被打上太子黨記號了，他越是堅持為太子說話，就越引起楊堅的猜疑。

第二，太子楊勇沒有多少心機，不懂得去琢磨父母的心思，盡量讓父母高興，以保證他能順利接班。據史書上記載，太子楊勇生了許多孩子，有一次隋文帝封了七八個王，都是他的孩子，但太子孩子雖然多，卻沒有一個是和太子妃生的。我們前面提到，獨孤皇后把丈夫管得嚴嚴的，沒有跟別的女人生孩子，她也最討厭大臣跟自己的小妾生孩子，但現在她的兒子與「小妾」生了那麼多孩子，卻沒有跟正妻（太子妃）生一個，而這個兒媳呢，是母后獨孤皇后親自給太子選定的。太子的作為，嚴重違背了獨孤后的立場！使他媽媽獨孤后非常不高興。

要命的是，高熲也有一件類似的事兒，觸犯了獨孤后的忌諱，也因此和楊堅產生了芥蒂。高熲妻子去世後，隋文帝和獨孤皇后打算給他續個弦，楊堅就告訴高熲說：「皇后讓我給你再娶個老婆。」高熲流著淚辭謝，說：「我年紀大了，現在就吃齋念佛，不願再續弦了。」人家不願娶了，文帝只好作罷。不久，高熲的侍妾生了個孩子。開始，楊堅還挺高興的，向皇后商量送禮物祝賀，獨孤皇后卻沉下了臉，不高興地對楊堅說：「陛下，你還能相信高熲嗎？你想為他娶媳婦，他說天天信佛念經、吃齋吃素，不願續弦了。實際上他是已經有個愛妾在了，高熲是心存愛妾、面欺陛下啊，他這個人愛說謊，這事兒已經很清楚了。」隋文帝聽後覺得有道理，從此就更疏遠高熲了。

隋文帝之所以罷免高熲，史書上還記載了其他幾件事。比方說隋文帝打高麗，雖說是讓小兒子楊諒當元帥，但那是掛名的，儘管高熲名義上是幕僚長（長史），但實際上是他主持討伐工作。高熲一開始就反對打高麗，認為當前不是打高麗的時候，但隋文帝堅持不聽。結果那次遠征高麗無功而返，獨孤皇后就更添油加醋了，說：「我就知道這次出征不會成功，高熲本來就不想去，是你強迫他去的，他怎麼能成功呢？」偏偏楊諒回去還跟他父母哭訴，說自己差點被高熲所殺，因為在前線高熲擅作主張，不聽他的。楊堅聽了以後更不高興了。再如，高熲帶兵去打突厥，乘勝追擊時，曾經要求文帝增兵。文帝心裡很懷疑：「高熲是要造反嗎，為什麼要增兵？」就在朝廷還沒回應增兵不增兵呢，高熲已經打敗突厥，班師回朝了。隋文帝對這件事就更加疑慮了。再加上涼州有個地方軍官犯罪，審問供出了很多事，說是從高熲那裡聽來的，隋文帝更是大吃一驚，一個朝中宰相，怎麼跟邊防的軍官有這麼密切的往來呢，怎麼能洩漏朝廷的機密呢？所以這樣查來查去，最終把高熲免職，讓他回家了。

高熲除名為民，他倒絲毫也不介意，他母親曾經告誡過他：富貴到極點了，就離遭遇禍患不遠了，一定要謹慎。高熲為此小心謹慎，總怕出事，現在呢，除名為民了，是個平常老百姓了，「歡然無恨色」，一點都不遺憾。可是高熲被罷免，換楊素執掌朝政，太子楊勇就危險了。

四 廢勇立廣

太子楊勇被廢，除了受到高熲的影響外，還有幾件事兒讓隋文帝不喜歡。楊勇肆意淫樂，他身為儲君不知奉行節儉，不僅朝廷閱兵，破壞宮規，而且冬至節令，東宮百官朝賀，場面張揚，大有天子朝賀之勢。相比太子，楊廣那邊卻大不一樣。楊廣善於偽裝，跟別的女人生的孩子都不撫養，始終只跟蕭妃在一起；只要是獨孤皇后或隋文帝派去的人，不管身分高低，他都遠接高迎還送禮討好，所以皇帝皇后身邊的人，都說楊廣好。時間長了，情況就逐漸地發生了變化，隋文帝越來越喜歡楊廣而厭惡楊勇。

廢太子事件裡，還有一些家長里短的生活瑣事。比如楊勇的寵妃雲兒生了個兒子，這個孩子按年齡排序是楊堅家的長孫，爺爺奶奶喜歡得不得了，就抱去逗著玩兒。可是沒過多長時間，太子夫婦就派人把兒子抱回來了，這下惹楊堅夫婦不高興了：祖父母想看看孫子，在這兒沒待多長時間就抱走，什麼意思嘛！就是這些生活瑣事，以及隋文帝對楊勇想早日登基的疑懼，使他產生了廢太子的想法。

心裡有事，就會疑神疑鬼。對太子楊勇心存疑懼，楊堅總覺得有人想害他，連拉肚子上廁所都害怕。他甚至說，從郊外回到宮中，就像進入敵國一樣。文帝的疑懼再加上楊廣的離間計，使得楊堅更加堅定廢楊勇而立楊廣為太子的決心。

楊廣用的什麼離間計呢？他要去揚州做總管的時候，向獨孤皇后辭行，哭著說：「母后呀，不知道我哥哥為什麼總想加害我，我很害怕，怕哪一天被他毒死。」獨孤皇后聽了很生氣，她本來早就對太子不滿意了，現在覺得不能再拖下去了，所以她就下決心加快步伐，廢勇立廣。廢立太子一事最後在楊素等人的推波助瀾下，楊廣又收買了東宮的官員，讓這些官員誣告太子，最終楊勇被廢了，立楊廣為太子。

毛澤東曾經點評這段歷史，認為是「蘊藏大亂」。唐太宗也講「隋之興亡，系（高）熲之存沒」，認為罷免高熲，是隋文帝政治由明到昏的轉折點。

楊廣執政後，做了很多驚天動地的事，修運河，建東都，西巡張掖，東征高麗，北修長城等。楊廣做得太多、太急、太狠了，激起老百姓的不滿。當時大隋統一天下時間不長，國家還不太鞏固。我們發現隋末起義造反的，都有規律可循：南邊的是原來南朝，東邊的是原來北齊、東魏，北邊的是與突厥有關的，另外個別反叛的就是西邊的那些豪強。其他地方，如關中、巴蜀都比較穩定。凡是起義造反的地方，都是有一定歷史原因的。另外，除了農民起義之外，還有統治集團內部的反叛，像楊玄感那樣的一些基層軍官，府兵的軍官，當然還有像李淵這樣的關隴集團貴族。

五　二李得失

在官僚集團內部反叛的人中，有兩個李家人——李密和李淵。下面我們講一講他們兩個人的成敗得失。

李密和李淵，都是關隴集團的成員。李密的曾祖父李弼，是輔佐宇文泰的猛將，八柱國之一；李淵的祖父李虎也是輔佐宇文泰的猛將，也是八柱國之一。在隋朝的時候，李密的職位不如李淵，一是李密比較年輕，另外李淵跟隋皇室有親戚關係，李淵的母親跟獨孤皇后是姊妹。雖然李密的地位略低，但是在隋末的起義軍中，李密的條件不比李淵差，他跟楊玄感關係很密切，而楊玄感是當時宰相楊素的兒子。隋煬帝第二次遠征高麗的時候，楊玄感作為禮部尚書督運糧草，就在黎陽那裡起兵了，李密參與了楊玄感起兵。楊玄感起兵失敗後，李密就逃到了瓦崗寨，在瓦崗寨得到了翟讓的軍隊，最後在中原地區有了一塊自己的地盤，兵至數十萬，號稱百萬。這是李密的情況。

李密起兵時李淵在幹什麼呢？李淵這時候在太原。李淵用謀略的方法，翦除了隋煬帝派去監視他的兩個副手後，也起兵了。

李淵起兵三萬人，李密率兵至少三十萬，號稱百萬；李淵在山西，李密在河南洛陽附近。從實力一看就知道李密占優勢，但最後卻是李淵得天下，李密連命都不保。為什麼呢？我們只要從整體戰略和細節策略來分析一下，就能明白其中的原因。

李密接管翟讓的軍隊以後，雖然策略上有失誤，比如說他殺掉翟讓，影響了內部的一些團結穩定，但是這不是大事，他手下也有一批猛將，如徐世勣、程咬金、單雄信、秦叔寶等。後來這些人中的大多數都被李世民收到麾下，這是後話了。李密開始在中原的形勢很好，但他有幾處敗筆，直接導致了日後的下場。

首先李密的戰略目標不清晰，而且有前後矛盾之處。「罄南山之竹，書罪無窮；決東海之波，流惡難盡。」他發表檄文聲討隋煬帝，那就是以推翻隋王朝為目的，但要建立什麼呢？他沒說，他也不知道。那時候「木子李有天下」、「楊氏當亡，李氏當興」的讖言大興，李密也是「李氏」中的一個，所以好多人看好他。雖然他打出了聲討隋煬帝的旗號，但他沒有像東漢光武帝劉秀那樣，豎起自己的旗幟稱帝。當時東都洛陽被隋朝皇太弟據守，洛陽城高池深，裡面的積蓄多、人多、兵也多，唯一就缺糧草。

大業十四年（六一八）三月，大概是一個桃樹開花的季節，江都（揚州）的禁衛兵發動兵變，隋煬帝被宇文化及殺害，東都洛陽留守朝廷，擁立煬帝之孫越王侗為帝，史稱皇泰帝。宇文化及帶著軍隊北上時，遭遇到了李密的軍隊。之前李密的目標一直是跟隋作戰，這個時候他應該怎麼辦呢？照理說他應該跟宇文化及合作，或者階段性合作，因為目前的目標是反隋嘛。可他不是，他居然接受了東都的招降，聲討宇文化及：「你世受國恩，怎麼能把皇帝殺了呢？你是弒君之賊！」這就看出，李密的戰略目標不清晰，策略上前後矛盾。他拿了皇泰帝的一紙空文，就開始真槍實刀地跟宇文化及去死拚了。他打宇文化及的戰略目標是什麼，是為了贏得全國，還是為了隋煬帝申冤報仇呢？他自己都不是很明確。這個李密很糊塗啊，剛剛不久前還在罵隋煬帝「罄竹難書」，但現在有人把那個「罄竹難書」的人殺了，他就罵這個人弒君，還接受隋的招降，由此看出李密的戰略目標非常不明確，甚至可以說很混亂。就在他跟宇文化及打得兩敗俱傷的時候，東都洛陽的大將王世充發動政變，奪得政權，處死了那些想結交李密的人，並進攻李密，把李密打得一敗塗地。

反觀這個時候的李淵是怎麼做的呢？隋末煬帝在揚州的時候，李淵在太原，他只帶了二兒子李世民在身邊，而把大兒子李建成和小兒子李元吉留在老家河東（現山西運城）。他到了太原，太原的軍隊守軍少，當時突厥來犯，他們的處境很危險。這時候李世民就想鼓動父親起兵，李淵已五十來歲了，是個老官僚，做事持重，他目睹幾年前楊玄感失敗的事，就不敢輕舉妄動。李淵不是不想動，他很沉穩，史書記載說李淵是被動起兵的，其實不是，李淵老謀深算，這從他後面那幾手就看出來了。

既然要造反，那首先得把軍隊調動起來。怎麼調動軍隊呢？他把大家召來開會，說：「你們看現在突厥大兵壓境，我們要調兵必須要上報皇上批准，但皇上遠在揚州，有幾千里之遙，而且現在各地盜賊蜂起，路況也不暢，你們看怎麼辦好呢？」被派來監督李淵的王威、高君雅答道：「你是宗親，跟皇家是親戚，又是賢能的國士，你自己做主吧。」李淵說：「好吧，那我們就調兵。」調兵最終招募了上萬人，王威、高君雅看到軍隊大量集中，開始有點兒懷疑李淵的動機了，就對武則天的父親武士彠講：「現在唐公招的這些人，什麼長孫順德、劉弘基都是亡命之徒，讓他們帶兵怎麼行呢？」武士彠是向著李淵的，他說：「這兩人都是唐公的賓客，你要是把他們逮起來，會引起軒然大波的。」王威、高君雅只好作罷。也有人勸王威他們調查一下募兵的情況，以摸清李淵調兵的真實意圖。武士彠跟這人講：「唐公是管這個事的，這些軍隊都歸唐公管，王威他們能管什麼用呢？」所以武士彠還真是幫了一些忙，消弭各方的懷疑。李淵知道王威對他的募兵有所懷疑，他故意開會處理政務。當時太原的一個縣令劉文靜也參加起兵了，他帶著人來說有祕事要報告，李淵就示意王威、高君雅說：「你們把報告拿上來。」沒有想到，來人說，這個是給唐公的密報，只有唐公一個人才能看。結果一看，密報內容是說王威、高君雅暗地勾結突厥來偷襲。高君雅擼起袖子，大聲嚷起來，這不過是想謀反的人誣告我而已。李淵下令把他們拿下了。果然，過了幾天，真有突厥來進攻了，所以大家就毫不懷疑地認為，真是王威、高君雅引來的突厥軍隊，最後就把他們兩個人給砍了。

解除了掣肘，李淵就放手做起兵的準備。

六　天下歸唐

那麼，起兵之後，下一步做什麼呢？當然得到長安去。那怎麼占領長安呢，又打出什麼旗號呢？當時，在太原的李淵，面對三股勢力：北邊是突厥，東面有李密，西面長安還有朝廷，李淵採取了北盟突厥、東和李密、西扶朝廷的策略。這一系列策略的聯動效應，是李淵超越李密，摘取大亂成果的重要原因之一。

首先是北盟突厥。突厥在隋煬帝時代又強大起來，李淵來太原的任務之一本是守塞防邊的。現在，李淵派人去跟突厥說：「我要舉義兵到長安迎主上，我們兩家和好，恢復跟你的和親。」隋煬帝曾經得罪突厥，改變了他父親文帝跟突厥和親的政策，所以突厥對隋煬帝很憤恨。突厥回信說：「如果你取代隋，我就支持你。」這個信帶回來以後，部將們都很高興，認為有突厥支持，李淵起兵反隋，增加了勝算，是一件好事。但是李淵不肯反隋，就是不肯打出取代隋的旗號。李淵這一點很令人佩服，李淵知道現在打出反隋的旗號，不是最好的時機。當時有部下催李淵答應突厥的要求，還說：「我們缺的是馬匹，如果拖延不回，恐怕生變故。」可李淵就是不肯點頭。最後還是裴寂出了個主意，說：「咱尊隋煬帝為太上皇，立在長安的代王為皇帝，我們還是為了安定隋王室才起兵的，為了表示跟過去不一樣，我們發文到各個地方，旗幟的顏色一半是白色的，表示臣服突厥，一半是絳色的，表示仍忠於隋王室。」這不是掩耳盜鈴嘛，但是李淵還是這麼做了。李淵採取這個政策是為什麼呢？因為他以扶隋為口號，會最大化的消弭一些反對力量，擁護隋王室的人一看唐公不反隋，就願意參加李淵的隊伍；反隋的人也看得清楚，李淵不就是掛羊頭賣狗肉嗎，他至少跟隋是不一樣的，所以也願意參加李淵的隊伍。所以，李淵離開太原的這三萬人，打到長安一路順利。

第二是東和李密。背後的突厥搞定了，西向長安，東都附近的李密是一個壓力。李密這時做了各路義軍盟主，他就讓人給李淵寫信爭取支援，信中說：「我雖然沒什麼本事，但是四海英雄都推舉我，我們雖然不是一個李，但是從根本上還是同族，派流雖異，根系本同，希望你能夠支持我，咱們戮力同心，『執子嬰於咸陽，殪商辛於牧野』。」就是讓李淵支持他改朝換代，信末約李淵到河內來面見並簽盟約。

李淵看到這信以後，就笑李密有點狂妄，說：「我們不如採取驕兵之計，讓他幫我把東邊的敵人拖住，使我在西邊專心來經營，以便我坐觀鷸蚌之爭。」你看，李淵多有謀略呀！為了穩住李密，李淵給他寫了一封回信，回信是這麼講的：「吾雖庸劣，幸承餘緒，出為八使，入典六屯，顛而不扶，通賢所責。」什麼意思呢？就是說我雖然沒什麼本事，但是畢竟也是一個將門之子，是隋王朝的輔弼之臣，出為八使，入典六屯，擔任軍事將領，王朝現在這樣危險，我如果不出面出來扶持，那不是被人責怪嗎，我起兵就為這個，我必須要盡我的一份責任來扶持隋王室。但是「天生烝民，必有司牧」（司、牧，就是管理、治理的意思），總該有人來管治吧，當下的情況，要出來擔當起這份管治責任的，除了你還能是誰呢？老夫年逾五十知命之年，從來沒有這個想法。如果能擁戴大弟，那我就是攀龍附鳳，我就高攀了，希望你早膺圖籙（「木子李有天下」），以安天下百姓之心呀，將來如果李氏宗族裡面有我一個位置，我就非常感到滿足和榮幸了。李密看到李淵這封信，跟他講了這麼多吹捧的話，說自己絕對沒有改朝換代的意思（「執子嬰於咸陽，所不忍言；殪商辛於牧野，未敢聞命」，造反犯上的事，想都不敢想！），將來就是擁戴他李密了，表示如果你李密成功了，給他一口飯吃，就滿足了。李密高興得不得了，以為唐公推戴，天下不足定也！你看，李淵就是這樣迷惑李密的。

第三是西扶朝廷。李淵很快就從太原打到了長安。到了長安以後，李淵的隊伍已經從三萬壯大到二十多萬了，可見他的策略還是非常有效的。他立了一個代王侑（隋煬帝的孫子）為皇帝，挾天子以自重，實際上是自己掌權。五月，隋煬帝的死訊傳到了長安，李淵就出來當皇帝了。

李淵雖當了皇帝，但天下這麼大，有許多割據稱帝的人，如竇建德、王世充、輔公祏、杜伏威等都是各地稱帝的，西邊還有李軌、薛舉，南方還有蕭銑等幾十個割據勢力存在著，怎麼才能把天下統一呢？這就需要在李淵的整體領導下，李世民等人軍事上不斷消滅各股割據勢力，完成統一工作了。

李密這時已徹底沒有機會了。李密被王世充打敗以後，他投降了唐朝，李淵表面上客客氣氣，實際上給了他閒散的職務——光祿卿。光祿卿是宴會當中，主持宴會安排工作的。李密深以為恥，假稱要去東邊召舊部，而密謀再次起兵反叛，被李淵部將殺死，然後傳首長安。可憐雄心勃勃的李密，就此結束了他的一生。

李淵統一稱帝，而李密身首異處。這兩個人的命運如此不同。李密儘管開始形勢很好，李淵遠不如他，可是李密隨後的發展路線、謀略策略都太愚蠢，發展路徑不清楚，以至於他成了一個幫助李淵在中原消耗敵對勢力的替罪羊，為李淵所利用。相比李淵就大不一樣了，他的戰略很清晰，策略很成功。隋恭帝義寧二年（六一八）四月，即李淵、建成父子都打到東都附近了，東都的人甚至想回應他們，但是李世民說不行，認為即使得到東都也守不住，於是就故意退出來，把這個東都的難題留給李密。所以在策略上，李淵確實是坐山觀虎鬥，鷸蚌相爭，漁人得利。其實隋朝末年具備統一實力的，最有希望的就是李淵和李密，但是李淵最後能一統江湖，李世民軍事上的勝利厥功甚偉，幾場關鍵性的戰爭都是李世民打的。李淵西面消滅薛舉、薛仁杲，降服李軌時丟了太原，李世民去把太原收回來。包圍河南王世充時，河北竇建德趕來救援，李世民擊潰竇建德，降服王世充，後來李世民又去平定河北的叛亂。

李世民不僅戰功卓著，而且他後來用人納諫，成就了貞觀之治。所以李世民是真正跟他父親李淵一起，締造了大唐王朝的關鍵人物。大唐是中國歷史上最長的一個王朝，將近三百年。西漢二百十五年，東漢一百九十六年，宋朝的北宋、南宋本身就是分裂的，各有一百多年，明朝、清朝都是二百六七十年。所以大唐盛世是中國歷史最長的王朝，這是從魏晉南北朝的長期分裂，隋出現短暫統一，到李淵、李世民父子建立唐王朝，中國又出現了一個盛世。前面是漢，現在是唐，所以我們這個民族叫漢族，我們華人在外面定居了叫唐人街。漢唐是中華民族的代表性符號。

（參見《資治通鑑》卷三十六至卷一百八十五）

【第十九講】

治世明君

從馬背到龍椅，唐太宗李世民認識到文治教化才能真正幫助他征服天下。他能知人識人，用人如器，各取所長而不求全責備，起用了大批人才輔佐他治國，這是他得以開創盛世的一個重要因素。

在皇帝制度下，對皇權沒有制度化的約束機制，因此，皇帝對臣下意見的準確判斷和自我約束力，就顯得尤為重要。《貞觀政要》所討論的重點並不是如何駕馭臣下，而是如何約束皇帝及其權力，這正是李世民超邁古今帝王的所在。

唐太宗李世民，是一個名垂青史、家喻戶曉的皇帝，是一個與秦皇漢武齊名、有文韜武略的皇帝，是一個曾經被封為法家代表人物的皇帝，是一個因執行所謂「讓步政策」而開創了貞觀之治的皇帝。

但是，若問是什麼成就了唐太宗？似乎迄今並沒有現成的答案。

歷代文人學者和政治家中推崇唐太宗者大有其人。明憲宗朱見深成化元年（一四六五）八月初一日為新版《貞觀政要》作序就說：

> 朕惟三代而後，治功莫盛於唐。而唐三百年間，尤莫若貞觀之盛。誠以太宗克己、勵精圖治於其上，而群臣如魏徵輩感其知遇之隆，相與獻可替否，以輔治於下。君明臣良，其獨盛也宜矣。

朱見深認為三代以下以唐代為最盛，而唐代三百年以唐太宗及其貞觀之治為最盛。在明朝這位皇帝看來，唐太宗李世民不啻是千古一帝！

李世民是唐高祖李淵的第二個兒子，在玄武門之變中取得帝位，難免屠兄奪位之譏，其情形大體與隋煬帝楊廣得位相類。唐太宗當皇帝不過二十三年（與明憲宗在位時間相當），比他享祚久長的皇帝大有人在；貞觀時期的全國人口不過三百萬戶，遠遠不及隋煬帝和唐玄宗時期的九百萬戶左右的規模，這反映出當時的經濟發展水準依然處在恢復期。那麼，唐太宗憑什麼被推為千古一帝呢？

一　文武治道

識時務者為俊傑。唐太宗就是一個識時務的俊傑！晉陽起兵前，老謀深算的李淵曾對提出起兵反隋建議的年輕小夥子李世民說：今化家為國，或破家滅族，都由汝而起。現在的史家大都認為起兵是唐高祖李淵蓄謀已久的心思，並非李世民的首謀，李淵的話只是對自己的掩飾和對後生的勉勵之辭。做這個翻案文章的關鍵證據出自溫大雅的《大唐創業起居注》，該書封筆於李淵在位之時。論者咸謂此乃第一手資料，未經太宗時的史官篡改。但是，誰又能保證當時人記當時事，不是取悅高祖的附會之詞呢？不管如何，十八歲的李世民已經察覺到天下可為，堅定了父親起兵決心，嗣後東征西討，功勳冠於諸王子及諸武將，是無可置疑的。

無論是進軍長安途中，清除河西肘腋之患，還是在平定山東、河北的勁敵的戰爭中，李世民不僅身先士卒，作風勇猛頑強，而且運籌帷幄，指揮若定，以善用騎兵、善於集中優勢兵力等戰術，經常出其不意地打敗強敵，表現了傑出的軍事才能。後來的敉平突厥與征服高昌，也都表現出雄才大略和遠見卓識。

但是，有一件事令這位梟雄心情難平，那就是他平定山東不久，河北地區在竇建德舊部劉黑闥的領導下再次舉兵，山東舊地，大體皆叛。倒是李建成採納魏徵的以招撫為主的懷柔政策，穩定了山東地區。這件事幾乎是當年隋朝平定江南的重演。隋朝滅陳之後不久，出現反覆，「陳之故境，大體皆反」。後來楊廣恩威並用，才穩定了對南方的控制。

本朝的經驗和前朝的教訓，對於年輕氣盛的李世民轉變觀念影響很大，那就是不能完全靠武力征服天下！唐太宗即位後就宣布說：「朕雖以武功定天下，終當以文德綏海內。文武之道，各隨其時。」這就是很識時務的看法。

經歷從馬背到龍椅的轉變，唐太宗開始改變統治策略。他廣納賢才，表現得比任何一個前代帝王都重視文士。他在藩邸就召集了大批文人學士，設立文學館，館中著名的十八學士如房玄齡、杜如晦、于志寧、褚亮、姚思廉、陸德明、孔穎達、虞世南等都是一代英才。或以政治韜略見長，或以才學蓋世見用。同時，他還有天策上將府，安置隨己征戰的武將們。文臣武將，各得其所，對於貞觀年間的政治和文教事業的發展，起到了重要作用。

太宗即位之初有一次關於治國方略的大討論。大亂之後，究竟是用重典懲治刁民，還是「撫民以靜」，與民休息？在關鍵時刻，這個縱橫疆場十餘年的統帥作出了英明的決策，他說：「凡事皆須務本。國以人為本，人以衣食為本，凡營衣食，以不失時為本。」因此，他推行以民為本的政策，輕徭薄賦，使民以時；關心民瘼，澄清吏治，為恢復瘡痍滿目的唐初社會與經濟奠定了正確的政治路線。

二　治國用人

唐太宗治國，有許多過人之處。其中尤以善於用人為世人稱道。他曾經與大臣討論隋文帝施政得失。有大臣認為隋文帝是一個兢兢業業的君主，太宗卻對於隋文帝以察察為明很不以為然。他認為隋文帝之失在於不懂得放權，不信任臣下，有大事小事一把抓的毛病。他說：「以天下之廣，四海之眾，千端萬緒，須合變通。皆委百司商量，宰相籌畫，於事穩便，方可奏行。豈得以一日萬機，獨斷一人之慮也？且日斷十事，五條不中，中者信善，其如不中者何？以日繼月，乃至累年，乖謬既多，不亡何待？」唐太宗認為，「廣任賢良，高居深視，法令嚴肅，誰敢為非？因令諸司，若詔敕頒下有未穩便者，必須執奏，不得順旨便即施行，務盡臣下之意。」

敢於用曾經反對過自己的人，反映了唐太宗的膽識。其典型事例是重用魏徵。魏徵在隋末詭為道士，初投瓦崗軍，曾效力於李密帳下，後歸依竇建德。所投皆為李世民平定山東時的敵對勢力。及竇為唐軍所破，乃在太子李建成東宮效力，官至太子洗馬（掌東宮的經籍之事），他雖職位不高，卻自稱曾經勸諫李建成在與李世民的爭鬥中先下手為強。這樣一個幾乎處處與太宗為敵的人，李世民卻能因愛惜魏徵的曠世奇才而摒棄前嫌，委以重任。又如，范陽盧承慶雖然是參加晉陽起兵的元從功臣，但父、祖皆隋官。貞觀中，太宗任其為民部侍郎和兵部侍郎並兼選舉，盧承慶自辭「越局」。太宗不允：「朕今信卿，卿何不自信也。」太宗能夠團結曾經是自己敵對陣營的人才，這對於穩定唐朝初年的政治局面，籠絡人心，減少反對派，具有重要作用。

太宗說：「朕以天下為家，不能私於一物，惟有才行是任，豈以新舊為差？」「今所以擇賢才者，蓋為求安百姓也。用人但問堪否，豈以新故異情？凡一面尚且相親，況舊人而頓忘也！才若不堪，亦豈以舊人而先用？今不論其能不能，而直言其嗟怨，豈是至公之道耶？」這樣的話在今日也具有現實意義。

用人如器，各取所長，不求全責備，反映了唐太宗的明智。他說：「人才有長短，不必兼通。是以公綽優於大國之老，子產善為小邦之相。絳侯木訥，卒安劉氏之宗；嗇夫利口，不任上林之令。舍短取長，然後為美。」他對於自己的大臣的所長所短，瞭若指掌。如評長孫無忌，「善避嫌疑，應對敏速……而總兵攻戰，非所長也」。評高士廉，「涉獵古今，心術聰悟，臨難既不改節，為官亦無朋黨；所少者，骨鯁規諫耳」。評房玄齡、杜如晦，不善於理獄，不擅長處理雜務瑣事，長處是多謀善斷。說戴冑的短處是「無學術」，但敢於犯顏執法。說博陵崔敦禮，「深悉蕃情，凡所奏請，事多允會」。總之，唐太宗懂得「人之行能，不能兼備。朕常棄其所短，取其所長」。

三　克己納諫

如果只是以上這些，唐太宗還只是眾多帝王當中的傑出者之一，還談不上超邁古今！

宋朝史家范祖禹評價唐太宗說：「迹其性本強悍，勇不顧親，而能畏義而好賢，屈己以從諫，刻厲矯揉，力於為善，此所以致貞觀之治也。」意思是說唐太宗本來是一個彪悍勇武之人，可是他能夠畏義好賢、屈己從諫，「刻厲矯揉，力於為善」。這幾個用詞值得深加玩味，用現代的話說就是要對道義保持敬畏，對賢者保持尊敬，不要固執己見，要聽從臣下的諫諍，努力改過遷善。其總的意思其實就是朱見深總結的「克己」二字，即對自己的欲望、偏見保持克制的態度。

「克己」才是評點太宗的點睛之筆！

最能體現唐太宗治國思想的文獻，首推吳兢所撰《貞觀政要》一書。這是一部帝王的教科書！該書的重心，無論是處理君臣關係，還是闡明帝王之道，其要害都是「克己」：

——「舟所以比人君，水所以比黎庶，水能載舟，亦以覆舟。」對人民的力量表示敬畏，所以要約束自己的行為。「天子者，有道則人推而為主，無道則人棄而不用。誠可畏也！」敬畏方能克己。

——「每商量處置，或時有乖疏，得人諫諍，方始覺悟。若無忠諫者為說，何由行得好事！」忠言逆耳，有自知之明，方能接受諫諍，約束自己。

「克己」當然包括克制自己的物質享受欲望。唐太宗自己就說：「朕每思傷其身者，不在外物，皆由嗜欲以成其禍。若耽嗜滋味，玩悅聲色，所欲既多，所損亦大，既妨政事，又擾生民……朕每思此，不敢縱逸。」從社稷蒼生的角度考慮，不敢放縱自己的口腹之欲、聲色之欲，這就是克己！其實值得每一個位高權重者引為鑑戒。

一個皇帝要做到「克己」，前提是有自知之明。貞觀初，太宗曾經用自己親身經歷的例子說：「朕少好弓矢，自謂能盡其妙。近得良弓十數，以示弓工，乃曰：皆非良材也。朕問其故。工曰：木心不正，則脈理皆邪，弓雖剛勁而遣箭不直，非良弓也。朕始悟焉。朕以弧矢定四方，用弓多矣，而猶不得其理，況朕有天下之日淺，得為理之意，固未及於弓。弓猶失之，而況於理乎？自是詔京官五品以上，更宿中書內省，每召見，皆賜坐與語，詢訪外事，務知百姓利害、政教得失焉。」唐太宗從自己對於弓箭的認識誤區體悟到自己對於治理天下缺乏經驗與才識，因而需要訪問群臣對於治理天下百姓的意見，豐富自己的見識。為此，太宗對臣下說：「人欲自照，必須明鏡；主欲知過，必藉忠臣……公等每看事有不利於人，必須極言規諫。」前說魏徵有奇才，魏徵之奇主要表現在他敢於向皇帝說真話──諫諍。

進諫是中國古代政治生活中很特別的一項制度。國家設置了一批諫臣，其職責是給皇帝提意見，號稱「言官」。朝廷作出決策，必須先聽他們的意見，其他官員如果先諫官而言事，被視為舉事不當。魏徵向太宗進諫，前後二百多條。魏徵不僅在唐朝以休養生息、注重教化的基本國策的辯論上，在廢除分封制度、完善郡縣制度的政治方針的施行上，提出正確的見解，而且在許多生活細節上，也給太宗以很好的規諫。特別要提到的是魏徵〈諫太宗十思疏〉：

君人者，誠能見可欲則思知足以自戒，將有作則思知止以安人，念高危則思謙沖而自牧，懼滿溢則思江海下百川，樂盤遊則思三驅以為度，憂懈怠則思慎始而敬終，慮壅蔽則思虛心以納下，想讒邪則思正身以黜惡，恩所加則思無因喜以謬賞，罰所及則思無因怒而濫刑。

這十條幾乎條條都是針對人性的弱點，告誡太宗在方方面面要約束自己。魏徵總是言人之所難言，即使太宗不能一下子全部接受，事後總能作出反思，克制自己的脾氣與欲望，從而成就了求諫納諫的佳話。太宗說：魏徵的「隨時諫正，多中朕失，如明鏡鑑形，美惡必見」。太宗還總結了「以銅為鏡，可以正衣冠；以古為鏡，可以知興替；以人為鏡，可以明得失」的千古名言。

四　律身「帝範」

中國從秦始皇建立皇帝制度以來，就實行中央集權的專制制度。在近代以前，廣袤的區域之間，各地經濟聯繫有限，而施行統治的通訊手段和技術工具都相當落後，「溥天之下莫非王土，率土之濱莫非王臣」，中央集權的皇帝專制制度，對於維護中華民族的統一和發展有其歷史作用。但是，皇帝制度有與生俱來的內在缺陷，那就是缺乏制度化的權力約束機制。到唐朝逐漸完善的諫官制度，對此可以說是一個補救措施。但是，諫官拿什麼來說服皇帝呢？由商周時代的「天命」思想演變而來的「天意」有一定作用；孟子以來特別強調的「民貴君輕」的民本思想（民意）也有一定作用；東漢以來大行其道的讖緯及其流衍祥瑞與災異，也成為警示帝王行為的一種約束力量；宋代以後，祖宗之法又成為限制守成君王的一種規範工具。

但是，所有這些都不是制度化的約束手段。在皇帝制度下，本來就沒有一個制度化的對最高權力的約束手段。於是，皇帝的行為只能靠皇帝自己來約束，這就是皇帝制度中強調「克己」的重要性。范祖禹提出：「人主之所行，其善惡是非在後世，當時不可得而辨也。」皇帝是至高無上的權威，皇帝行事的是非對錯，當時怎麼能夠辨別呢？由誰來判斷呢？集權制度下，傾聽諫官的意見能解決問題嗎？諫官的言論，皇帝不聽怎麼辦？因此，皇帝的準確判斷和自我約束就顯得尤其重要。唐太宗在《貞觀政要》中所表現得最充分的一點就是強調皇帝要有自知之明，要克制自己、約束自己！

在中國漫長的歷史時期，國祚綿延三百年左右的統一皇朝並不多見，漢、唐、明、清而已矣（兩宋逾三百年，但未統一全國），而尤以漢唐為盛世。「秦皇漢武，略輸文采；唐宗宋祖，稍遜風騷。」假如說秦始皇建立了第一個統一的郡縣制中央集權的國家，漢武帝獨尊儒術，確立了皇權時代的正統意識形態。那麼，唐太宗的貢獻在哪裡呢？這就是對於皇帝本人品德、作風的探討。他親自撰寫有《帝範》一書，凡〈君體〉、〈建親〉、〈求賢〉、〈審官〉、〈納諫〉、〈去讒〉、〈戒盈〉、〈崇儉〉、〈賞罰〉、〈務農〉、〈閱武〉、〈崇文〉共十二篇，篇篇都是討論皇帝的行為規範——「此十二條者，帝王之綱，安危興廢，咸在茲焉。」而其中的核心不是如何約束臣下，而是如何克制自己、警示自己：「戰戰兢兢，若臨淵而馭朽；日慎一日，思善始而令終。」

遺憾的是，唐宋以後的皇帝制度儘管仍然在繼續發展，但是，它的發展和完善都是注重於如何控制臣下的方面，不是如何約束皇帝的一面！從宋太祖到明太祖，乃至清朝的康、雍、乾諸帝，無不在駕馭之術上處心積慮，而不願在皇帝自我約束上動心思。相反，一部《貞觀政要》的君臣論治，重心不是如何駕馭臣下，而是如何約束皇帝，如何進諫納諫！

這正是唐太宗高明之處，是唐太宗超邁古今帝王成為千古一帝的原因所在，也正是唐太宗留給後人的一份政治遺產。

（參見《資治通鑑》卷一百九十至卷一百九十九）

【第二十講】

開元治亂

開元盛世到底有多盛？在一幅欣欣向榮的盛世圖景後，有沒有藏著亂世的危機呢？

唐太宗曾擔心的守天下問題，在其曾孫李隆基身上得到了應驗。晚年的唐玄宗，不僅做不到居安思危，在任賢納諫上也犯了嚴重的錯誤，再加上對自我約束的懈怠，促使了「安史之亂」的爆發。大唐的輝煌一去不返。

今天給大家講一位家喻戶曉的皇帝唐玄宗，即唐明皇。玄宗是李隆基的廟號，明皇是他去世的時候，臣下給他的謚號，全稱是「至道大聖大明孝皇帝」，簡稱就是「唐明皇」。

明皇二十八歲即位當皇帝，七十一歲因為安史之亂而退位，做太上皇，七十八歲去世。唐明皇統治的前半期，即開元年間（七一三—七四一），是中國歷史上豔稱的黃金時代，史稱「開元之治」，但是，天寶（七四二—七五五）末年，卻出現了一場幾乎傾覆了唐朝江山的安史之亂。為什麼治世之後，亂世相隨？原因何在？唐朝君臣當時就探討過：「玄宗之政先理而後亂，何也？」那麼，我們生在一千三百年之後，從今天的眼光看，其中有什麼值得警示的呢？

一　玄宗其人

唐玄宗李隆基只是一個普通皇室子弟，按照正常情況，本來沒有當皇帝的份兒。為什麼這麼說呢？因為從輩分上講，唐玄宗的父親李旦是高宗的第八子，也是武則天最小的兒子，李隆基在李旦的六個兒子中排行第三，按照嫡長子繼承王位的一般規矩，這父子二人都沒有當皇帝的機會。但是，事情就是這麼蹊蹺，大唐自開國至今，還沒有人以皇長子登上帝位的，太宗是老二，高宗是老六，中宗、睿宗是老七、老八，剛才說了，玄宗排行是第三。

那麼，李隆基是如何當上皇帝的呢？這就要從玄宗的祖母女皇武則天談起。武則天的丈夫高宗，飽受高血壓和偏頭痛的疾病之苦，朝政掌控在武則天手中，高宗五十多歲就去世了，太子李顯（中宗）當皇帝兩個月，就被武則天廢去。性格懦弱的李旦繼位（睿宗），這是西元六八四年。當然，權力完全掌握在母后武則天之手，皇帝李旦仍然只能居於便殿。就在李旦當掛名皇帝的第二年，即垂拱元年（六八五）八月五日——一個多事之秋，李隆基出生於東宮竇妃的臥室。

隆基三歲被封為楚王，八歲那年——這時武則天改唐為周已屆兩年了，李隆基在車馬的簇擁下，來朝拜女皇，負責禁衛的金吾將軍武懿宗對其乘騎大聲呵斥，意欲「折之」。李隆基毫不示弱，說：「吾家朝堂，干汝何事！」據說武則天對孫兒的霸氣很是讚賞！但是，隆基的生母竇氏卻因得罪了武則天而被暗殺。失去了母親，李隆基幼小的心靈裡，第一次感受到生活的殘酷和生命的無常。

神龍元年（七〇五），張柬之等發動政變，恢復了唐朝，迎中宗復位。中宗是一個昏庸的皇帝，既怕老婆，又不能約束女兒，縱容皇后和公主胡作非為。他當了大約五年皇帝，皇后韋氏與姦夫武三思坐在龍床上賭博，他在一旁數籌碼。韋氏想步婆婆武則天的後塵當女皇，害死了自己的丈夫。這給早就在一旁側目、伺機而起的李隆基及其姑母以可乘之機。李隆基的姑母就是武則天的掌上明珠太平公主。又是一場殘酷的宮廷喋血！李旦在妹妹和兒子的保駕下，再次登上皇帝的寶座，李隆基以功被立為太子。兩年後，李旦倦於政事，讓出皇位，隆基即位。由於此前李旦曾分別讓皇帝位於母后及兄長，這次又讓位於兒子。所以史書說他，三登大寶，三以皇帝讓，就是這個意思。

自神龍元年（七〇五）武則天失權起，至先天二年（七一三）玄宗即位，幾年之間，六次政變，五易皇位，帝后妃嬪、公主王孫、將相大臣，多有慘死。唐玄宗即位之初，面臨的時局之艱難，從這段錯綜複雜的宮闈紛爭中可見一斑。於是，協調上層統治者內部的關係，穩定政局，是當時最緊迫的政治問題。

這個時候的唐玄宗頭腦很清醒，這從他任命姚崇為宰相之前，姚崇約定十件事，椿椿應允，就可以看得出來。姚崇是一位極富政治經驗的正直大臣，之所以沒有立即接受玄宗的委命，就是希望測試一下新皇帝，是否有勇氣改弦更張。姚崇提出的十件事，實際是開元初年的施政綱領，以下是他們的對話：

姚崇：垂拱以來（武則天掌權時年號），深刑苛法，請行仁義之政，可乎？

皇帝：朕深心有望於公也（這就厚望於你了）。

姚崇：先朝屢興邊功，請休養生息，勿濫用武力，可乎？

皇帝：當然，當然。

姚崇：太后臨朝以來，以閹人為喉舌，請宦官不預公務，可乎？

皇帝：朕早就想這麼做了！

姚崇：武、韋等皇室人員，竊據清要之地，請從此皇親不任政務高官，廢除斜封、員外等官（批條子任命官員），可乎？

皇帝：此正合朕意！

姚崇：先朝近臣犯罪，皆以寵幸而逍遙法外，請一概繩之以法，可乎？

皇帝：對此朕切齒已久了！

姚崇：比來豪家戚裡，封疆大吏，都爭相貢獻（即給皇帝送錢送物）求媚，除正常租稅之外，請悉杜塞進獻之風，可乎？

皇帝：朕願行之。

姚崇：太后以來，大造寺觀宮殿，勞民傷財，請今後止絕建造，可乎？

皇帝：朕每睹之，心甚不安，豈敢再為！

姚崇：先朝褻狎大臣，請接之以禮，可乎？

皇帝：本該待大臣以禮，有何不可！

姚崇：先朝諫臣得罪，請凡在臣子，皆得觸龍鱗，犯忌諱，可乎？

皇帝：朕非但能容之，且能行之。

姚崇：外戚干政，史有前鑑，請永為殷鑑，為萬代法，可乎？

皇帝潸然良久：此真可為刻骨刻肌者也！

以上十件事，椿椿都針對先朝的弊政而發，涉及內政、軍事、選官、用人、法制、納諫以及限制外戚等諸多方面，無不切中時政要害。從玄宗應允的急切語氣看，求治之心，溢於言表，剷除積弊之決心，也不可謂不大。

二　開元之治

除了太平公主干政的短暫波折外，玄宗初年的政治，一切基本按照既定方針進行。從開元元年到開元八年，姚崇、宋璟相繼為宰相，他們大力改革弊政，短短幾年，就做到了「賦役寬平，刑罰輕省，百姓富庶」。開元時期著名的宰相還有盧懷慎、韓休、裴耀卿、張說、張九齡等，或以清慎，或以才幹，或以耿直，或以文學而知名。

玄宗本人也很注意克制自己的欲望，大力倡導節約。他首先從自己做起，毀棄宮中的豪華設備，廢除織錦坊（皇家精品服裝工廠）的編制；其次，約束宗室諸王，簡省公主的封戶。玄宗說：「百姓租賦非我有，士出萬死，賞不過束帛，女何功而享多戶耶！」百姓租賦，非帝王之所有，這是很具有民生意識的觀念！根據這種認識，玄宗即位初年，反對鋪張浪費，除去豪華奢侈。有一次發現一個衛士把吃剩的飯倒掉，差點兒被玄宗處以極刑！

這個時候的玄宗也能聽進不同的意見。韓休每事諫諍，有人說，這樣陛下很辛苦。玄宗說：「吾貌雖瘦，國家必肥。吾用韓休，是為社稷著想。」相反如果像蕭嵩那樣專門順著我的話，他當班，我就反而寢食不安了。

總之，生於憂患之中的唐玄宗，當了四十三年天子，創造了舉世聞名的開元盛世。在這裡，我給大家舉幾個數字來說明，開元盛世，究竟有多盛！

第一個數字，七千萬。

這是唐玄宗統治的天寶（七四二—七五五）年間的全國人口數。官方留下的天寶十三載（七五四）全國人戶約九六二萬戶、人口約五二八八萬口，學者們綜合各方面史料推測，西元八世紀中葉，唐朝全國實際人戶約一千三百萬—一千四百萬戶，實際人口超過七千萬口。

那麼，當時世界上其他國家的人口是多少呢？八世紀的時候，大約東法蘭克福王國從塞納河到萊茵河之間的人口是二百萬—三百萬。而直到十六世紀，地中海地區的人口才五千萬、六千萬（西班牙八百萬，法國一千六百萬，義大利一千三百萬，總共三千八百萬。其中土耳其的歐洲部分八百萬，亞洲部分八百萬）。北非的人口三百萬。而同時期的印度處於分裂狀態，阿拉伯世界正處在擴張時期。日本與韓國也都是人口寡少的小國。在農業經濟為主的時代，人口就是生產力。唐玄宗時期人口繁盛，反映了當時中國總的經濟實力是獨步於世界民族之林的。

第二個數字，六．六億畝。

這是唐玄宗時期全國耕地面積。唐朝的版圖，比之於漢代，又新有拓展；特別是西域地區與中原的關係，較之於漢代，更加密切；南方地區也獲得了更好的開發，大運河把黃河流域與長江流域更密切地聯繫在一起，促進了全國經濟的增長。農民的勞動熱情空前高漲，史稱：「開元、天寶之際，耕者益力，高山絕壑，耒耜亦滿。」根據現有史料推算，當時實際全國耕地面積約八百五十萬頃，折合今畝達六．六億畝（當下的中國為十八億畝），人均占有達九畝多。

第三個數字，七十餘國。

這是《唐六典》列舉的開元時期前來朝貢的蕃國數。這些蕃國，從東亞的日本、朝鮮，到東南亞地區的諸國，從今日中國邊疆少數民族政權到中亞、西亞乃至地中海地區的一些國家，都對唐朝中央政府建立了一種朝貢的政治關係。開元時代，長安、揚州、廣州等城市，雲聚著從海、陸絲綢之路來華的胡商蕃客，成為溝通中外經濟、文化與政治聯繫的重要管道。亞洲各國留學生來華留學，絡繹於途。二〇〇四年在西安發現了井真成的墓誌，這位日本國的留學生就是開元年間來華學習的，還有與李白結下深厚友誼的晁衡，也是一位日本留唐學生，不少外國人在唐玄宗的朝廷任職。

中國化的佛教——禪宗的真正創建人慧能和尚，在玄宗即位那年圓寂，此後在玄宗統治的四十多年時間裡，禪宗迅速興起，儒佛道合流成為歷史的潮流，玄宗就曾親自為《孝經》《老子》《金剛經》作注。所謂三夷教，即祆教、景教、摩尼教，也在華得到傳播。正是這樣一個開放的社會，使唐朝在社會風氣上顯得雍容大度，李白充滿自信的詩句「天生我材必有用，千金散盡還復來」，就是那個時代精神的寫照。

第四個數字，五三九一五卷。

這是開元年間整理國家圖書館的藏書卷數。玄宗時代，唐朝的文教事業也有很大發展。今天我們所常說的四部（四庫）圖書分類法，正式被國家官方圖書館採納，就是在唐代：「藏書之盛，莫盛於開元，其著錄者，五萬三千九百一十五卷，而唐之學者自為之書者，又二萬八千四百六十九卷。嗚呼，可謂盛矣！」詩聖杜甫、詩仙李白都主要生活在這個時代。舉幾件文化建設上的典型事例。第一件事，唐玄宗曾組織鴻儒碩學，在集賢書院校讎四部圖書；第二件事，開元二十年編訂《大唐開元禮》，是最完備的禮制建設，稍候不久又完成《大唐六典》的編纂，是最完備的行政法典性質的文件。第三件事，大力提倡教育，廣泛設立公私學校。開元二十一年（七三三）五月敕：「許百姓任立私學，欲其寄州縣受業者亦聽。」開元二十六年下令天下州縣，每鄉都要設置學校一所，以教授學生。這樣推行政教的結果是：「於時垂髫之倪，皆知禮讓。」可以說教化大興！

最能形象說明開元時期繁榮局面的是杜甫的那首〈憶昔（其二）〉詩：

憶昔開元全盛日，小邑猶藏萬家室。
稻米流脂粟米白，公私倉廩俱豐實。
九州道路無豺虎，遠行不勞吉日出。
齊紈魯縞車班班，男耕女桑不相失。
……

這雖然是文學的描述，但仍屬紀實，是符合歷史記載的。根據杜甫的族人曾任宰相的杜佑記載，開元十三年東封泰山之時，「米斗至十三文，青、齊穀斗至五文。自後天下無貴物，兩京米斗不至二十文，面三十二文，絹一匹二百一十二文」。杜佑甚至還進一步描述說：「東至宋、汴，西至岐州，夾路列店肆待客，酒饌豐溢。每店皆有驢賃客乘，倏忽數十里，謂之驛驢。南詣荊、襄，北至太原、范陽，西至蜀川、涼府，皆有店肆，以供商旅。遠適數千里，不持寸刃。」這裡說的是私人客棧，而供官方使用的驛站（公費招待所），每三十里一驛，全國共有一六四三所。交通便捷，道路安全，國家的糧倉、老百姓的糧倉都裝得滿滿的。真是一派歌舞昇平的盛世景象。

三　盛世危機

在如此一幅欣欣向榮的盛世圖像背後，究竟潛藏著何種危機呢？為什麼會有這種危機呢？有道是，幸福的家庭都是一樣的，不幸的家庭各有各的不幸。盛世的道理都是一樣，盛衰轉化的隱憂各有各的不同。就唐玄宗時代的情況來看，主要是制度創新不足引起的失序問題，具體地講，就是土地兼併之後引發的逃戶問題、兵役問題，沒有很好地解決，由此引發的內外軍事失衡問題，更直接釀成了大禍。

所謂「逃戶」問題，是指唐代自武則天時代以來出現的，大量農民離開原住地，到新的地區去謀生。他們脫離了原來的戶籍所在地，又不在新居住地落籍，從而造成人口遷徙的失控狀態。

唐朝國家實行嚴格的戶口政策，規定戶口不能隨便異地移動。實行這個政策的目的主要從便於管理和徵發賦役考慮。但是，唐朝社會經濟的發展，卻在挑戰這個刻板的戶口制度。為什麼這麼說呢？唐朝建國初期，貞觀年間的全國戶口只有三百多萬戶，到了玄宗開元年間，帳面數字就是七百多萬戶，天寶末更達到了將近九百多萬戶，也就是說翻了兩倍，若按照實際人口一千三四百萬戶計算，則增長幅度更大，怎麼可能按照老的辦法去管理呢？另外一方面，許多農民離開狹窄的故鄉，到了新的地區開墾了新的土地，定居下來，建立了新的家園，你不承認這些新移民，政府就無法從他們身上獲得稅收；若用強制的辦法，把他們趕回到老家去，不僅無法完全做到，而且會引起社會動盪。於是，唐玄宗採取宇文融的建議——「括戶」，開始整頓流動人口。

開元九年（七二一）正月二十八日，監察御史宇文融奉命到地方上去清查戶口，前後共物色了二十九個判官（相當於各稽查分隊負責人），檢查「籍外剩田」以及色役偽濫的情況。以後又多次出使，僅開元十二年六月這一次就檢括到客戶八十萬戶（一謂百萬），相當於當時全國官方統計戶口七百零七萬戶的百分之十一—百分之十四，檢括出的隱漏不報的土地亦大體與此相當。所有被檢括出的逃戶享受免徵六年租稅的優惠待遇，僅每年納錢一千五百文。這個稅額相對比較輕，受到老百姓歡迎，玄宗自己說「老幼欣躍，惟令是從，多流淚以感朕心，咸吐誠以荷王命」。王夫之對此也給予高度評價，認為是利國利民之舉。

但是，這個做法其實也有問題，那就是新檢括出的土地人口，政府還是按照均田制的辦法來加以管理。二十五年，唐玄宗甚至頒布了迄今最詳盡的均田法令，嚴格限制地產的轉移，但是，「雖有此制，豪強兼併，無復畔限，有逾於漢成、哀之間」。滿足於形式上的完備，罔顧現實中的社會變遷，不能在制度的創新中向前邁進一步，這是唐玄宗的悲劇，雖然開元之治表面很亮麗，而危機卻潛伏了下來。

再說，人口管理政策的變動，勢必對兵役制度也要產生重要影響，要求作出相應的調整。唐朝自太宗以來，實行府兵制度。這是一種建立在耕戰相兼，兵農合一的基礎上的兵役制度。當農民穩定地占有一塊耕地，當大規模統一戰爭結束後不需要長年征戰，實行府兵制度有很大的優越性，不僅國家節省了大量養兵費用，農民免除長年征戰之苦，也解決了軍閥擁兵自重的問題。可是，當商品經濟的發展、人口的增殖和遷徙以及地產的頻繁轉移，使老百姓無法固守丘園的時候，當邊疆戰爭頻仍需要長期鎮守的武裝力量之時，這個制度就不合時宜了。

改變首先從中央衛戍部隊開始。開元十二年（七二四），張說建議招募長從宿衛的兵士，叫作彍騎，大約募集了十幾萬人。開元二十五年（七三七），邊軍體制也進行了改革，配置了長征健兒名額，號召凡兵士家屬隨軍者，可就近分配其土地屋宅，以使其安心在邊疆服役。這一規定最適合那些不習慣於農業生產的遊牧民族，包括大量來自中亞地區的粟特等胡人。於是，天寶年間，在沿邊設置的八大軍區（節度使）中，駐屯了四十九萬軍隊，其中多數統帥由胡族首領擔任。尤其是安祿山身兼范陽、河東、盧龍（在今河北、山西、北京、天津及河南、山東部分地區）三鎮的節度使，擁兵二十萬，成為唐朝立國以來最有勢力的軍將。大家想想看，常年衛戍京師的軍隊只有八萬人，而邊疆統帥手中的軍隊卻有四十九萬，是朝廷直接掌控軍隊的六倍。在帝國體制之下，均勢的失衡，外重內輕局面的出現，是影響國家安全的致命隱患。

四　浪漫天子

蘇東坡〈晁錯論〉說：「天下之患，最不可為者，名為治平無事，而其實有不測之憂。坐觀其變而不為之所，則恐至於不可救。」面對以上所說的危機，本當通過制度上的創新加以解決，不幸的是，唐玄宗陶醉於盛世之中，毫無憂患意識。有關這個問題，我還想從唐玄宗個人在五十歲前後所經歷的一場心理危機談談自己的看法。

開元十三年（七二五）十月，四十一歲的玄宗，東封泰山，古代帝王封禪之禮，表示大功告成之意。此時的玄宗，漸漸迷信道家的長生不老之術，生活日益奢侈。「開元天子萬事足，唯惜當時光景促。」開元二十二年（七三四）正月，玄宗五弟薛王李業去世，此前，玄宗已經有二哥、四弟相繼去世，這些朝夕相處的同氣兄弟的去世，不僅使玄宗失去了飲酒、擊球、唱歌的夥伴，也更讓他心頭揮不去人生無常的陰影。薛王的喪禮剛過，五十歲的玄宗就派人到恆山，禮請著名道士張果到洛陽宮中，訪以長生不死之術，並封之為「通玄先生」。同樣受到優待的道士還有羅功遠等人。

開元二十五年（七三七）十二月，玄宗愛妃武惠妃突然去世，進一步給玄宗以沉重打擊。武惠妃十五歲入宮，服侍天子二十五年，寵冠後宮，去世時年已四十歲，皇上依然眷顧不衰。是什麼原因使五十三歲的皇帝，迷戀一位中年婦女，以致在她死後食不甘味，寢不安席，後宮數千美女，無一當意者？難道是她們都不如早已徐娘半老的武惠妃美麗？顯然不是。我推測，與在此之前不久他的三個兒子無謂的死亡有關。

開元二十五年（七三七）四月，在李林甫外推、武惠妃內助的情況下，玄宗毅然廢太子瑛為庶人，並與受牽連的鄂王、光王一同賜死。按照道理，接下來就要立武惠妃的兒子壽王李瑁為太子。武惠妃的病死，使這個計畫成為不可能。這等於是殺了兒子又折了妃子，玄宗所受到的打擊可以想見。史稱玄宗「自念春秋浸高，三子同日誅死，繼嗣未定，常忽忽不樂，寢膳為之減」，可為明證。可見，玄宗感到後宮無當意者，並不是沒有美女，而是因為措置失宜，「賠了夫人又折兵」，玄宗心理失衡，乃至出現精神恍惚的心理疾患。

正是在心靈空虛的情況下，楊玉環來到了玄宗身邊。楊玉環本來是玄宗與武惠妃所生兒子壽王李瑁的媳婦。玄宗是如何看上楊玉環的？史書上的記載閃爍其詞，或謂高力士所推薦。我認為可能性很小，高力士即使與玄宗的關係再親密，也沒有膽量公然向皇帝推薦其兒媳婦入宮。只有玄宗自己看上了兒媳婦，才敢暗使諸如高力士之流出面作出安排。史書記載正式頒詔度玉環為道士，是開元二十八年（七四〇）正月，那麼兩人的接觸當在開元二十六七年的時候，距武惠妃死不過半年到一年光景。

終於，情欲戰勝了理智，唐玄宗把兒媳婦接進了宮中，不久封為貴妃，在宮中位比皇后。朝廷專門為貴妃服務的織繡之工達七百人，貴妃欲得生荔枝，命嶺南用快馬傳送，比至長安，色味不變。華清池專門為貴妃建造了新的溫湯，玄宗年年攜妃子到這裡來度過浪漫的日日夜夜，甚至乾脆在溫泉附近辦公，在華清池周圍建造了許多政府的辦公樓。貴妃受寵，雞犬升天，楊家兄弟姊妹，皆門列棨戟，朱紫盈庭，以至於民間出現了「可憐天下父母心，不願生男願生女」的慨嘆。

玄宗寵信楊貴妃，除了貴妃的天生麗質、善解人心之外，還與他們有著共同的音樂愛好，密切相關。早在開元元年（七一三）唐玄宗剛即位不久，就特地設置了專門教習俗樂的左右教坊，相當於皇家戲劇學院，當即有臣工勸諫他放棄對於音樂的熱誠，「上雖不能用，咸嘉賞之」。說明玄宗此時尚清楚玩物喪志的道理，尚能克制對樂舞的癡迷。能歌善舞的楊貴妃入宮之後，極大地觸發了玄宗的音樂熱情。唐玄宗與楊玉環在音樂歌舞上的合作，最為人豔稱的是〈霓裳羽衣曲〉的編排。該曲本來是印度傳來的婆羅門曲，玄宗把它改編為大型歌舞劇，經過楊貴妃導演排練，又被搬上了舞臺，可以說是珠聯璧合。柏拉圖說：「理想的統治者應該是高度理智的哲人，而不是浪漫的詩人。因為後者的作用會激勵、培育和加強心靈的低賤部分，就像在城邦中把政治權力交給壞人，讓他去危害好人一樣。」玄宗雖然不是浪漫的詩人，確是一個特別鍾情於戲劇和音樂的風流皇帝。玄宗完全放縱了自己的欲望，把個人興趣置於政事之上，沉湎於音樂歌舞的世界：「驪宮高處入青雲，仙樂風飄處處聞。緩歌曼舞凝絲竹，盡日君王看不足。」

假如對比一下本文前面，玄宗在接受姚崇入朝為相約定的十件事，我們就可以發現，唐玄宗完全忘記了他當初的承諾，昔日所革除的弊政，如今借屍還魂，而且變本加厲。

玄宗的曾祖父唐太宗，在與大臣魏徵討論創業與守成問題時，有如下一段對話：

貞觀十五年，太宗謂侍臣曰：「守天下難易？」侍中魏徵對曰：「甚難。」太宗曰：「任賢能、受諫諍即可。何謂為難？」徵曰：「觀自古帝王在於憂危之間，則任賢受諫。及至安樂，必懷寬怠，言事者惟令兢懼，日陵月替，以至危亡。聖人所以居安思危，正為此也。安而能懼，豈不為難？」

這裡值得注意的有兩點：第一，太宗認識到「任賢能納諫諍」是治理好天下的前提；第二，魏徵特別強調，帝王們在憂危之時，固然可以「任賢受諫」，但是，很少能居安思危。「安而能懼，豈不為難？」這是貞觀十五年（六四一）的對話，不幸的是，唐太宗擔心的問題，一百年之後在自己的曾孫李隆基身上得到了驗證。唐玄宗不僅不能居安思危，而且在用人和納諫上，也犯了嚴重錯誤。

先說用人，主要是選拔什麼樣的大臣主持中外事務。五十歲以後，玄宗越來越不耐煩那些給自己找麻煩的骨鯁之臣。開元二十四年（七三六）之後，他最信任的宰相就是李林甫。李林甫是如何被提拔的？史書記載說：「林甫面柔而有狡計，能伺候人主意，故驟歷清列，為時委任。而中官妃家，皆厚結托，伺上動靜，皆預知之，故出言進奏，動必稱旨。」從史家「伺候人主意」、「伺上動靜」、「動必稱旨」的措辭來看，李林甫竄紅的祕訣，就是運用一切手段，挖空心思地討玄宗皇帝的歡心。而「玄宗杜絕逆耳之言，恣意行樂」，正需要這樣的宰相。

李林甫其實是不學無術之人。《詩經．唐風》有「杕杜」篇。《詩經》作為五經之一，本是官員的必讀之書，可是，作為宰相的李林甫卻不認識「杕」字，指著選人文章問道：「此云杕杜，何也？」又祝賀人家生子為「弄麞之喜」（實為「弄璋之喜」）。他提拔的大臣竟然把伏臘讀作「伏獵」。這樣一個不學無術之人，卻因為極力討好玄宗而獲得重用。

李林甫之後，執掌政柄的是楊國忠，楊國忠是楊貴妃的堂兄，依靠裙帶關係而被重用。如果說李林甫以奸宄亂國，那麼楊國忠則是以昏庸亂政，史書上說他「強辯而輕躁」，他自己則說：「吾本寒家，一旦緣椒房至此，未知稅駕之所，然念終不能致令名，不若且極樂耳！」這個時候，唐朝在西南地區頻頻有戰事，身兼劍南節度使的楊國忠有不可推卸的責任，可是楊國忠一手遮天，前方戰敗，反以打勝仗的消息上聞。

再說納諫問題。「擇臣取諫工而講以多物」，鼓勵進諫，其實就是鼓勵不同意見的表達與上達，防止決策失誤。而李林甫的當朝，卻是「諫諍路絕」。李林甫對朝官們說，你看這些儀仗隊裡的馬匹，只要不說話，就能享受三品的食料，受到很好的對待；只要它嘶鳴一聲，馬上就被拉下去，再想吃三品食料就不可能了。言下之意，是威脅大臣們閉嘴。

楊國忠秉政後，唐玄宗乾脆聽不到外面的真實消息，雲南前線打了敗仗，卻被說成是勝仗。唐玄宗閉目塞聽，卻「以為天下無復可憂」：

上嘗謂高力士曰：「朕今老矣，朝事付之宰相，邊事付之諸將，夫復何憂！」力士對曰：「臣聞雲南數喪師，又邊將擁兵太盛，陛下將何以制之！臣恐一旦禍發，不可復救，何得謂無憂也！」上曰：「卿勿言，朕徐思之。」

胡三省於此評論說：「高力士之言，明皇豈無所動於其心哉！禍機將發，直付之無可奈何，僥倖其身之不及見而已。」這真是誅心之論！法王路易十五，面對風雨飄搖的形勢，也曾一意孤行地說過類似的話：「老子這輩子已經夠了，我死後哪怕它洪水滔天！」專制帝王們這種自私的僥倖心理真是國家民族的災難。

五　盛世終結

天寶十四載（七五五）十一月，安祿山舉兵向闕，「漁陽鼙鼓動地來，驚破霓裳羽衣曲」。安祿山造反的原因是多方面的，制度上的漏洞，使其有了擁兵自重的可乘之機；與楊國忠的不睦，使安祿山失去了安全感；楊國忠居然採取各種手段，促使安祿山造反，以向玄宗證明自己有先見之明；甚至還有說安祿山是垂涎於貴妃的美貌而舉兵的，這當然屬於小說家言。但是，有一點是可以肯定的，唐玄宗用人不淑，進取之志衰，諫諍之路絕，對於社會情勢的變化，窮於應付，而了無創新，都是促使事變爆發的直接或間接原因。

唐朝中原內地，已經幾十年不聞戰鼓之聲了。在叛軍的進攻下，倉促組建的唐朝官軍節節敗退，很快潼關失守，玄宗被迫逃離長安，到成都避難。輿駕途經馬嵬坡，楊國忠為嘩變的兵士所殺，玄宗被迫令貴妃自縊。玄宗到四川不久就被迫宣布退位，因為皇太子已經在將士的擁戴下即位於靈武。八年之後，雖然戰亂終於結束，但昔日大唐盛世的輝煌卻也一去不復返。

伏爾泰說：「國家的繁榮昌盛僅僅繫於一個人的性格，這就是君主國的命運。」唐玄宗以及大唐帝國由盛而衰的道路，不正是這句話的最好注腳嗎？

（參見《資治通鑑》卷二百一十至卷二百一十七）

後記

二十世紀七十年代末我讀研究生的時候，認真而系統地閱讀的第一部史書就是《資治通鑑》，迄今已經三十七八年了。只是那個時候，讀史的眼光，關注的是專業史料。後來在清華大學開設了「《資治通鑑》導讀」的課程，二〇一四年又被學校安排上「慕課」（MOOC）課程，即線上課程。這時，閱讀《資治通鑑》的眼光自然也發生了一些變化，比較關注的是《資治通鑑》作為史著的鑑賞價值，特別是司馬光探討的有關家國興衰、民生休戚的內容。

我總覺得，從某種角度來說，歷史猶如棋譜。前賢往哲應對時代挑戰，其成敗得失、經驗教訓留下的紀錄，猶如那個時代留給後人的棋局。棋譜不就是以往高手留下的種種殘局嗎？讀史使人明智，猶如讀譜使人棋高一著！專業歷史工作者要研究歷史的真相，力求還原史實的細節，如同攝影工作者，要最大化地呈現出事件的面貌。無疑，史實是歷史作為一門學科的基礎，但並不是歷史學的全部。古代學者對於歷史學的經世致用價值多有闡述，而現代社會更加需要歷史的經驗來啟迪人們應對各種關係的智慧。長期不間斷的歷史書寫，國家政權和知識菁英對歷史的重視和堅持，是中華文明有別於世界其他民族的文化特色。因此，怎樣在當今的時代通過學習歷史事實、了解歷史人物，達到啟迪智慧的目的，是歷史作為文化傳承的社會意義；如何讓歷史在象牙塔之外的世界發揮其原本的作用，亦是史學研究者應當擔負的社會責任。

《資治通鑑》的「慕課」課程，是我個人在教學科研工作的基礎上，向非史學專業的同學們推廣歷史文化教育的一個嘗試。課程初次上線之後，與「財務會計」、「社會心理學」課程，一同成為選課最多前三甲，被評為最受歡迎的課程之一，實在有一點出乎我的意料。中華書局的朋友知道後，邀請我把講稿編輯成一本書。現在這部書稿就是在「慕課」課程基礎上修改而成，糾正了其中的一些錯誤，並根據編輯的意見，增補了幾篇已經發表的文章。

清華大學教務處資助了這門「慕課」課程的開發，並支援本書的編寫，我在此表示感謝！諸生中為我講授「慕課」課程擔任助教的有王炳文、李兮、王銘、張景平、管俊瑋、任彪；協助我整理和編輯書稿的有劉紅星、陳昱良、李兮等。對於他們的辛勤勞動，我表示衷心感謝！同時，我還要感謝中華書局《月讀》雜誌（我在那裡撰寫了《資治通鑑》導讀的連載）諸位編輯的幫助，感謝本書責編賈雪飛女士以及余佐贊先生的辛勤付出。我還要特別感謝那些曾經聽過我在線上和線下講授《資治通鑑》課程的同學和學員，正因為有你們的支持，才有了我的《資治通鑑》課程和現在這部書稿。對於課程及書稿中的錯誤不當之處，請予以批評指正。

張國剛

二〇一六年五月二十五日清華園

勝者為王：資治通鑑大講堂，讀古今之變，一解成敗之謎

2017年7月初版　　定價：新臺幣390元

著者　張國剛
總編輯　胡金倫
總經理　羅國俊
發行人　林載爵

叢書主編　沙淑芬
封面設計　陳文德
校對　謝麗玲

出版者　聯經出版事業股份有限公司
地址　台北市基隆路一段180號4樓
編輯部地址　台北市基隆路一段180號4樓
叢書主編電話　(02)87876242轉212
台北聯經書房　台北市新生南路三段94號
電話　(02)23620308
台中分公司　台中市北區崇德路一段198號
暨門市電話　(04)22312023
台中電子信箱　e-mail：linking2@ms42.hinet.net
郵政劃撥帳戶第0100559-3號
郵撥電話　(02)23620308
印刷者　文聯彩色製版印刷有限公司
總經銷　聯合發行股份有限公司
發行所　新北市新店區寶橋路235巷6弄6號2樓
電話　(02)29178022

行政院新聞局出版事業登記證局版臺業字第0130號

本書如有缺頁，破損，倒裝請寄回台北聯經書房更換。　ISBN 978-957-08-4980-6 (平裝)
聯經網址：www.linkingbooks.com.tw
電子信箱：linking@udngroup.com

本書中文繁體字版由中華書局（北京）授權出版

國家圖書館出版品預行編目資料

勝者為王：資治通鑑大講堂，讀古今之變，
一解成敗之謎/張國剛著．初版．臺北市．聯經．
2017年7月（民106年）．384面．14.8×21公分
ISBN 978-957-08-4980-6（平裝）

1.資治通鑑 2.研究考訂

610.23 106012426